教育的思考の歩み

笹田博通 編著
SASADA Hiromichi

ナカニシヤ出版

はじめに　本書の意図と構成

本書『教育的思考の歩み』においては、主として教育哲学を専攻している研究者たちが近・現代の教育哲学、教育的思考の有する源流について、それぞれの問題意識から多角的かつ重層的な探究を繰り広げている。各章を担当された執筆者の方々は、約三〇年の長きにわたり活動している仙台ゲーテ自然学研究会の会員、東北大学大学院教育学研究科人間形成論研究室（旧・教育哲学教育史研究室）の出身（在学）者である。

東北大学の人間形成論研究室では、教育哲学を何らかの哲学理論や哲学体系の応用部門としてではなく、むしろ、教育諸科学をふまえた教育（＝人間形成）的現実の哲学的研究として捉えてきたが、それは東北大学の初代教育学部長、教育哲学講座教授たる細谷恒夫先生の精神を受け継いだものである。『東北大学教育学部研究年報』（創刊号、一九五三年）に寄せた「教育哲学の課題と方法」の中で、細谷先生は、古典的教育（哲）学に対する新たな教育哲学の立場をこう記されている。「夫々独自の方法による教育的現実の研究として多くの分野が開拓された現在に於いては、教育学即哲学的教育学という前提は一種の時代錯誤的偏見といわなければならない。むしろ古典的な教育学の伝統は、明確な方法論的自覚に立つ教育哲学として受け継がれ、そしてそれは教育的現実に関する他の諸学、たとえば教育心理学、教育社会学などと共に、教育諸科学の世界の一市民たることに甘んずべきであると思う」（一一頁）と。細谷先生がここで提唱された「明確な方法論的自覚に立つ教育哲学」は、教育の実証的・経験的研究と連携する「人間形成の基礎理論」であった。

一方、この提唱より六〇年有余の星霜を経た今日の教育的世界にあっては、少子高齢化、高度情報化、グローバル化等々が加速度的に進むにつれて、また、東日本大震災後の状況が深刻化するに伴って、ＩＣＴ活用、（ネット）いじめ、不登校、「こころ」のケアといった問題が発生し、その中で、教育諸科学における知のあり方もまた根本的変革を求められている。教育諸科学、ひいては教育学が置かれたこのような現実を省みるとき、教育哲学（人間形成論）は、「教育的思考とはそもそも何であ（りう）るか」を自問しなければならない。教育学自身がそこから生い育つ教育的思考の始源《アルケー》へと遡行すること、さらには、これにより教育諸科学の知の新たな可能性を提示・確証すること、そうした試みこそ教育哲学にとっての際立った課題となるのである。

こうした課題を担う本書は基本的には人物中心の章構成を有するが（第一章－第一一章、第一五章）、そこでは、ペスタロッチ、ヘルバルト、デューイらの名前は見いだされないであろう。その代わりに、ヘルダー、ゲーテ、シラー、フィヒテ、ニーチェ、フッサール、シェーラー、ハイデガー、ロムバッハ、西田幾多郎ら、一般の教育学、教育哲学、教育思想史の教科書にはほとんど登場しない人物の思想が取り扱われる。さらに、特定のテーマに関する考察を展開した数編の論考（第一二章－第一四章）も収録されている。教育的思考の広さおよび深さをそこから読み取っていただければと思う。本書はまた内容的には「教育哲学論文集」とでもいうべきものであるが、多くの章は思想家やテーマに関する全体的説明や、その思想が包蔵する教育哲学的な意義の概説を含んでいるがゆえに、とりわけ大学院のゼミ等の授業にてご使用いただけるなら幸甚である。

編　者

目次

第一章　『エミール』に問いかける
―ルソーと事物の教育―

佐藤安功

第一節　著作『エミール』

出版の前後とその後の難儀

本章ではルソー（Jean-Jacques Rousseau, 1712-1778）について考察するが、彼の数ある著書のうちでも特に『エミール』（一七六二年）の一部に限定して論を進めたい。

『エミール』出版の前年、『新エロイーズ』（一七六一年）は大きな成功を収めていた。その時期に『エミール』、『社会契約論』（一七六二年）、『言語起源論』（一七八一年）などが手がけられていた。『エミール』をはじめとして、ルソーの著作を繙くと、示唆的な文章が随所から目に飛び込んでくる。それはいささかも古びておらずに、今まで多くの人々を触発してきた。

まず『エミール』は、フランス語で書かれた書物の中で最も優れた本ともいわれ、あるいはまた『エミール』は歴史的に見れば最も影響力があったが、実際は最も曖昧で誤解された作品であるともいわれている（cf. Voßkamp, 1995）。むしろ多様な解釈が可能であったために、古典としての趣も高まったのではないだろうか。しかし、出版当時はまた事情がいささか違っていた。アムステルダムにて印刷された『社会契約論』は、その直後一七六二年四月に発売禁止となっていたが、『エミール』もその出版直後からルソーに難儀を負わせてきた。『エミール』は、五月に黙認の下で発売されるが、やがて警察の押収するところとなり、その警察は六月七日にはソルボンヌに告発するに至る。司法たる高等法院が九日に焚書の措置を講じ、身柄の拘束を発令した。時を移さず八月二〇日、パリの大司教クリストフ・ド・ボーモンは『エミール』を禁書目録に登録し、配下の教会に教書にて指示を出した。その教書は、ルソー自身の反論『パリ大司教クリストフ・ド・ボーモン猊下への手紙』とともに、クラシック・ガルニエ版『社会契約論』（一九六二年）に収められている。それは二七箇条に及び、『エミール』を逐一批判している。たとえば第一条は権威の権化たる聖パウロの引用から始まる。第三条においては、『エミール』はキリスト教と一致するどころか、市民を形成するにも、人間を形成するにもふさわしくない。人間を一人にさせるとか、生徒を自然の生徒にするという根も葉もない口実の下で、宗教関係者のみならずすべての人々の経験によって反駁される主張を原理としている。『エミール』の中の次の一節が目の敵にされる。すなわち「自然の最初の動きは常に正しい……すなわち人間の心のなかに本来的な悪はない」。かかる主張は教会と聖書に反すると非難される。第二四条において、真のキリスト教教育は腐敗した傾向を若者の心から根こぎにするために何という熱心さと忍耐を必要としていることか。様々な論難により、『エミール』はキリスト教の土台を覆す憎むべき書物として断罪される。すなわち、それは福音書の道徳に反した格率を打ち立てており、国の平和を混乱させ、統治者の権威に逆らって臣民を反乱へと唆す。偽りの命題を含み、教会や聖職者に対する憎しみに満ちており、聖書や教会の伝統に背いており、誤っており、不信心であり、神を冒瀆しており、つまるところ異端である。『エミール』の読書ならびに所持に対して強い禁止が宣告される次第である。

ルソーはパリを逃れ、故郷であるジュネーヴをめざすが果たせない。ジュネーヴの行政府たる小委員会はパリと同様な措置をとるのである。逃亡先では、そこを支配下に治めるベルンの当局は退去命令を出して、ルソーは失意の上に居場所を失う。その苦境にある旅先で、ルソーはパリ大司教の教書が発せられたとの知らせを耳にしたのである。その事情は、死後に公刊された『告白』や『孤独な散歩者の夢想』に詳しい。プロイセンの影響下にあったトラヴェール谷のモチエやベルン領サン・ピエール島を舞台にした状況である。

これらの聖俗の手による処遇はこの時のみならず終生続き、ルソーの生き方に影を落とし続けるのである。旧体制当時、この書物の受け取られ方は、今日とは大いに異なっていたわけである。それ以外の人々の受け取り方も必ずしも好意的とは限らなかった。「哲学者」とよばれる当時の知識人たちも手に取って読んだようであるが、彼らによっては、冷ややかな時にはとげとげしい受け取られ方が大半を占めた。実現が到底望めない夢物語であるとか、イギリスのロックの剽窃であるとか、あるいは進歩を標榜する理性に反するなどの批判を被った。大きな論争が渦巻いていたようである（cf. Py, 1997）。

顧みれば、ルソーの見解の開陳は『学問芸術論』（一七五〇年）や『不平等起源論』（一七五五年）から始まったが、その時から彼の根本的な特異性が発揮されていた（cf. Bernardi, 2010）。それは、当時の人々が当たり前のように前提としてきた身分制社会やそれを支えていた学問と芸術のあり方に疑いをさしはさみ、問題を鋭く抉る手法である。それはサロンにおける単なる理屈ではなく、ルソー自身が若く無名の頃から身を挺して学んできた。すなわち社会の底辺で放浪生活をしながら自ら味わった実存的な厳しい生活体験に深く根ざしている。その指摘は、Ｂ・バチコの研究がとりわけ注意を促しているところである（cf. Baczko, 1997; Imbert, 1986）。

ルソー自身はまとまった教育を受けていない。少なくとも学校に通ったためしはない。たとえばデカルトがヨーロッパの最も有名な学校の一つで学んだことは、つとに知られているが、ルソーには家庭教師がいたわけでもないし、学校に通ったこともなければ、ましてそこで教えたこともない。自分で学んできたのである。かなり勉強に打ちこんだ時期もあったようであるが、学校教育とは無縁であった。それのみならず、ルソーにはこれといった定職もなかった。たしかに楽譜を書き写す生業にて口に糊する時期もあったが、これとて定職とは言い難い。ある時は音楽家であり、またある時は作家である。ジュネーヴ市民に成りきることもできず、かといってフランス人でもない。そもそも「ジュネーヴ市民」を名乗ることは、一つの矜持ではあっても、絶対王政下においては臣民を拒絶する声明にほかならない。ルソーの立場はいずれの集団にも国家にも教会にも属さず、生涯を通じて絶えず周辺にあった。これもまたバチコの指摘のとおりである（cf. Baczko, 1979）。

それでは、なにゆえルソーはかかる厳しい処遇を受けたのであろうか。世俗的な権力からみれば、ルソーは絶対王政下の身分制国家に対し自由と平等を旗印に真っ向から異を唱えたのであり、カトリックとプロテスタント両教会にとってみれば、最も重要な教義の一つである原罪をはじめ典礼や秘跡を理屈上から疑問に付したのである。ルソーは見逃しえない言説を語り聖俗双方の逆鱗に触れたことになる。大胆な、しかも時代を越えた見解を主張したわけである。

ルソー自らが伝えているように、それらの著作を貫く思想はある瞬間にルソーを襲ったとされている。人によっては、ルソーによる一七四九年のバンセンヌでの体験を、聖パウロによるダマスコ途上の回心に喩えている（cf. Soëtard, 2012a）。その当否は別としてルソーの生涯上欠くべからざる出来事であった。その出来事について、ルソーがマルゼルブに宛てた手紙によれば、人間は生まれつき善い者であること、人々が悪くなるのはただその制度のためであること、さらにその考えは『学問芸術論』、『不平等起源論』、『エミール』、三つの著作に一体的に示されている。

よく知られた手紙を一つ引いてみよう。ルソーが『エミール』について語った手紙の一節である。一七六四年一〇月一三日付フィリベール・クラメール宛の手紙である。「それは、原理に基づいたかなり哲学的な著作なのです。その原理とは著者が別の著作の中で詳述したのですが、人間は自然によれば善であるという原理です。その原理ともう一つの別な原理、それは少なからず知られた真理なのですが、すなわち人間たちは悪であるという原理と一致させるために、人間の心の歴史においてあらゆる悪の原因が示されなければならなかったのです。それこそわたしがこの著作において行ったことなのです」（cf. Voßkamp, 1995）。

教育学の自律性

かつて糾弾された『エミール』ではあったが、その出版直後から読み継がれ、現在においては世界中に流布し各国語に訳されている。さて、二〇一二年はルソー生誕三〇〇年にあたり、フランスや日本をはじめ研究会が催された。ジユネーヴにおいては六月一三日から一六日まで開催されたようであるが、その日付は先ほど記した『エミール』の出版とその後の消息と重なっている。またそれと相前後して、フランスやスイスでは二つの本格的な全集がそれぞれ新たな企画の下で出版されている。一つはテーマに従い、もう一方は時間系列により編集される。またプレイヤード版全集も、今なおその重要性を失っていない。特に『エミール』は、出版社ガルニエの文句によればルソーの数多い著作の中で最も多く読まれているという。また『エミール』の多様な解説書も供されており、それを機に研究の指針となるべき書物が数多く世に問われている。ルソーをめぐる出版状況は今日活況を呈している。フランスの学会誌『一八世紀』の一論文が、世界中を見わたして、ルソーを記念しての出版状況と研究集会の数々を、手際よく網羅的に紹介している（cf. O'Neal, 2014）。

ところで『エミール』が教育学の古典であると先ほど記したが、なにゆえそのようにいえるのであろうか。ルソー自身は教育学の書であるとは語っていなかったが、教育について語ったことは間違いない。たしかに教育の手引書ではないとしても、教育を主題として著作を物したのはルソーを嚆矢とする。なるほどルソー以前も教育がたびたび論ぜられてきた。たとえば誰しもモラヴィアのコメニウスを思い浮かべるであろう。しかしベームによれば、コメニウスは現代の敷居を跨いではいないのである。コメニウスにおいては、神の創造が主題の中心に位置づけられて、そこから派生して教育が論ぜられているからである（cf. Böhm, 2012）。しかし、ハーガーはこのような見解に反対して慎重であり批判的である。彼の頭にはシュプランガーやリットがあるためである（cf. Hager, 1997）。教育学の成立ならびにその自律性については、大きな問題であるので、教育学の定義を含めてあらためて問われるべき問題であるが、ルソーがその一契機となっている。

一八世紀当時、教育を論ずるのは一つの流行であったが、ルソーはむしろ従前あるいは当時の教育を越えた次元で教育を論じた。ルソーは当時の国家や教会に対して真っ向から問題を抉ったからこそ、権威から離れて、根本から人間を人間として、初めて教育を教育そのものとして問うことができたのである。それまでは、教育は神学や哲学の付属として扱われたにすぎない。教会統治や国家権力あるいは哲学体系の都合により論じられたにすぎない。聖俗の権威や様々な世論を括弧に入れることによって、教育が独自の領域として浮かび上がった。したがって、ルソーによれば、教育のめざすべきは、何らかの権威や制度を前提にした何か特殊な目標ではなく、そもそも人間に関心を集中することにある。「自然の秩序のもとでは、人間はみな平等であって、その共通の天職は人間であることだ。わたしたちが本当に研究しなければならないのは、人間の状況と地位の研究である」（OC252 上三一 - 三二頁）。前提を取り払われたあとの人間とは何者なのか。本質や理論ではなく、現実存在である人間が問い直される。その人間の探求と教育とはルソーにおいて裏と表なのである。

それでは、『エミール』はいかなる書物であろうか。それは容易に語ることはできない。それぞれが直接に向き合うしかない。そもそも、『エミール』が私たちからかけ離れたところにあるのではない。私たちが読む行為によってそれがそのつど姿を現してくるのであり、読むという営みが不可欠なのである。それはルソーに限ったことではない。しかし、ルソーの場合、教育学の古典という受容の仕方がむしろ問題となる。たとえばバイエルンの師範学校の例が挙げられよう。学問として教育学が成立してくる時期は、近代国家が教育制度を確立する時期と重なっている。そこで用いられた教科書ならびに講義内容が時代的に制約を免れられないのは誰しも避けられないのであるが、授業において見解や解釈が固定化されてしまい無批判に受け取られ繰り返されるというらみが指摘されている（cf. Horlacher, 2013）。

ささやかではあっても、『エミール』に向きあい自ら読む試みが避け難いゆえんである。以下の所論は、『エミール』に問いかける一つの読解の試みに他ならない。ただし、その試みはただ単に一つの課題の検討を示すにすぎないことをあらかじめお断りしておく。『エミール』に関する詳しい解説は参考文献等をご覧いただきたい。

ここでの問題関心は、事物の教育をめぐってである。事物とは何であるのか。事物と人間とはいかなる連関にあるのか。その場合、自然はいかなる位置づけになるのか。そして、自然、事物、人間による三つの教育の連関が実例として『エミール』の中で展開されているのではなかろうか。ルソーの問いかけの根本性の一つを明らかにしたい。

第二節　三つの教育

プルタルコス

『エミール』第一編が始まってまもなく三つの教育が論じられている。三つの教育とは、「自然の教育（l'éducation de la nature）」、「人間の教育（l'éducation des hommes）」そして「事物の教育（l'éducation des choses）」（OC247上二四頁）である。ルソーによれば、これら三つの教育が一致して、同じ目標に向かうならば、生徒は目的を果たし、首尾一貫して生きることができよう。これが果たされるべき教育である。ここまでの記述は、仮定を示す条件文は半過去、帰結の文章は条件法となっており、現実に反する仮定が示されている。現実にはあることが甚だ困難であるという書きぶりである。しかし可能性がここでは問題ではない。条件法あるいは接続法における思考実験は、ルソーのしばしば用いるところであり（cf. Voßkamp, 1995）、人間とは何かという問いかけに条件法あるいは接続法が用いられたとしても不思議ではない。したがって、虚構あるいはフィクションといった構図がありえるわけである。しかし、「三つの教育が対立している場合、生徒は間違って教育され、調和のとれた人間になれない」（ibid.）と直説法にて記述されている。これが現実という認識であろう。ところで「調和のとれた」すなわち「自分自身と一致した」とはいったい何を意味しているのであろうか。ルソーはその直後に言い方を換えて、三つの教育が一致しない場合、人間と市民との二者択一が余儀なくされると説いている。そこからみると、「自分自身との一致」とは、人間と市民とが二者択一ではなく、一致している事態ではあるまいか。

『ファーブル草稿』は『エミール』の最初の草稿であるが、それにおいては、三つの教育ではなくて「二つの教育」すなわち、「自然の教育」と「社会の教育」という記述になっている（OC58）。なるほど、このような図式であれば一面においては単純明解である。しかし、なぜルソーはこの記述を捨てて、決定稿において三つの教育へと書き換えたのであろうか。ルソーによる説明はない。Ｂ・ベルナルディが、今日でもなお草稿の比較対照などの吟味からはじめて、一般意志の成立と意味あいの変化を論究している。その方法は示唆的である（cf. Bernardi, 2014）。

三つの教育の問題はほとんど重要ではないという解し方もある。Ｐ・ジマックに従って、ルソーはプルタルコス（Ploutarchos. 四六頃－一二〇頃）の流儀にならって教育を三つに分けたのであると解することも可能である（cf. Jimack, 1960）。

ジマックの紹介するプルタルコスによれば、三つの教育とは以下のとおりである。「一人の人間を完璧に徳あるものとするために、三つの事柄がそこに符号（concurrence）する必要がある。すなわち、自然（la nature）、理性（la raison）、そして慣習（l'usage）である」。そのプルタルコスの三つの教育が、ルソーのそれ、つまり「自然の教育」、「人間の教育」、そして「事物の教育」に相当する。ジマックはかように解するのである。三つが符合する必要性についてはなるほどそのとおりである。しかし、それらの三つは果たしてルソーの三つの教育に対応しているといえるであろうか。その整合性の説明は困難である。

ジマックは、彼の著作の第二部五章において、「自然と社会・ルソーの二つの理想」と題して、自然と社会が根本であり、その図式は三つの教育によって変更されてはいないと論じている。なるほどジマックの判断によれば、三つの教育は再び取り上げられることはなかったし、また展開されることはなかった。またこの箇所を除けば、ルソーは主題的に理論としては三つの教育を論じ発展させていない。しかしはたしてそうであろうか。むしろ三つの教育は、理論として論じられたのではなくて、『エミール』全編を貫き通す主要な構図となっているのではないか。三つの教育を軸として様々な実例が展開されているのではなかろうか。

ジマックの原則的な論じ方では、自然と社会が二つの基本的な概念として捉えられている。それは誤りではないとしても、三つの教育の意義は見落とされてしまうであろう。しかも、プルタルコスに帰するジマックの解釈には十分な根拠があるわけではない。仮にそうだとしても、その三つの教育への変更の結果、いかなる意義が生じてくるかについては考察や言及がない。ある意味で単純明解な「社会の教育」を捨てて、「人間の教育」と「事物の教育」に書き改めたのであるから、ルソーには何か期するところがあり、意図があったとみるべきではなかろうか。

事物

『プチ・ロベール』によれば、事物（chose/choses）は、存在、出来事、対象、事実、現象、周囲世界などと説明されている。研究社の『羅和辞典』によれば、ラテン語の事物（res）は、事象、世の成り行き、事情、運命、動機、原因、国家、社会、権力、支配権、統治など実に様々である。ルソーにおいては、差し当たり事物とは何であろうか。「私たちは感覚をもって生まれている。そして生まれた時から周囲にあるものによっていろんなふうに刺激される」（OC248 上二六頁）。事物と人との出会いが根源にある。そこでは何が生起しているのであろうか。さしあたってそれは定かではないが、その場が尊重されなければならない。それは妨げられてはならない。妨げるもの、それは言葉である。言葉が先回りをして説明してしまうと、事物との接触の場は飛び越えられ失われてしまうのである。ただそれのみならずその子どもは言葉によってすでに知っていると思い込んでしまい、自ら学ぶ心得ができなくなってしまう。また気づかぬうちに社会に流布している図式や先入見を当たり前と思いこんでしまうのである。「わたしはことばでする説明は好まない。……実物！　実物！　Les choses. Les choses!　わたしたちはことばに力をあたえすぎている」（OC447 上三一六頁）。すでにそこにある事物と接触するという直接性が、何より優先されなければならない。事物は世界あるいは事実でもあり、次のように言い換えられる。「世界のほかにはどんな書物も、事実のほかにはどんな授業もあたえてはならない。読む子どもは考えない。読むだけだ」（OC430 上二八九頁）。この点は、ルソーが繰り返し注意を促すところである。

ルソーによれば、学問を教えることではなく、むしろ学問する方法が問題である。学問することを身につけるためには何より真実が究め求められなければならない。真実の根源が事物とその人との出会いなのである。ルソーは、最初の自然の動きを次のように説明している。

人間が行う最初の自然の動きは、周囲にあるすべてのものと自分を比べてみること、かれがみとめる一つ一つのものについて自分に関係がありそうな感覚的な性質を試してみることだから、かれが最初に研究することは自己保存に関連した一種の実験物理学なのだ……繊細で柔軟な器官を、それが働きかけるべき物体に aux corps 適合させることができるとき、まだ純粋な感覚が幻想から免れているとき、その時こそ、その固有の機能を果たすことができるようにそれらを訓練しなければならないのだ。人間の悟性に入ってくるすべてのものは、……感覚を通って入ってくるのだから、人間の最初の理性は感覚的理性だ。それが知的理性の基礎になっているのだ。わたしたちがついて学ぶ最初の哲学の先生は、わたしたちの足、わたしたちの手、わたしたちの目なのだ。そういうもののかわりに書物をもってくるのは、私たちに理性を教えることにならない。（OC370 上二〇三頁）

この引用での実験とは、子ども自身が遊びを含めた生活において実際にいろいろ試すという意味である。それは先入見や前提をあらかじめ取り除いた一定の条件の下でなされるために、認識以前の段階での実際の体験であり、つまり、その子どもと事物との最初の接触である。「繊細で柔軟な器官」と事物が相互に作用しあうことによって「純粋な感覚」が生成する。それは現象学でいう事象であり現象に近い。また「わたしたちの足、わたしたちの手、わたしたちの目」という言い方は、身体の位置づけを示している。その身体は、単に延長的物体としての身体ではなく、事物との連関のただ中にすでに生きていて、その人の自己保存という方向性あるいは意味を体現している。「純粋な感覚」が現れうるのはその人の身体を媒介にして初めて可能であるから、身体は事物が現れ出でる場、すなわち世界の構成に欠くべからざる機能を発揮している。『エミール』はこの場面をとりわけ重視しているのであって、その場が妨げられてはならない。またここでは「幻想がなければ」という条件が記されている。あらゆる予断や先入見が取り除かれる必要がある。この場面は、「事象そのものへ！」という表現が当てはまる。

感覚、身体が感覚的理性として理性の根源となっている。感覚と理性はまったく異なったものではありえず、理性は感覚と交叉している。『エミール』の主題として、感覚あるいは身体の鍛錬が語られるのは以上の経緯からである。もう一つ別な箇所から引用をみてみよう。

エミールは、ある種の物体に共通の性質は分かっているが、その性質自体について考えることはしない。……彼は事物をその本性によっては知ろうとせずに、ただかれの関心をひく関係によって知ろうとする。彼の外部にあるものは彼に対する関連によってのみ評価する。……かれは自分にとっていっそう役に立つものをいっそう重くみる。そして、こういう評価の仕方から決して離れないかれは、人の意見に全然頼らない。（OC487 上三七五頁）

事物について理論として本質を知ることが課せられているのではない。またそれ自体を学問的な知識として蓄えることが求められているのではない。生きる上で様々な事物に関心が赴く。さしあたって、何に関心が向くかといえば、それは自己保存に結びついている。「役に立つ」とは、畢竟、自己保存に役に立つという意味であり、それは「自然の第一の法則は自己保存を心がけることにあるからだ」（OC467 上三四四頁）とされている。「それは何の役に立つのですか」（OC446 上三一三頁）という質問が、『エミール』における教育を特徴づけている。このような事物との関わり方が妨げられるとすれば、それは人の意見や先入見による事物からの引き離しである。事物との直接的な接触を確かなものにするために、人の予断を含む意見は遮断されなければならない。言葉、書物、先入見あるいは暗黙の前提が取り払われる。自然的態度あるいは一般定立がいったん停止されなければならない。それが「消極教育（éducation négative）」の果たすべき大切な役割である。

事物との連関によって一切が始源としての自己から発せられる。それが根源的な自然状態から歩む子どもに託されて描かれている。「自然は子どもが大人になる前に、子どもであることを望んでいる」(OC319 上一二五頁)。「子どものうちに子どもの時期を成熟させるがいい」(OC324 上一三四頁)。子ども時代を完成させる大きな意味が、事物と人間との出会いと接触なのである。子ども時代が特別な扱いを受けるゆえんである。

第三節　事物の教育と実例

実例

「実例(exemple)」という訳語が適当であるか問題ではあるが、『エミール』においては様々な実例が数多く示されている。ルソーによれば、実例で示される場は、著作の中で大切なものである。けっして余分なものというわけではない。子どもにふさわしくないやり方による歴史の学習に比べれば、園丁ロベールの例がはるかに適切であると語られている。それを語り終えて、ルソーは自分自身を次のように規定していた。「わたしというのは、こういう実例をあげて語っている者のことだ」(OC393 上二三五頁)。

さらに、奇術師とアヒルの話に入る前に、ルソーは次のように念を入れていたのである。「ここではわたしはまた細かいところをながながと語ることになる。……あなたがたがじれったがるからといって、わたしはこの編のもっとも有益な部分(la partie la plus utile de ce livre)を割愛するようなことはできない。覚悟をきめてわたしの長話を聞いていただきたい」(OC437 上二九九頁)。

以上から、ルソーは自分の示した実例が、読者にとって極めて重要であると考えている様子がわかる。実例は、『エミール』にとってみれば必要不可欠であるとみなされてよい。事物との出会いが個別的であるので、その実例もそのつどの状況なのである。

知るべき重要な事柄すべて(tous les objets)を子どもの目の前に展開させ、その子どもの関与が問われるのである。

そもそも実例には次のような役割が期待されていた。「知る必要があるすべてのことをかれの目のまえにくりひろげることによって、わたしたちは、かれの趣味や才能をのばし、……そして自然を助けるためにひらいてやらなければならない道をわたしたちに示してくれるような状態に子どもをおくことになる」（OC465 上三四一頁）。実例において事物と人間との出会いが図られているのである。この作用が「人間の教育」である。ルソーの定義によれば、「この内部的発展・自然をいかに利用すべきかを教えるのは人間の教育である」（OC247 上二四頁）。

実例、自然と事物と人間との連関

人の言葉や書物を遠ざけて、事物との接触が図られる。事物とのやりとりが世界そのものである。子どもは関心ゆえに向かうべき方向を探りあてる。「わたしたちのほんとうの教師は経験と感情なのであり、決して人間は人間にふさわしいことを彼が置かれている関連の外で十分によく感じることはないからだ」（OC445 上三一二頁）。子どもが然るべき場に置かれれば、子どもは生活の場で求め、探し出し、発見するからである。ただしそこで大人たちは時に思い違いをしてむしろ学ぶ機会を奪ってしまう。ある実例を見てみよう。

「あなたはその子に地理を教えようとして、地球儀、天球儀、地図をもってきてやろうとする」（OC430 上二八九頁）。ルソーはかかるやり方に反対する。書物や文字、整理された図式、記号を用いるやり方は、知らずにある種の枠組みを前提にして事物との接触をおろそかにするのである。事物を説明しようとする様々な学問、知識、方法をいったん退けて、世界との素朴な接触のために、ここで消極教育がその役割を果たすのである。

こういった実例は繰り返し語られる。夕方、地平線に太陽が沈む。夕陽の場面に子どもが連れ出され、その光景について長々と話が語られる。あるいは朝日が東の空に昇ってくる。目にさわやかであるとか、魂にまでしみわたって、誰ひとりうっとりせずにはいられない恍惚の刹那であると語られる。しかしそれが子どもの理解と関心を越えた話であるかについては誰も気づかない。「子どもに理解できない話を子どもにしてはいけない。描写、雄弁、比喩、詩は無用だ」（OC432 上二九一頁）。言葉や書物ではなく、事物と直接の接触が求められる。子どもの関心がそちらに向かわなければ、事物は事物足りえない。

太陽の運動と方向をめぐって一つの実例がある。もし太陽の運動と方角を学べば、やがて旅行や商業から始まって農耕、暦、政治学、博物学、天文学、道徳、国際法などについて学習が大いにはかどる。世間では、得意げにそのような授業がなされる。しかし、ルソーによれば、子どもはそれを聞いても理解できない。

子どもの住む世界は、歩きくたびれた道のり、おなかのすき具合、家の隣近所、心配をさそう森の暗やみなど身体と事物の織りなす全体である。子どもは生きている全体の連関において、その場その時を生きている。子どもが住みなれ親しんだ場所である。いわば「生きられる世界（le monde vécu）」（cf. M. M. -Ponty, PP p.69 一一〇頁）である。太陽の運動と方角は、方向を知る上でのいわば「役に立つ」道具として見られるのである。それはしかも自己保存のための様々な道具連関の一つなのであり、整えられた知識として学び取られるのではない。緯度、距離、方角、地図、記号などの概念などは、他者の手になるいわば因果律や主‐客図式や一定のパースペクティヴなどを織り込んだ二次的な認識である。このような判断をいったん中止して、その認識の背景となっている事物との生の関わりが取り戻される次第なのである。

『エミール』第三編において三つほど実例を見てきたが、それらはフロレスが引用しているメルロ＝ポンティの以下の箇所を思い起こさせる（cf. Flores, 2013）。「事物そのものへとたち帰るとは、認識がいつもそれについて語っているあの認識以前の世界にたち帰ることであって、一切の科学的規定は、この世界に対しては抽象的・記号的・従属的でしかなく、それはあたかも、森とか草原とか川とかがどういうものであるかをわれわれにはじめて教えてくれた（具体的な）風景にたいして、地理学がそうであるのとおなじことである」（cf. M. M. -Ponty, PP p.Ⅲ 四頁）。事物への接触について、メルロ＝ポンティの見方はルソーのそれと響きあっている。

事物と人間の連関について見てきたが、三つの教育における「自然の教育」はいかなる位置づけであろうか。それは「わたしたちの能力と器官の内部的発展」（OC247 上二四頁）と解されたが、その歩みは人の手ではいかんともしがたく、それを基準としてそれに合わせることが求められていた。自然の歩みに即することが、三つの教育を整える基本であった。内部的発展は時間そのものではあるまいか。ここで時間について論ずることは何もできない。しかし内部的発展によってその人が自己を越え出ることが、すなわち自己超越あるいは自己差異化であるとすれば、それは生成であり、その生成を離れて、時間そのものといったものはない。内部的発展において、その人自身の様々な経験が交叉し、また他者による様々な経験が交叉してくる。それは個別的具体的な時間の相においてであり、歴史でもある。事物と人間の連関は、時間すなわち自然の教育とこのように重なりあうのではあるまいか。それら三つの教育の連関が実例として『エミール』の中で展開されている。

むすびにかえて

さて三つの教育を「事物の教育」の「事物」に焦点を当ててたどってきた。ここでメルロ＝ポンティの次の指摘が問いかけてくる。

現象学はずっとまえから中途半端な状態にとどまっているのであり、現象学の信奉者たちは、現象学というものを到るところに、ヘーゲルのなかやもちろんキルケゴールのなかに、しかしまたマルクスやニーチェやフロイトのなかにもひとしく見いだすわけだ。……事実、われわれがテキストのなかに見いだすものは、ただわれわれがあらかじめそこに入れて置いたものでしかなく……。（cf. M. M.-Ponty, PP p.II　二頁）

たしかに本章の試みは、『エミール』の一節を取り出し、現象学をふまえてこれを都合よく解釈しただけなのかもしれない。しかしここでは何もルソーが現象学者であったと主張したいわけではない。そうではなくて学問以前の学問を成り立たせる暗黙の了解を取り除いて、その人自身が事物に素朴に接触しようという方法が『エミール』の中に見てとられ、それがルソーの特徴になっているといえるだろう。

ルソーは様々な権威や制約を一旦中断して、物事を根本から考察しようと試みた。それは社会契約や不平等に関してのみならず、人間の形成をめぐってもまたあてはまる。その試みの一端が、自然、事物、人間それぞれの教育連関についての論究であり、それは「実例」において遂行されたといえるだろう。

主要参考文献

ルソー『エミール』からの引用は本文中に示し、通例にならってŒuvres complètes de Jean-Jacques Rousseau, Pléiade, 1959-95を底本とし、翻訳は『エミール（上・中・下）』（今野一雄訳）、岩波文庫、一九六二‐六四年に従った。［引用略号OC］のあとに原著の頁数、漢数字にて翻訳の頁を提示する。ただし、一部表現を変えた箇所もある。

吉澤昇・為本六花治・堀尾輝久著『エミール入門』有斐閣、一九六七年
Bronislaw Baczko, Rousseau et la marginalité sociale. In: *Rousseau selon Jean-Jacques*, Firenze, 1979.
Bronislaw Baczko, *Job, mon ami Promesses du bonheur et fatalité du mal*. Paris, 1997.
Bruno Bernardi, Sur le concept de lumières publiques: Rousseau comme Aufklärer. In: *Rousseau et philosophes*, Oxford, 2010.
Bruno Bernardi, *La fabrique des concepts, Recherches sur l'invention conceptuelle chez Rousseau*. Paris, 2014.
Winfried Böhm, Jean-Jacques Rousseau oder: Die Wasserscheide der abendländischen Pädagogik. In: *Rassegna di pedagogia*, Pisa/Roma, 2012.
Pierre Burgelin, Kant lecteur de Rousseau. In: *Jean-Jacques Rousseau et son Oeuvre-Problems et Recherches*, Paris, 1962.
Francis Imbert, L'<<Emile>> de J.-J. Rousseau, une pédagogie de la résistance. In: *RAISON PRESENTE*, No. 78, Paris, 1986.
Peter Jimack, *La genèse et la rédaction de l'Emile de J.-J. Rousseau*. Genève, 1960.

Michel Fabre, *Jean-Jacques Rousseau-Une fiction théorique éducative*. Paris, 1999.
Denis Faïck, *Jean-Jacques Rousseau: La cité et les choses*. Toulouse, 2012.
Luis Manuel Flores, La découverte de la subjectivité chez Rousseau-Vers une phénoménologie de l'expérience humaine du savoir. In: *L'Emile de Rousseau: regards d'aujourd'hui*. Paris, 2013.
Sous la direction de Claude Habib, *Eduquer selon la nature*. Paris, 2012.
Fritz-Peter Hager, Die philosophische Theorie der Erziehung, das Problem der Pädagogik als autonomer Wissenschaft und wissenschaftliche Bildung in Rousseaus "Emile", In: *Bildung, Pädagogik und Wissenschaft in Aufklärungsphilosophie und Aufklärungszeit*. Bochum, 1997.
Rebekka Horlacher, Der Rousseau der Erziehungswissenschaft. In: *Zwischen Vielfalt und Imagination Praktiken der Jean-Jacques Rousseau-Rezeption*. Genève, 2013.
Laurence Mall, *Emile ou les figures de la fiction*. Oxford, 2002.
John C. O'Neal, Etat présent Jean-Jacques Rousseau. In: *Dix-Huitième Siècle*, revue annuelle, No.46, Paris, 2014.
Maurice Merleau-Ponty, *La phénoménologie de la Perception*. Paris, 2004：『知覚の現象学』（竹内芳郎、小木貞孝訳）みすず書房、二〇〇九年［引用略号PP］のあとに原著と翻訳の頁数を記す。
Alexis Philonenko, *Emmanuel Kant. Reflexions sur l'éducation*, Paris, 1966.
Girbert Py, *Rousseau et les éducateurs Etude sur la fortune des idées pédagogiques de Jean-Jacques Rousseau en France et en Europe au XVIIIe siècle*. Oxford, 1997.
Gilbert Py, *Petits classique Larousse Emile extraits*. Paris, 2013.
publié sous la direction de Raymond Trousson et Frédéric Eigeldinger, *Dictionaire de Jean-Jacques Rousseau*, Paris, 1997.
Michel Soëtard, Actualité de Jean-Jacques Rousseau. In: *Rassegna di pedagogia*, Pisa/Roma, 2012a.
Michel Soëtard, *Rousseau et l'idée d'éducation-Essai suivi de Pestalozzi juge de Jean-Jacques*. Paris, 2012b.
Michel Soëtard, La tache aveugle de l'Emile. In: *Carrefours de l'éducation* n°34, Paris, 2012c.
Alfred Schaefer, *Rousseau: Pädagogik und Kritik*. Weinheim, 1992.
Peter Tremp, *Rousseaus Emile als Experiment der Natur und Wunder der Erziehung —Ein Beitrag zur Geschichte der*

Glorifizierung von Kindheit. Wisbaden, 2000.
Yves Vargas, *Introduction à l'Emile de Rousseau.* Paris, 1995.
Wilhelm Voßkamp, "Un livre paradoxal" J.-J. Rousseaus Emile in der deutschen Diskussion um 1800. In: *Rousseau in Deutschland,* Berlin/New York, 1995, -zit. Correspondence générale, Nr.2230/10-339.
http://www.sjjr.ch

第二章　道徳教育はどのように／どこまで可能か
―カント教育論のアクチュアリティ―

山口　匡

教育哲学や教育思想の概説書で、カント（Immanuel Kant, 1724-1804）に独立した章が割りあてられることはまれである。しかし、カントが主張した教育学の必要性や、カントが定式化した教育の根本問題が、その後の「教育的思考の歩み」（本書タイトル）をたえず刺激してきたことはまぎれもない事実である。はっきりと名指しされることはなくとも、つねにしっかりと刻印されているという思想のかたち。こうしたタイプの思想については、むしろ具体的なテーマに即して、そのアクチュアリティを再認識することが大切なのではないだろうか。

第一節　カントの道徳思想　―批判的検討―

カント哲学は「批判哲学」「理性批判」と特徴づけられる。ここでいう「批判（Kritik）」とは、「分別する、判断する、裁判にかける」を意味するギリシア語 krinein に由来する。人間の理性には何ができて何ができないのかを区別し、人間理性の権能と限界を確定すること。それが、『純粋理性批判』（第一版一七八一年、第二版一七八七年）、『実践理性批判』（一七八八年）、『判断力批判』（一七九〇年）という、「三批判書」全体を貫く課題だった。本節では、教育の領域に最も深い関係をもつ実践哲学・道徳哲学に論点をしぼって取りあげる。

カントにおける「道徳性」の意味

『道徳形而上学の基礎づけ』（一七八五年）で明言されるように、カントにとって道徳の基礎づけとは、「道徳性（Moralität）の最上原理の探求と確定」（IV392）を意味する。指標となるのは普遍性と必然性への要求である。この条件に基づいて導き出される「道徳性の最上原理」が「道徳法則（moralisches Gesetz）」であり、「道徳法則」の意識としての「定言命法（kategorischer Imperativ）」である。しかし、「道徳法則」や「定言命法」はいかにして可能か。道徳法則の演繹問題に関するカントの最終的な立場を示すものとして「理性の事実（Faktum der Vernunft）」（V31, 47）という考えが『実践理性批判』に登場する。

> 道徳法則はいわば理性の事実として、われわれがアプリオリに意識しており、しかも必然的に確実な事実として、たとえ仮にその法則が厳格に遵守されたいかなる実例も経験のうちに数え上げることができないとしてみても、なお断固として与えられているのである。（V47）

カントは、道徳法則に関して「演繹、すなわちその原則の客観的普遍的な妥当性の正当化と、そうしたアプリオリな総合的命題の可能性の洞察」（V46）はできないが、「それにもかかわらずそれはそれ自身だけですでに確固として存立している」（V47）という。道徳法則がアプリオリに認識される根拠を、カントは「普通の人間理性の道徳的認識」（IV403）、「ごく普通の悟性（常識）」（V27）に求めるが、それはけっして実例や経験を頼りにするものではない。人間は理性によってであることを「なすべし」と命じられるのであり、あらゆる道徳的価値はこの命法の端的な意識に基づく。「定言命法の根本方式」は次のように定式化される。

> 格率が普遍的法則となることを、当の格率を通じて自分が同時に意欲できるような格率に従ってのみ、行為し

なさい。（IV421）

人間が定言命法を意識できるということは、自然法則の必然性に拘束されずに自由に行為できることを意味している。そしてこの「自由（Freiheit）」は、理性が立てる法則に自ら従うという意味での自由すなわち「自律（Autonomie）」（auto + nomos：自己立法）である。「道徳法則、つまり意志の自律の原理そのもの」（IV449）という表現さえ、カントのテキストに見いだされるのである。こうして自律（および自律に基づく道徳性）は、カントによって人間の「人格（Person）」としての「尊厳（Würde）」の根拠とみなされる（IV436）。人間は自律による意志の自己立法によって「目的それ自体」であり、人間はそのかぎりで尊厳であり、単に「手段」としてのみ扱われてはならないとされる（vgl.IV433-436）。カントのいう「道徳性」や「自律」とは行為の道徳的価値そのものであって、通常の理解とは異なり、何らかの成長すべき能力を意味するものではない。これは重要なポイントである。

カントの形式主義

「格率（Maxime）」とは行為の主観的な原則であり（IV401Anm., V19）、行為の事実上究極の規定根拠を表す規則である。それゆえ、「定言命法」が要求するのは、主観的な格率が普遍的な「道徳法則」に合致するかどうかを審査する手続きである。カントは「定言命法の根本方式」を提示したあと、さらに「義務の普遍的命法（自然法則の方式）」を、「自分の行為の格率が自分の意志によって普遍的自然法則になるべきであるかのように、行為しなさい」（IV421）と規定して、四種類の「義務（Pflicht）」について論じている（IV421-423, 429-430）。

たとえば、「他人に対する完全義務（ゆるがせにできない義務）」に分類されている「嘘の禁止」を整理すると以下のようになる。困窮して借金をしようとしているひとが、その借金を返せないことをよく知りながら、それでも返済を約束して借金をする場合、この行為の格率は、「私はお金に困ったときには、けっして返すことができないとわかっていても、返済するという偽りの約束をしよう」となる。しかし、この格率は「普遍的自然法則となりうるかどうか」というテストにさらされなければならない。すると、必然的に自己矛盾に陥ることが判明する。なぜなら、このような格率を普遍化してしまうと、約束と約束によって達成されるべき目的とが、それ自体として成立しなくなってしまうからである（IV422）。

しかしながら、こうしたカントの「義務論」は「形式主義」という否定的な評価を受けてきた経緯がある。その典型はヘーゲルの批判だろう。ヘーゲルによれば、たとえば所有権がないということは自然法則として矛盾をはらまない。民族や家族が存在しないこと、人間が一人も生きていないことも、自然法則として矛盾をはらまない。カントの「空虚な形式主義」（ヘーゲル、三三八頁）では、「反対に、あらゆる不正かつ不道徳な行為の仕方が正当化されうる」（三三九頁）というのである。

カントは、定言命法は個々の状況に適用されるものであり、それゆえ形式的でなければならないと考える。しかし、「嘘の禁止」の例でいえば、約束という確固たる実質的なルールがあらかじめ前提とされているからこそ、「嘘」が義務に反するとされるのである。つまり、「形式主義」に対する批判とは、定言命法が個々の状況に適用されるためには何らかの前提をもっていなければならない、という批判である。では、この「何らかの前提」とは何であろうか。それをカントの道徳哲学でどのように位置づけて考えたらよいのであろうか。

ペイトンが指摘しているように、「カント倫理説のいっそう際だった性格は、抽象的な普遍的法則と具体的な個々の行為とを媒介するものとして、格率を導入していることである」（Paton, 135）。カントの義務論は、具体的な義務を明示してその遵守を命じるものではない。このことは、「定言命法の根本方式」そのものによって確認できる。そこで命じられるのは、「格率の普遍化」であった。格率の実質的、具体的な内容については何も指定していないという点にこそ注意が向けられなければならない。つまり、行為の具体的内容を直接提示するのではなく、格率のとるべき姿とそうした格率の形成を可能にする心のあり方のみを指示するカントの基本姿勢が、「カントの形式主義」といわれるものの内実なのである。定言命法は行為の道徳的判定の形式であり、格率がその実質をなす。そしてペイトンがいうように、「我々の道徳的判断において諸々の事情、諸々の目的、諸々の結果が考慮されるのは、実質的格率への途上においてである」（137）だろう。

道徳的判断の条件

この問題は、カントの道徳哲学と教育思想を結びつける上でも重要な意味をもつ。多くの研究がこのテーマを論じているが、ここではバーバラ・ハーマンの所論を取りあげたい。

ハーマンの議論で注目すべきは、「道徳的重要点の規則（the rules of moral salience）」（Herman, 77）という観点の導入である。それは、「格率」が形成される場面に関わる。ハーマンはまず、次のような注意を促す。「定言命法」それ自体は道徳的規則ではなく、抽象的な形式的原理である。というのも、定言命法は義務を直接提示するのではなく、行為の格率を判定するものだからである。それゆえ、定言命法を判断や判定の原理として使用するためには、行為者はまず、自らの格率を作りださなければならない。したがって、カントが想定する道徳的行為者は格率を形成する段階ですでに、けっして道徳的に無前提なのではなく、定言命法による格率の普遍化の手続きに先立って、何らかの道徳的な認識をすでにもっていなければならないことになる。なぜなら、自分の格率が許容されるか否かをテストするということは、自分が行おうとしている行為が道徳的に疑わしい可能性があるということを、すでに察知している場合にのみ意味をもつからである。実際、「嘘の禁止」の例でカントが分析しているのは、行為者がある利益や必要を満たすための個人的な理由をもっていながら、しかし同時に、自分が行おうとしていることが普遍的な道徳に背くものであるということを予測している事例である。この事実を厳密に受け取るならば、カントにおいて道徳的判断が必要になるのは、まさにこのようなケース、行為者が自ら企てる行為の意味や特徴をすでにかなりの程度で理解しているケースに限定されることになる。

ハーマンは、カント的な行為の主体が格率の形成や道徳的判断に先立って必要とする道徳的知識を、一種の道徳的規則に関する知識とみなして「道徳的重要点の規則」と名づけ、カントの道徳哲学を補強するものとして導入しようとする。彼女によれば、「道徳的重要点の規則」は定言命法の普遍化の手続きからは導出されないにもかかわらず、けっして恣意的なものでも慣習的なものでもない。それはたしかに、定言命法が判断のために提示しているものと同一の理念、すなわち道徳法則を表現しているのだという。そうして、「道徳的重要点の規則」の基礎は、「理性の事実」である道徳法則の意識に基づく、「目的それ自体」としての「人格」の相互性のうちにあると考えるのである。

さらに重要なのは、教育との関係で次のような指摘がなされている点である。「道徳的重要点の規則は、道徳教育において本質的な核心部分をもたらす」(82)。「道徳的な行為者になるためには、状況を（道徳的重要点の規則によって記述される）道徳的に重要な特徴との関連において理解するように訓練されなければならない」(83)。

第二節　カントの教育思想　―教育の根本問題―

カントが生きた一八世紀ドイツは「教育の世紀」といわれる。カント自身も、在籍していたケーニヒスベルク大学において哲学部正教授の輪番制のもと、一七七六年から一七八七年にかけて一学期（半年）ずつ計四回にわたって「教育学講義」を担当している。カントは、大学で教育学を担当したほぼ最初の思想家といってもよいであろう（そして、彼の「論理学・形而上学」講座の後任として招かれたのがヘルバルトである）。

カント教育論の基本思想

「教育学講義」の講義資料は弟子で友人のリンクに委ねられ、『イマヌエル・カント　教育学について』（一八〇三年、以下『教育学』と略記）として編集された。当時のプロイセンにおける文教政策やケーニヒスベルク大学における「教育学講義」の実施状況、そして『教育学』の「文献学的不確定性」については他の優れた研究に譲らざるをえない（特に、藤井基貴の研究は必読である）。

『教育学』に刻まれた、「教育術は学問へと転換されなければならない」（IX447）というカントの主張が、以後様々なかたちで教育学の学問形成に大きな影響を与えてきたことは事実である。カント教育論の基本思想と、その中で定式化され今日に至るまで教育的思考を刺激し続けている「教育の根本問題」を概観しておこう。

『教育学』は一つの教育原理と五つの教育段階によって構成されている。「子どもは人類の現在の状態だけに適応するようにではなく、人類の将来的に可能なより善い状態に適応するように、換言すれば、人間性の理念およびその使命全体にふさわしく教育されるべきである」（ibid.）。これがカントの語る唯一の教育原理であり、それに基づいて教育計画は「思慮的（judiziös）」（ibid.）、「世界市民的（kosmopolitisch）」（IX448）に立てられなければならないとされる。

では、その教育計画とはどのようなものか。整理すると、出生からの教育過程において、①保育（Verpflegung）、②訓練（Disziplinierung）、③教化（Kultivierung）、④文明化（Zivilisierung）、⑤道徳化（Moralisierung）の五段階が区分されている。最初の「保育」は身体の健全な発達を図るものであり、その意味で「人間と動物に共通な教育」であって、カントはこれを「自然的教育（physische Erziehung）」とよんでいる（IX455）。これに対して、他の四つの段階は総じて「実践的ないし道徳的教育（praktische oder moralische Erziehung）」であり、「人格性への教育、すなわち自立して社会の一員となり、さらに自分自身の内的価値を持つことができるような、自由に行為する存在者をつくり出すための教育」（ibid.）をめざす。

「訓練」は「人間が動物的衝動によって人間性から逸脱することを予防する」（IX442）こと、つまり「野生の制御」（IX449）に携わる。「教化」の目的は「練達性（Geschicklichkeit）」を獲得することにあり、「文明化」は「怜悧（Klugheit）」になることに向かう（IX449, 486, VII201）。教育の最終段階は「道徳化」であるが、ここでは「真に善い目的だけを選択するような心術の獲得」（IX450）つまり「品性（Charakter）の確立」（IX481）が問題になる。カントが区分した教育段階は、彼の歴史哲学と類比的に、最後の「道徳化」をめざして組織されているのである。

教育の根本問題

「道徳の形而上学がなければ道徳教育は不可能である」（vgl. IV412）。「道徳原理は実際のところ、すべてのひとの理性的素質に内在している漠然と考えられた形而上学にほかならない」（IV376）。たしかに、何が道徳であるかが基礎づけられなければ、道徳教育は意味をなさないだろう。しかし、カントにおける道徳哲学から道徳教育論への移行問題、接続問題は、解きがたい難問としてたえず意識されてきた。道徳性のアプリオリな原理を「発見し、その使用の制約、範囲および限界を画定する」（V12）という「批判哲学」の問題設定と、子どもの成長過程を根底に据えた教育学的問題設定とのあいだには明らかなちがいがある。以下に見る、相互に関連しあう二つの問題は、カント教育論の難点であるとともに、カントによって定式化された道徳教育一般の根本問題でもある。

①「自由／強制」問題

第一の問題は、カントの道徳哲学における「英知的」「感性的（経験的）」の二元論に由来する。つまり、道徳性を英知的自由（自律）に基づく行為の価値として理解するカントの立場からは、道徳性の発達を時間的因果関係のもとで考えること、したがって、道徳性の漸次の成長と他者からの教育的な働きかけの実効性について説明することが不可能になるという問題である。カント自身もこの問題を強く意識していた。幾度となく引用されてきた『教育学』の一節をここでも提示しておこう。

教育の最も重要な問題のひとつは、法的強制に服従することと自己自身の自由を使用する能力とをいかにして統合できるのかということである。というのも、強制は必要不可欠だからだ！　私は、強制があるにもかかわらず、自由〔を使用する能力〕をどのように教化してゆく〔ことができる〕のだろうか（Wie kultiviere ich die Freiheit bei dem Zwange?）。（IX453）

「人格性のための教育」「自由に行為する存在者をつくり出すための教育」を実践していくためには、「子どもが自分自身の自由を使用できるように指導するために、子どもに強制を加える」（IX454）必要が生じてくる。自律への教育とは、自律へと強制することとなる。しかし、他律を通して自律を育むことははたして可能なのだろうか。「自由と強制のアンチノミー」がこうして明確化されるのである。

②「道徳教育の不可能性」問題

第二の問題は、「品性」に関するカント自身の矛盾した言明から発生してくる。その事実をふまえてベックは、カント倫理学に従って「厳密に言えば、道徳教育は恐らく不可能であろう」（Beck, 235）と述べている。問題になるのは次の箇所である。『教育学』と『実用的見地における人間学』（一七九八年）から順に引用する。

道徳教育においてまず第一に努力することは、品性を確立することである。品性の本質は格率にしたがって行為するという点にある。（IX481）

人間が自分の心構えのうちに一つの品性を備えていることを自覚している場合、その品性は自然に身についたというのでなく、そのつど獲得されたものであるに違いない。するとまた、品性のこうした創設はある種の再生に準えることができる。（VII294）

一方では道徳教育がめざすべきものとしての「品性の確立」が語られ、他方では「ある種の再生」としての「品性の獲得」が語られている。カントは品性の獲得をさらに、「人間の内面における最も意味深い革命」（VII229）、「生まれ変わりの瞬間」「突然訪れる炸裂」（VII294）になぞらえている。しかしこのような「非連続的」な事態は、カント哲学に即していえば人間の英知的性格に関わるものであり、したがって、経験的に捉えることもできなければ、教育的な働きかけが届きうるものでもないことになる。カントのこうした矛盾しあう言明を、どのように解釈したらよいのであろうか。そこではあたかも「道徳教育の不可能性」が宣告されているかのようである。

「素質」から「アプリオリな原理」へ　―「根源的獲得」の教育学的意義―

こうした問題は、カントによって定式化された教育の「永遠の問題」として受け止められ、それを論じた多くの研究が最終的に行き着くのは、カントはここで「矛盾を抱え」、「アポリアに直面している」という消極的な評価であった（vgl. Kauder, 115）。しかし近年、カントの道徳哲学と道徳教育論とを整合的に解釈しようとする試みが数多く見うけられる。

カウダーは、カントが「自由」と「強制」の関係について前置詞 bei を用いて表現している点（Wie kultiviere ich die Freiheit *bei* dem Zwange?）に注目し、bei の意味を重視した解釈が何を導き出すかを探らなければならないと考える。カウダーの解釈では、bei は durch と異なり、因果関係を意味するものとして理解されてはならず、bei の意味を正しく読み取るならば、「強制」の意味もまた明らかになるというのである（Kauder, 124-125）。

他方でガイヤーは、道徳性をめぐる「生得性」と「アプリオリ性」の関係に着目する。道徳性の「理性的素質」と「普遍性」のあいだの問題と捉えてもよい。彼は次のような展望を示す。道徳法則はアプリオリに総合的なものであり、したがって生まれながらに意識されているという意味で生得的（innate）なものではないにせよ、それにもかかわらず、すべての人間に生まれつき備わっている（inherent）もので、成長の早い段階から見通しをもって行為を反省することを通して形成されるものである。「これはカントにとって本質的な視点である」（Guyer, 124）。

ガイヤーによれば、カントは、アプリオリなものが教育されることなく意識化されているという意味で生得的だとは考えていない。むしろ、教育の意義と必要性は、生得性とアプリオリ性の区別にこそ立脚しているというのである。そしてその根拠を、前批判期の論文『可感界と可想界の形式と原理』（一七七〇年）に求めている（128）。

> ……時間と空間の概念は生得的（angeboren）か獲得されたもの（erworben）かという問題がある。……しかし実をいえば疑いもなく、これらの概念はともに獲得されたものである。しかしながら、これらの概念は対象の感覚から抽象されたのではなく、感覚されたものを自らの永遠の法則に従って同位的に秩序づける心の作用そのものから抽象されるのであり、いわば不動の、したがって直観的に認識されるべき型として抽象される。（II406）

この問題を、石川文康の説明によって補足しておきたい（石川、一一一‐一一三頁参照）。注意すべきは、カントの場合、「アプリオリ」は「生得的」を意味しない、ということである。カントが主張するのは、認識能力が自己活動によって自らのうちから獲得した観念（直観であれ概念であれ）の存在である。そして、観念のそのような由来を、当時の自然法の用語に則って「根源的獲得（acquisitio originaria）」とよんだ。これによって、アプリオリとは「根源的に獲得された」という意味をもつことになる。問題は、その「心」や「認識能力」がどのように「作用」しはじめ、どのように「自己活動」を展開するようになるのか、まさにこの場面の解明に行き着くのである。

第三節　道徳教育の可能性と限界　―「批判」的思考の要請―

カントが具体的な教育論を展開している箇所としては、『教育学』のほかに『実践理性批判』「方法論」や『道徳形而上学』（一七九七年）「方法論」を挙げることができる。そこでの課題は、「純粋実践理性の法則をいかにして人間の心へと導き入れ、心の格率に影響を与えることができるか……という仕方を考える」（V151）ことにある。

自ら考えること

しかし、「導き入れ」「影響を与える」という表現は誤解を招きかねない。「導き入れ」「影響を与える」のは当然大人（教師）であるが、子ども（生徒）の側からすると、文字どおりの意味で一方的、受動的に「導き入れられ」「影響を与えられる」のではない。これが重要なポイントとなる。というのも、カントの教育思想の最大の特徴は、子どもに「自ら考えること（Selbstdenken）」を要求する点にあるからである。

> ……とりわけ重要なのは子どもが〔みずから〕思考することを学ぶことである。〔みずから〕思考することは、あらゆる行為が由来する原理を志向している。（IX450）

カントは『道徳形而上学』「方法論」における「注解：道徳的カテキズム（moralischer Katechismus）の断編」で道徳教育の具体的な指導法を提示している（VI480-482）。道徳的カテキズムとは、教師とのあいだの一連の問答を銘記させることを通して、生徒に基礎的な道徳原理に関する認識を獲得させる指導法である。そこでは、教師が生徒に生徒自身の返答をそのつど「実例（Beispiel）」として使用させ、「自ら考えること」へと導いていく。

> 教師は、教え子の思考過程を質問することによって、すなわち、概念へと向かうかれのうちなる素質を個々の実例に即してただ展開することによって、導くというわけである（教師は、かれの思想の助産婦である）。（VI478）

カントの道徳的カテキズムの目的は、生徒に自分自身から道徳法則のアプリオリな認識を引き出させることにある。「理性認識を子どもの中に持ち込むのではなく、むしろ理性認識を子どもの中から取り出すということがそもそも目指されなければならない」（IX477）。子どもはこのアプリオリな認識を「自ら考えること」を通して、いわば inherent な状態から明確な意識化へともたらさなければ（根源的に獲得しなければ）ならないのである。

これまでのカント解釈においても、「自ら考えること」に着目することによって、「自由と強制のアンチノミー」を克服しようとする試みは数多く存在する。しかしそれらの研究では、なぜ／どのように、「自ら考えること」が「理性的素質」を「アプリオリな普遍的原理」へともたらすのかについての踏み込んだ分析が欠落していたといわざるをえない。その内実や機制を解明するものとして、ガイヤーによる「根源的獲得」の教育学的解釈は重要な意味をもつと思われる。

それと同時に、カウダーの問題提起に対しても一定の応答が可能になったのではないだろうか。彼が強調する“bei”の重要性とは、まさに「実例（*Beispiel*：原義は nebenbei Erzähltes）」を手がかりに「自ら考えること」を通して、「子どもが理解し承認するように導くこと」（IX492）を示唆するものとして捉えることができるだろう。

道徳教育の可能性

カントにおいて「品性」とは「ゆるぎない格率にしたがう実践的な首尾一貫した心がまえ」（VI152）を意味する。「品性」をめぐる「道徳教育の不可能性」問題については、どのような展望を得ることができるだろうか。

『道徳形而上学』「方法論」は「倫理学的教授法（ethische Didaktik）」と「倫理学的修行法（ethische Asketik）」の

二つの部門で構成されている。「道徳的カテキズム」が属しているのは前者である。フォルモーサは、この二部門は道徳性が要求する二つの内容に対応して区分されていると考える。「教育に可能なのは、善い気質を身につけるべきであるという考え方へと子どもを導くことだけであり、実際に善い気質を子どもに与えることはできない」(Formosa, 173)。「教授」できることとできないことがあり、後者は子ども自身の生涯にわたる「修行」によって獲得されなければならない。つまり、「品性」の道徳化にとって教育は必要条件ではあるが、けっして十分条件ではないという解釈である。だとすれば、カントにおける二つの主張、「品性の確立」のために教育が必要だという主張と、「品性の獲得」に対して教育は不十分であるという主張とは、互いに対立しあうものではなく、道徳性が要求する二つの場面にそれぞれ対応していることになる。では、道徳教育の必要条件としての「品性の確立」、道徳性のアプリオリな意識化（根源的獲得）はどのように促されるか。最後に注目したいのが（ただし、概略にとどめざるをえない）、ガイヤーが提起する「カントの道徳教育における実例使用の分業化（Kant's division of labor for the use of examples in moral education)」論（Guyer, 134）である。

カントにおける「実例」概念は、「普遍的なものの下に包含されていると表象された特殊なもの」(VI480Anm.)を意味する。彼は道徳哲学の基礎づけのために実例を使用することを厳しく批判するが、しかし他方で道徳教育における実例の必要性を強調する。

> 道徳性を実例から借りてこようとすることほど、道徳性にとって悪いことはあるまい。……実例のほうが先にあって道徳性の概念を提供することは決してありえない。(IV408)

> 子どもの中に道徳的な品性の基礎を確立するためには、……子どもに果たすべき義務を実例と指示によって可能な限りたくさん教え込む必要がある。(IX488)

道徳をめぐる実例の位置づけについて、カントの態度は一見、両義的である。普遍性への要求に対して、個別的具体的であることがその性質である実例は、どのような役割をはたしうるのか。

ガイヤーがまず指摘するのは、「思考実験（thought-experiment）」としての「仮説的実例（hypothetical example）」である（128-129）。カント自身も定言命法の説明のために実例を使用している（「嘘の禁止」の実例）。しかし、それは道徳性の原理を基礎づけるために現実の行為から集められた経験的な実例ではなく、あくまでも「思考実験」としての実例使用だという点が重要である。そして、この思考実験が成立するためには、実例の提示と理解にさいしてアプリオリな道徳性の認識が伴っていなければならないのであった。「道徳的カテキズム」とはまさに、この認識を明確化させるための、「仮説的実例」による「思考実験」である。

しかし、道徳教育における実例の必要性はこれだけではない。ガイヤーによれば実例の第二の役割は、子どもに自分自身と他者に対する「不完全義務（功績となる義務）」（vgl.IV424）を「可能な限りたくさん教え込む」ことである。そのためには、「具体的実例（real example）」の提示が必要不可欠になるという。カントが実際に論じているのは、「自分自身の人間性の尊厳を守る」義務（IX448-489）と「人間の権利に対する畏敬および尊敬」の義務（IX489）であるが、それらを完全に網羅したリストの提示は不可能である。むしろ不可能であるからこそ、「具体的実例」が必要になる（132）。それは、「実例をのりこえるための実例」となることを期待されているのである。

カントの「実例」論と道徳性　―そのアクチュアリティ―

カントの道徳論において、実例はさしあたり二つの重要な役割を果たしている。第一に、道徳法則の意識化（根源的獲得）は、思考実験ないし仮説的実例の注意深い使用によって、子どもが自分自身から導き出さなければならない。第二に、とりわけ不完全義務の個別的な要求は、具体的実例によってのみ教えられることができる。なぜなら、あらゆる状況を網羅し規則を定式化することは不可能だからである。ハーマンのいう「道徳的重要点の規則」もこうした実例使用を通した「訓練」によって、道徳教育における「本質的な核心部分」に位置づけられるであろう。

しかしそれでもまだ、道徳教育における実例の使用についてカントが最も重要だと考えていたことが明らかにされていないとガイヤーは考える。

> ある他人（あるがままの）との比較ではなく、いかにあるべきかという理念（人間性の）との比較こそが、教育にとって不可欠の規準を教師に提供するのでなければならない。（VI480）

> 人間にとってつねに可能となる道徳的状態は、徳すなわち戦いのうちにある道徳的志操であって、意志の志操の完璧な純粋さを所有していると僭称する神聖性ではない。（V84）

「戦いのうち」で道徳性の要求に従って生きていくこと（「品性の獲得」）の可能性。道徳教育における実例の決定的な役割は、子どもたちに、自分自身が実際に道徳的でありうることを確信させ、しかしまた、そうあるためには人間本性の限界とたえず戦わなければならないことを認識させる点にある（Guyer, 132-133）。教えられるべきは、「徳」の単なる論理的可能性ではなく、現実の可能性とその困難さである。ガイヤーによれば、「人間が道徳的でありうること」についての教育は、「史実にもとづいた（historical）」（137）「実際の人間の行為（actual human conduct）」（132）による、まさに「実例（actual example）」（134）だけがそれをなしうるというのである。

事実カントも、「一人の誠実な人間の物語（裏切りに荷担することを拒絶した男の物語）」を「純粋な徳の標準」の「実例」として示し、「それがたとえば一〇歳の子どもに判定しなさいと提示されたとして、その子どもが教師の教えをまたずに、自分でかならずその通りに判断せざるをえないかどうか」を試みている（V155-156）。しかし、カントにおける実例の最も深い意義は、「いかにあるべきかという理念との比較」を可能にさせる点にあるのであって、けっして、「ある他人との比較」にあるのではない。

実例のもつこの重要な意味と制約を忘却したところにカントのいう道徳性はない。カントが最も厳しく危険性を警告するのは、その忘却を意味する「熱狂（Enthusiasmus）」にほかならない。「そうした行為にたいする熱狂を注入し、それによって子どもたちの心をとらえようとするのは、まるっきり目的に反している」（V157）。

> ……私が望むのは、すべてをたんに義務と価値にもとづかせ、……当世の感傷的な本がいわゆる気高い（手がらの押し売り風の）行いの実例をむやみにまき散らすことによって子どもたちを煩わせないようにすることである。（V155）

道徳教育における実例の必要性と危険性。それは道徳教育の可能性と限界に関する議論、まさに「批判」的思考を必然的に要請する。道徳教育の特殊な困難は、実例をめぐる問題に集約されているといっても過言ではない。「人間が道徳的でありうること」を認識させるために開発され活用されるべき実例が、現実にもはたしてよく「戦いのうちにある」人間の道徳性を意識化させる（根源的に獲得させる）ことを志向できているだろうか。むしろその「忘却」という、道徳的「熱狂」をはらんで／もくろんではいないだろうか。

カントの道徳教育論と「実例」論は、日本の道徳教育をめぐって昨今最もはげしく議論されている（と信じたい）あのテーマに、おそらくは極めてアクチュアルに関わっているはずである。

主要参考文献

カントからの引用は通例にならってアカデミー版カント全集に従い、ローマ数字で巻数を、算用数字で頁数を本文中に提示する。

なお、翻訳は岩波書店版カント全集に従った。ただし、一部表現をかえた箇所もある。

藤井基貴「十八世紀ドイツ教育思想におけるカント『教育学』の位置づけ」日本カント協会『日本カント研究　七：ドイツ哲学の意義と展望』理想社、二〇〇六年

石川文康『カント入門』筑摩書房、一九九五年

篠澤和久・馬渕浩二編『倫理学の地図』ナカニシヤ出版、二〇一〇年

谷田信一「カントの教育学的洞察：その背景・内容・意義」カント研究会『現代カント研究　五：社会哲学の領野』晃洋書房、一九九四年

宇都宮芳明『カントの啓蒙精神：人類の啓蒙と永遠平和にむけて』岩波書店、二〇〇六年

ヘーゲル『法の哲学』（藤野渉、赤沢正敏訳）、『ヘーゲル（世界の名著　四四）』（岩崎武雄責任編集）中央公論社、一九七八年

Lewis White Beck, *A Commentary on Kant's Critique of Practical Reason*, The University of Chicago Press, 1963（^{1}1960）. ベック『カント『実践理性批判』の注解』（藤田昇吾訳）新地書房、一九八五年

Paul Formosa, From Discipline to Autonomy: Kant's Theory of Moral Development. In: Klas Roth, Chris W. Surprenant (ed.), *Kant and Education: Interpretations and Commentary*, Routledge, 2012.

Paul Guyer, Examples of Moral Possibility. In: *Kant and Education: Interpretations and Commentary*, Routledge, 2012.

Barbara Herman, *The Practice of Moral Judgment*, Harvard University Press, 1996（^{1}1993）.

Otfried Höffe, *Immanuel Kant*, Verlag C. H. Beck, 2000（^{1}1983）. ヘッフェ『イマヌエル・カント』（薮木栄夫訳）法政大学出版局、一九九一年

Peter Kauder, "Wie Kultiviere ich die Freiheit bei dem Zwange?" In: Peter Kauder, Wolfgang Fischer, *Immanuel Kant über Pädagogik: 7 Studien*, Schneider Verlag Hohengehren, 1999.

H. J. Paton, *The Categorical Imperative: A Study in Kant's Moral Philosophy*, University of Pennsylvania Press, 1971（^{1}1947）. ペイトン『定言命法：カント倫理学研究』（杉田聡訳）行路社、一九八六年

第三章　人間形成論の開花

―ヘルダーの人間性形成思想―

寺川　直樹

第一節　ヘルダーの人間学

歴史哲学

ヘルダー（Johann Gottfried Herder, 1744-1803）は、ケーニヒスベルク（現カリーニングラード）近郊のモールンゲンで生を受けた。青年期の彼は、ハーマンやルソーの著作をはじめ、様々な書物に読みふけり、彼らから大きな影響を受けたといわれている。また彼はケーニヒスベルク大学神学科に進み、カントやハーマンのもとで学んだ。その後、シュトラスブルクにて、ゲーテとの運命的な出会いを果たし、ここから一七七〇年代を中心に展開される文学刷新運動「シュトゥルム・ウント・ドラング（Sturm und Drang）」が始まったとされている。

ヘルダーの文筆活動は、文芸批評や言語哲学、歴史哲学、神学など、多岐にわたる。また、彼は民謡の収集や古今の詞華の翻訳に努めるとともに、自らも詩作に取りくんだ。さらに、彼は牧師として説教を行い、教育活動にも積極的に関わっていた。そのため、ヘルダーの立場を一言でいいあらわすことは難しい。しかしそれらはすべて一つの立脚点に基づいている。その立脚点こそが、「人間性（Humanität）形成」、つまり「人間形成（Menschenbildung）」なのである。そこでまずは、ヘルダーの人間形成論の基盤となる人間学について概観してみたい。

ヘルダーの人間学の中核は、歴史哲学にある。はじめに、その代表的な著作として、『人間性形成のための歴史哲学異説』（一七七四年、以下『異説』と略記）を取りあげたい。

　この著作の主題は、その表題にあるとおり、人類史における「人間性形成《フマニテート》」の過程を考察することにある。その中でも特に注目したいのが、「年齢期」説という考え方である。ヘルダーは個人の成長過程を人類史に当てはめ、彼が人類史の起源とみなす東洋人の時代を人類の幼年時代、エジプト人・フェニキア人の時代を人類の少年時代、古代ギリシア人の時代を青年時代、そして古代ローマ人の時代を壮年時代と表現している。

　一見すると、このような考え方は、単に直線的に前進・進歩していく過程のようにも思われる。つまり「最終段階」こそが最も価値があり、その「前段階」は「最終段階」に向かうための「手段」にすぎないかのようにもみえるだろう。しかし、実際にはそうではない。ヘルダーにとって、「すべては手段であると同時に目的なのである」（IV, 54）。つまり、歴史のあらゆる段階に属する諸民族、さらにその構成員たる個々人は、各々固有の意義を有するとともに、それ自体で完成・完結した「国民的」「時代的」「個性的」な存在である、と彼は主張する（VI, 35）。だからこそ、「どの民族も幸福の中心をみずからのうちに有する」（IV, 39）とみなされるのである。一方、どの民族も、そしてその構成員たるどの個々人も、植物の生涯と同様に「成長と開花と衰退の時期」（IV, 34）を通過し、自らの生の周期を完結しなければならない。しかしヘルダーは、「神即自然」の摂理のはたらきによって、それに続く新たな年齢期に該当する民族の生の周期が開始する、と考えるのである（vgl. IV, 37）。このようにして、各年齢期に属する諸民族は、各々その生の周期を完結しながらも連続し、歴史を形成していくのである。それゆえ、人類の壮年期である古代ローマ人の時代も、やがて衰退に向かい、新たな時代、つまり北方民族・キリスト教の時代を迎え、さらにヘルダー自身が生きる「啓蒙の時代」へと話題が展開していく。

　そして、この『異説』の歴史哲学を継承・発展させたのが、『人類の歴史哲学のための構想《イデーン》』（一七八四－九一年、以下『イデーン』）である。その序でも述べられているように、ヘルダーは『イデーン』において、「文化史」の範疇に留まった『異説』とは異なり、「人間の歴史全体に関する哲学」をめざしたのである（VI, 11）。その第一部では、「自然史」に関する考察がなされ、当時の自然研究の知見をふまえながら、「自然の経験と類比」を基盤として、「自然中の神の歩み」が探究されている（VI, 16）。具体的には、太陽系における地球の位置づけからはじまり、鉱物、植物、動物へと論が展開され、最終的には人間の発生とその自然的本性にまで言及されていく。続く第二部では、風土や人間の自然的本性、人類史の起源について考察がなされている。そして第三・第四部では、『異説』の内容を継承・発展させ、人類史における「人間性《フマニテート》形成」の過程が描かれている。ここでは特に、「中間存在」としての人間像と風土論に注目したい。

先にもみたように、『イデーン』の最大の特徴は、「自然史」と「人類史」を結びつけて考えている点である。その第一部において、人間は各被造物の諸力を結集した「地上の中心的被造物」とされているが、しかし話題はそこに留まらない。のちにみるように、人間ならびにその形成は、地上において完成することはなく、たえず漸進的に完成へと向かうのである（vgl. VI, 193ff.）。つまり、人間は「地上の世界」（「自然的なもの」）と「天上の世界」（「神的・宗教的なもの」）とをつなぐ「中間存在」であり、この両性質を自らのうちに包摂している、とヘルダーは考えているのである。この点については、第三節でさらに詳しく検討したい。

風土論

また、もう一つ注目すべき点が、風土論である。ヘルダーによれば、海洋・山脈・河川といった地理的要因が諸民族やその生活様式、言語などを風土化する、つまりそれらに多様性や個性をもたらすのである（vgl. VI, 45）。現実に生きる人間は、自らが暮らす風土と密接に関わりながら多様かつ個性的に存在する。それゆえ、「彼らからその土地を奪えば、すべてを奪うことになる」（VI, 259）とまでヘルダーは考えている。

このように、人間は風土の影響によって、多様で個性的な存在として現実に生きるのだが、それは人間をはじめとした被造物全般に内在する「有機的諸力」と風土化作用との拮抗を通じて成立するという（vgl. VI, 270ff.）。この有機的諸力はまず、生命を産みだす「発生力」として作用する。また有機的諸力は、生命が誕生したのちに、その生命を維持し、活気づける「生命力」としてはたらくとされている。この「発生力」や「生命力」として作用する「有機的諸力」を内包する被造物は、外部の風土化作用を各々の方法で有機的に受容することで、自らの風土を獲得することになる。このように、有機的諸力は自らの側に風土化作用を取りこもうとするのに対して、風土もまた有機的諸力に影響を与えるため、有機的諸力は時として風土化作用に順応しなければならない場合があるという。両諸力の拮抗を通じて、人間をはじめとする被造物全般は、個別具体的な存在として現れるのである。そしてこの風土化作用による多様化・個性化の思想が、先にみた歴史哲学における個性尊重の精神に結びつくのである。

言語哲学

さらにヘルダーは言語哲学についても多くの著作を残している。ここでは『言語起源論』（一七七二年）を取りあげてみたい。

『言語起源論』第一部は、人間による言語の発明のメカニズムについて論じている。ヘルダーによれば、「すでに動物として、人間は言語を有する」(I, 697)。そしてその言語、つまり感情を伝えるための言語を、彼は「感情語」「自然語」「動物語」と表現している。この点からも明らかなように、人間は動物（自然）と密接に連関している。

しかし人間と動物には相違点もある。それは「生活圏」と「感覚・衝動」との関係のうちに認められる（vgl. I, 712ff.）。狭い生活圏に拘束される動物は、鋭敏な感覚や強力な衝動をもち、それらを狭い範囲に集中させる。だが人間の感覚や衝動は、動物に比べて鋭敏さの点で劣るため、それらは広範な生活圏に向けられるという。このような人間の状態は、一見すると「欠陥」のように思われるかもしれない。それに対してヘルダーは、この欠陥によって、人間には「自由」に向けた「補償」が与えられると考えている。そして、このように狭い生活圏から解放され、自由となった人間は、感性や本能、想像力、理性といった人間の自然的本性の全体である「内省意識」をもつという (I, 719)。

感性と理性の統一体である人間は、この内省意識を通じて言語を発明するとヘルダーは考える。彼はヒツジを例にとって、この言語の発明の過程を説明している（vgl. I, 723f.）。それによれば、人間は「メェー」という鳴き声を聞き、その鳴き声を目印、つまり「（内面の）標識語」として、人間の内省意識は「メェーと鳴くもの」を知覚する。そしてその「メェーと鳴くもの」に、内省意識が「ヒツジ」という名称を付与することで、言語は発明されるのだという。

さらに言語には「伝達語」という機能もある。この「（内面の）標識語」と「伝達語」という言語の両機能をふまえて、言語形成の過程を分析したのが同書第二部である。それによれば、人間の内省意識は、ひたすら「標識語」を集める力とされ、その継続的な「標識語」の収集が、「言語の継続的形成」をもたらすのである。そしてその「言語の継続的形成」とともに、諸感覚器官や内省意識、つまり「人間自体の継続的形成」も同時に生じると指摘されている（第一自然法則）。また、人間の赤子はあらゆる動物の中で最もか弱い存在であるため、人間には社会、とりわけ家族を形成することが必要不可欠である、とヘルダーは考えている。そしてその家族という小規模の社会において、両親は自ら獲得した言語を、「教育」によって子どもに伝達する。つまり、言語教育（言語形成）によって個々人は家族、さらには小規模の家族的民族集団へと統合されていくのである（第二自然法則）。それに対して、風土や時代の制約によって、小規模の家族的民族集団は各々、多様な「国民語」を形成するという（第三自然法則）。このように、個々人や家族的民族集団の統合（統一化）と分離（個性化）の両作用は、言語形成とともに展開されるのである。しかしヘルダーは、人類全体やあらゆる言語が、「同一の偉大なる家政」、つまり「神即自然」の摂理のうちに「同一の起源を有する同一の漸進的全体」をなすと考えた（I, 799）（第四自然法則）。以上のように、同書第二部では、言語形成と人間形成が密接に連関して展開されることが指摘されている。

本節では、ヘルダーの人間学を歴史哲学や風土論、言語哲学の観点から考察してきた。この彼の人間学、さらにはそれを基盤とする彼の人間形成論の鍵を握るのが、先にもふれた「教育」である。そこで次節では、ヘルダーの教育論について考察する。

第二節　ヘルダーの教育論

歴史哲学と教育

まずは、前節で取りあげた歴史哲学と教育との関係について、『イデーン』をもとに考察を始めたい。

先に風土論でも述べたように、人間には有機的諸力が内在するが、その有機的諸力は、おのずから作用するわけではない。そのため、どのようにしてその諸力を作用させるのかということを、人間は学ばねばならないのである。それゆえ、「教育によってのみ、どの人も人間になる」（VI, 338）ことができる、とヘルダーは考えている。そして個々人の教育の連鎖によって、人類という全体性が成立するのであり、この人類全体こそが、まさに「人間形成の黄金の鎖」（VI, 344）としての人類史となるのである。つまりヘルダーは教育を、人類史の根本原理とみなしているといえよう。それゆえ、『異説』にみられるように、「神即自然」の摂理のはたらきだけによるのではなく、人間自身の主体的な行為である教育が加わることによってはじめて、各年齢期に属する諸民族は、各々その生の周期を完結しながらも連続することができるのである。

それでは教育は具体的にどのように機能するのだろうか。ヘルダーはそれを「伝承」と「有機的諸力」という両面から説明している（vgl. VI, 339f.）。つまり教育は「模倣」による「伝承」と、その伝承されたものを「我がものとして受容する」という「有機的諸力」の組織化作用（同化作用）によって構成されるのである。

このように、「教育によってのみ、どの人も人間になる」、つまり教育によって人間形成が成立するのだが、しかしどの人も、個々において完成しながらも、それは絶対的・究極的な意味で完成するわけではない。先にみた「中間存在」としての人間像を再び取りあげるならば、人間は地上において完成するのではなく、漸進的に完成へと向かう。それゆえ、どの人も教育によって「日々本来の人間になっていく」（VI, 342）のであり、つまりヘルダーにとって人間形成とは、一人ひとりが個々において完成するとともに、教育を通じて人類全体として漸進的に完成へと向かう過程なのである。

さて、ここまで歴史哲学と教育（人間形成）の関係について考察してきた。そこで今度は、ヘルダーが「教育者」として、具体的にどのような学校を構想しようとしていたのかということを、『一七六九年わが旅日記』（以下、『旅日記』）を一例として考察する。

実科クラス

『旅日記』における学校構想は、「実科クラス」と「言語クラス」によって構成されている。ここではまず「実科クラス」についてみていこう。その内容は、具体的には下の表のようにまとめられる（IX/II, 52）。

第一クラスの内容から分析すると（vgl. IX/II, 38ff.）、第一段階では、日用品や日常生活で接する発明・技術、身近な動物など、身の回りの知識を教える「博物誌」が取りあげられる。これによって、生徒は自分を取りまく生活世界について知るとともに、そのただ中にいる自分自身のことを感じとり、知るのである。ここで注目すべきは、この「博物誌」の授業において、「生きた事物」（「自然物」）や「銅版画」が教材として用いられるという点である。ヘルダーにとって学習は、抽象的で形式的な言語や観念の習得ではなく、「生きた知識」、つまり具体的な事物、あるいはその代替物との触れあいを通じて獲得される知識の習得なのである。だからこそ、それは単なる「博物誌」ではなく、「生きた博物誌」とよばれているのだといえよう。

同様の態度が、続く第二段階の「生きた歴史」の授業においても継承され

実科クラス学科表

	第一段階 自然	第二段階 歴史	第三段階 抽象
第一クラス	生きた博物誌 少しずつ	あらゆる時代からの生きた歴史 少しずつ	教理問答書 箴言、感情 ドイツの文学と言語
第二クラス	自然学 実用的数学 物理学	歴史学と地理学 あらゆる時代、民族、そして現代の絵図	宗教史入門と人間性の教理問答書
第三クラス	自然科学 科学的数学 物理学 自然学、技術	歴史学と地理学 あらゆる時代、民族、そして現代の政治的基盤	哲学と形而上学 論理学、美学、良心 道徳、政治、倫理学 神学、百科全書

ている。第一段階の「生きた博物誌」との関連から、ここでは日常生活と密接に関わる技術や手工業の歴史がまず取りあげられる。そしてこの技術や手工業について直接観察し、「生きた知識」を身につけることが重視されている。また、歴史学や地理学から学問的になりすぎない事柄を、物語として語る場合もあるという。さらに、『旧約聖書』「創世記」中の人間と密接に関わる事柄（「創造」「エデンの園」「ノアの洪水」など）も、「歴史」の教材として取りあげるという。

　そして第三段階では、ルターの『一般牧師と説教者のための小教理問答書』（一五二九年）と、ヘルダー自身が構想し、それと「不即不離の関係」にある「人間性の教理問答書」（IX/II, 41）を教科書として、表の内容が取りあげられる。この「人間性の教理問答書」（「人間的でキリスト教的な形成のための書物」（IX/II, 34））は、神学や聖書解釈学、倫理学などから、直接人間性《フマニテート》に役立つものだけを取りあげるとされている（IX/II, 33）。

　この第一クラスにみられる理念を踏襲しつつ、第二・第三クラスでは、その内容が高度に、かつ多岐にわたって展開されていく（vgl. IX/II, 42ff.）。詳細については、ここでは割愛するが、最後にこの実科クラスとヘルダーの人間学との関係についてふれておこう。

　これまでみてきたように、『旅日記』の学校構想の主眼は、「教育」を通じた「人間性《フマニテート》形成」、つまり「人間形成」にある。また第一節の内容を振りかえると、ヘルダーにとって人間とは、「自然的なもの」と「神的・宗教的なもの」との両性質を有する「中間存在」である。このように、ヘルダーの世界観は、「自然」「人間（歴史）」「神的・宗教的なもの」という三要素の密接な連関から構成されており、『イデーン』における歴史観もその点を反映しているといえよう。『旅日記』における実科各クラスの三段階もまた、その世界観に対応していると考えられる。その影響は、たとえばニュートンらの当時の自然研究を題材とする実科第三クラス第一段階のヘルダーの論述からも明らかである。つまりヘルダーによれば、彼らは単なる自然研究者に留まらず、「自然中の神の歩み」を探究するという点で、「自然の予言者」や「人類の教師」、そして「神性の解釈者」とみなされているのである（IX/II, 47）。またヘルダーが「人間的でキリスト教的な形成のための書物」の内容として、「心理学の諸原理」だけでなく、「心の成長に応じて存在論や宇宙論、神学、自然学の諸原理」を取りあげようとする（IX/II. 34）ことからも、彼の世界観がその背後にうかがえる。この点については、次節で再び取りあげたい。

　さらにヘルダーは「自然」「歴史」「抽象（哲学）」という三段階を、それぞれ「感覚・感情」「想像力」「理性・悟性」といった人間の諸力を育むための「容器」とみなしている（vgl. IX/II. 51）。また、実科第一クラス（子ども）は主として「感覚・感情」を、実科第二クラス（少年）は主として「想像力」を、そして実科第三クラス（青年）は主として「理性・悟性」を発展させるという。しかし、この三つの実科クラスがみな、その中心的に発展させるべき段階の能力のみならず、他の段階で中心的に発達させるべき能力をも同時に発展させていくことは、表からも明らかである。このように、ヘルダーの実科クラスは、これらの諸力を段階的でありながらも、全体的かつ調和的に発展させようとするのである。この点からも明らかなように、ヘルダーにとって人間は、「感覚・感情」「想像力」「理性・悟性」といった諸力が調和的に連関した全体的存在なのであり、その調和的全体性を保ちつつ、諸力を発展させることが、ヘルダーにとっての人間形成なのである。

言語クラス

　また「言語クラス」は、上述の「実科クラス」と連動しながら展開されていく。最初に学ぶ言語は、母国語のドイツ語である。その第一クラスでは、「話すこと」を基盤として、実科第一クラスの三段階に対応する形で「考えることとしての話すこと」「物語ることとしての話すこと」「感動させることとしての話すこと」を学ぶ（IX/II. 54）。また、第二・第三クラスでは、「書くこと」が中心となり、それぞれ実科第二・第三クラスの三段階に対応するように、「真実を伝える場合の豊かさと正確さ」「絵図や物語、描写における生命感と明瞭さ」「人類の諸状況における力強さと自然な感情」を学ぶ（IX/II. 55）。このクラスの特徴として、ヘルダーは「言葉を教えることによって事物を知っている人間を形成し、反対に事物を教えることによって言葉を教える」ということを挙げている（IX/II, 55）。彼は、当時のラテン語教育にみられるように、抽象的で形式的な言語教育ではなく、「生きた言語」、つまり具体的な事物と密接に結びついた言語の教育をめざしていた。そしてそれは、実科クラスの「生きた事物」（「自然物」）や「銅版画」を用いた「生きた知識」の獲得という理念にもつながるのである。

　さらにドイツ語と並行して、当時ヨーロッパ諸言語の中心であったフランス語の学習も行われる。フランス語もドイツ語と同様、三つのクラスが設定されており、それぞれ実科各クラスの三段階と関連させながら、「生活」「美的感覚」「理性」を、フランス語の習得と並行して身につけることをめざしている（vgl. IX/II, 58ff.）。またフランス語以外にも、ラテン語やイタリア語、ギリシア語、ヘブライ語が学習の対象とされている。ただしこれらの言語は、ドイツ語やフランス語のように、コミュニケーションなどの実用的手段として習得するわけではない。むしろその主眼は、それらの言語で記された古典を読み書きすることで、その「生きた精神」を学ぶことに置かれている（vgl. IX/II, 61ff.）。

第三節　フマニテート形成

輪廻・不滅性

　さて、前節までヘルダーの人間学と教育論について考察してきたが、その中心的思想は「人間性《フマニテート》形成」としての「人間形成」であった。しかしヘルダーにとって人間とは、先にもふれたように、「自然的なもの」と「神的・宗教的なもの」との「中間存在」なのである。つまり、ヘルダーの人間理解・人間性《フマニテート》理解を語る上で、彼の宗教哲学と自然哲学は欠かすことができない要素であるといえよう。そこで、宗教哲学・自然哲学の視点から、彼の人間学ならびに教育論を再検討していこう。

　第一節で『異説』の内容を取りあげた際にも述べたように、各年齢期に属する諸民族は、各々その生の周期を完結しながらも連続する。そしてこの生の循環性を支える基盤として、植物の生涯との類推が挙げられるが、もう一つの基盤として、輪廻思想を指摘することができる。そこで以下、『魂の転生に関する三つの対話』（一七八一年、以下『転生』）を取り上げてみたい。

　この著作において、ヘルダーは輪廻を「純粋な人間の型」（IV, 431）の想起・再生として捉えている。この「純粋な人間の型」は、風土の影響によって個別具体的な存在として現れるとされている（IV, 431）。またこの「純粋な人間の型」は、単純に繰りかえされるだけでなく、時代を超えて「成長してきた」（IV, 433）とされ、「前進」的な側面があることも示唆されている。しかしこの場合の「前進（漸進的完成化）」とは、「新たなよりよいものへと変化すること」を意味するのではなく、むしろ「『純粋な人間の型』をより純粋に想起・再生すること」を意味している点に注意したい。このように、「純粋な人間の型」は歴史において、循環性と「前進」性が織り交ぜられて「一つの環をなす鎖が連なるように」、「らせん状」あるいは「同心円状」に展開されていくのである。またこの「純粋な人間の型」は、たしかにその時代状況や風土に応じて個別具体的に現れるが、しかしそれは、地上の制約を超えゆく「不滅性」を有するとされている。そしてこの不滅である「純粋な人間の型」が、あらゆる時代状況や風土において現れ、一つの生の周期を完結しつつ、その終わりから新たな一つの生の周期が始まるかのごとく「前進」する。この一連の過程が、ヘルダーにとっての人間性《フマニテート》形成、つまり人間形成なのである。そして先に取りあげた「教育」もまた、この意味での「前進」に寄与することになる。

力

　風土論や、歴史哲学と教育との関係について取りあげた際に、「有機的諸力」の思想にふれたが、ここではその点について、宗教哲学・自然哲学の視点から、さらに考察を深めていきたい。

「（有機的な）力」の思想は、『イデーン』や『神に関する幾つかの対話』（一七八七年）を中心に展開されている。

ヘルダーはこの著作において、その序文で述べられているように、スピノザ（一六三二－一六七七）の思想を応用して、独自の宗教哲学・自然哲学を展開している。端的にいえば、それはスピノザの実体概念、つまり「神」を、「実体的な力」（IV, 715）、つまり「あらゆる諸力の根源力」（IV, 710）と捉えている点にみられる。このように、動態的な「力」の概念として捉え直された「神」は、「神性」と表現されている。そして、この神性が自らを啓示する規則として、ヘルダーは「持続の規則」（第一の規則）、「結合と分離の規則」（第二の規則）、そして「類似性の規則」（第三の規則）という三つの規則を挙げている（vgl. IV, 779ff.）。

まずは第一・第二の規則からみていこう。「根源力」としての「神性」は、現実に作用する際には、「個々の諸力」として現れる。そしてその「個々の諸力」は、同種の力と結合し、異種なる力とは分離するとヘルダーは考えている（第二の規則）。この同種の力の結合の例としては、先に教育の機能として取りあげた、有機的諸力の組織化作用（同化作用）が挙げられよう。このように、諸力はつねに関係しあうのだが、第二の規則以外にも諸力の関係として、第一節で取りあげた人間に内在する有機的諸力と風土化作用との関係のように、「拮抗」という関係が挙げられる。ヘルダーによれば、諸力が拮抗する場合には、やがて一つの均衡点に到達する。彼はその均衡点を「持続状態」（IV, 780）と呼び、その「持続状態」において、各被造物はその存在や生命を維持することができるのだという。つまりこの「持続状態」によって、人間は「個別具体的な存在」であることが可能となるのである（第一の規則）。

次に、第三の規則についてみていこう。ヘルダーによれば、地上の世界で作用する「個々の諸力」には「顕現の型」（VI, 271）が内在し、その「顕現の型」に応じて、「個々の諸力」は「器官」として現れる（vgl. VI, 171ff.）。この「個々の諸力」や「顕現の型」は、一見すると多様にして相異なるように思われるが、その根底には「根源力」としての「神性」が潜んでいる。つまり万物は神性の現れ（啓示）なのであり、それゆえ万物は、神性に類似することになるのである。そしてこの神性との類似には、「地上の中心的被造物」である人間も抗うことはできないという。しかしその神性の啓示に自ら従う者は、実際には「神が彼を絶え間なく形成しているにもかかわらず、みずからを形成する」（IV. 787）ことに参与しうる、とヘルダーは考えている。つまり、神性の啓示、言い換えれば「受肉：神（性）が人間になること」によって、「自己形成」としての「人間形成：人間が人間になること」が可能となるのであり、ここに人間形成の宗教的基盤を読みとることができる。

また『イデーン』では、「個々の諸力」とその「顕現の型」、つまりその現れである各被造物のあいだには、ある種の一様性があるとされている（vgl. VI. 166ff.）。第一節でもみたように、『イデーン』第一部は、太陽系における地球の位置づけから始まり、鉱物、植物、動物へと論が展開され、最終的には人間の発生とその自然的本性にまで言及されている。この地上創造の過程においても、やはり「根源力」としての「神性」とその「顕現の型」たる「同一の主型」（VI. 73）が支配しているという。しかもその過程は、人間に向けて「前進・上昇」するかのようにみえるが、実際にはそうではない。それは先にみたように、「同一の主型」たる「純粋な人間の型」をより純粋に想起・再生する過程なのであり、そしてその「力／純粋な人間の型（同一の主型）」こそが、フマニテートなのである。

フマニテート

フマニテート（Humanität）という言葉は、直訳すれば「人間性」となるが、ヘルダーはその言葉に、一般的な意味での「人間性」よりも広い意味を付与している。このフマニテートについては、『イデーン』ならびに『フマニテート促進のための書簡』（一七九三‐九七年）で詳細に論じられている。

まず『イデーン』において、ヘルダーはフマニテートという言葉をもって、「理性」「自由」「精緻な感覚や衝動」などに向けた人間形成に関するあらゆること、そして「神の似姿」としての人間像を表現しようとする（vgl. VI. 154ff.）。それは具体的には、「平和の希求」「理性的な夫婦関係」「共感」「家族愛」「正義と真理の規則」「礼節」「宗教」という七つの要素として説明されている。その中でも特に、ヘルダーは「宗教」を重視している。その点に関連して、ここでは「フマニテートの不滅性」という考え方に着目したい。

第二節でみたように、人間は地上において完成することはできない。ヘルダーは「われわれの人間性から唯一来世へ超えてゆきうるもの」を「神に似たフマニテート」と表現し、それを「人間性の真の形態の閉ざされた蕾」だとみなす（VI, 189）。それゆえフマニテートは、「人間の特性・能力」としての「人間性」に留まらず、「神的・宗教的なもの」とに連関するといえよう。もう一つここで言及しておきたいのが、「理性」、さらにはその「理性の道徳的均斉」（VI, 655）とされる「公平性」である。この「理性」と「公平性」は「たがいに拮抗する諸力の均衡の定式」（VI, 655）とみなされ、先に取りあげた拮抗する諸力の均衡点たる「持続状態」をもたらす重要な役割を担っている。

そして『フマニテート促進のための書簡』でも、先の『イデーン』の見解を踏襲しつつ、考察が深められていく。それによれば、フマニテートは「人間の自然的本性の法則」であるとともに、「人間種族の消しがたい性格」とされている（VII, 123）。さらにフマニテートは「人間性、人間らしさ、人権、人間の義務、人間の尊厳、人間愛」といった言葉では置きかえられず、「人間の内なる天使性」ともよばれ、そのようなフマニテートへの形成は、「われわれ人間種族における神的なもの」とみなされている（VII, 147f.）。加えてこの著作では、フマニテートという言葉と概念に関する歴史的考察が行われているが、ここで特に注目したいのが、東洋人のフマニテート理解に関する叙述である。それによれば、「人間（homo）」という名は「大地（humus）」に由来するとされ、それゆえ人間やフマニテートは、本源的に自然と連関していることが指摘されている（vgl. VII, 149）。

以上の見解をふまえると、人間が「自然的なもの」や「神的・宗教的なもの」と密接に関係することは明らかであり、そのような「中間存在」たる人間の人間性こそがフマニテートなのである。

本章では、ヘルダーの人間形成論、つまり「人間性《フマニテート》形成」について考察してきた。ヘルダーが掲げた人間性《フマニテート》理念は、その後「人間の特性・能力」という点が強調され、ある種の「人間中心主義」的理念として批判されてきた。このような状況から、現代では人間性《フマニテート》を「自然」（レーヴィット）、あるいは「神・宗教」（パネンベルク）によって基礎づけることで、人間性《フマニテート》の回復を試みている。しかしその両態度は、すでにヘルダー自身のフマニテート理解に見いだすことができるのである。否、現代のように、「自然的なもの」や「神的・宗教的なもの」という一側面から人間性《フマニテート》、あるいは人間を基礎づけるのではなく、その両者の「中間存在」としての人間理解、さらにはその「中間存在」たる人間の人間性としてのフマニテート理解によって、私たちは失われた「本来の人間性」を取りもどすことができるのではないのだろうか。そしてこの境地に至ってはじめて、私たちは「自然的なもの」や「神的・宗教的なもの」、そして「人間」と真に向きあうことができるのではないのだろうか。

また、フマニテートが「力／主型」であるならば、それは単なる抽象的な理念ではなく、『異説』や『転生』にみられるように、つねに歴史的風土的に規定された「個別具体的な存在」として現実に存在するといえよう。「人間とは何か」という抽象的な問いではなく、「いまここで」生きる私たち一人ひとりの問題として、「人間」や「人間性《フマニテート》」に向きあうことの必要性を、ヘルダーは今日もなお、私たちに問いかけている。

主要参考文献

ヘルダーからの引用は、フランクフルト版（Johann Gottfried Herder, *Werke in zehn Bänden*, hrsg. von Martin Bollacher, Jürgen Brummack, Ulrich Gaier u. a., Frankfurt a. M. 1985-2000）により、ローマ数字で巻数を、算用数字で頁数を表示した。また、底本でイタリック体が用いられている箇所には傍点を付した。なお、引用の際には左記の邦訳書を適宜参照した。

ヘルダー『人間史論』（鼓常良訳）第Ⅰ－Ⅳ巻、白水社、一九四八－四九年

ヘルダー『神についての会話』（植田敏郎訳）第三書房、一九六八年

ヘルダー『言語起源論』（木村直司訳）大修館書店、一九七二年

ヘルダー『人間性形成のための歴史哲学異説』（小栗浩、七字慶紀訳）、『ヘルダー　ゲーテ（世界の名著　続七）』（登張正實責任編集）中央公論社、一九七五年

ヘルダー『ヘルダー　旅日記』（嶋田洋一郎訳）九州大学出版会、二〇〇二年
大村晴雄『ヘルダーとカント』高文堂出版、一九八六年
小栗浩『ドイツ古典主義の成立』東洋出版、一九八三年
ガダマー「ヘルダーと歴史的世界」（斎藤博訳）『哲学・芸術・言語』未来社、一九七七年
カッシーラー『自由と形式　―ドイツ精神史研究―』（中埜肇訳）ミネルヴァ書房、一九七二年
カッシーラー『認識問題　四　近代の哲学と科学における』（山本義隆、村岡晋一訳）みすず書房、一九九六年
嶋田洋一郎『ヘルダー論集』花書院、二〇〇七年
パネンベルク『人間学　―神学的考察』（佐々木勝彦訳）教文館、二〇〇八年
濱田真『ヘルダーのビルドゥング思想』鳥影社、二〇一四年
レーヴィット『ある反時代的考察』（ベルント・ルッツ編、中村啓、永沼更始郎訳）法政大学出版局、一九九二年

第四章　数学における美と抽象化
―ゲーテにおける人間形成の理念について―

森　淑仁

第一節　直観と理論

数学への関心

ゲーテ（Johann Wolfgang von Goethe, 1749-1832）と数学に対する関係について取り上げている最近の論述の中には、傾聴すべきものもあるが、相変わらず皮相的な「曲解」ともいえるものも遺憾ながら見いだせる。たとえばゲーテが数学を高く評価し、「若い人々の教育」にとっても「数学の意義」を認めている（KWG, 11）とする論考もあるが、「ゲーテは数学ができなかった」という見出しで、ゲーテには数学的素養が「全くないも同然」で、「分数計算や簡単な数比計算も彼には困難」であった等と記述した新聞記事もある（DIE WELT, 28.08.1999）。ゲーテは、長年にわたる色彩研究の成果である『色彩論』（一八一〇年）において、「色彩論を徹底して数学から遠ざけておこうとした」（HA13, 289）と述べ、「数学の公式」には「常に何か生硬でぎこちないもの」があり、「数式の不十分さを感ずる」（HA13, 492）とも記している。ゲーテの数学に対するこうした否定的な表現が、ゲーテの数学に対する無理解を印象づけてしまったことは遺憾なことである。いわゆる「ゲーテ時代」は、数学の歴史においても生産的な画期的な時期であったことを鑑みればなおさらである。

しかしゲーテは、「通常の直観、地上の事物の正しい見解は、一般的人知の相続財産である。外的なものならびに内的なものの純粋な直観は、たいへん稀である」とし、さらに「前者は、実践的な感覚において、直接の行動において現われる。後者は象徴的に、特に数学によって、数と公式において現われ、また言説によって、原初的に、比喩的に、天才の詩として、人知の格言として現われる」（HA12, 398f.）と述べているように、数学を高く評価し、「天才の詩」と同列においている。ゲーテと数学との関係を示唆的に論究したM・ダイクは、ゲーテがいかに数学に関心をもち、数学の勉強をしたかを強調し（vgl. MDG, 52）、一見矛盾しているように見えるゲーテの数学についての数々の発言は、慎重に扱うべきで、その中身は具体的に示していないが、今日の数学に照らしても「意味なしとしないものに対して特別の注意を払うこと」（vgl. MDG, 62）の重要性を指摘している。

理念と現実

さてゲーテは、教養小説《ビルドゥングスロマーン》といわれる『ヴィルヘルム・マイスターの遍歴時代』（一八二九年）に、次の箴言を記載している。「少年が、見ることができる点に見えない点が先行しなければならないということ、二点間の最短距離は、鉛筆で紙の前に引かれる前にすでに線として考えられるということを理解しはじめると、彼はある種の誇りと喜びを感じる。そして、それは不当なことではない。というのも彼には、すべての思考の源が開かれたからである、理念と現実化されたもの、能力と行為（potentia et actu）が彼に明らかになったからである。哲学者が、彼のために何か新しいことを見つけて教えるわけではない。幾何学者には、幾何学者の側からすべての思考の根底が開かれていた」（HA8, 466; HA12, 413）。E・カッシーラー（一八七四－一九四五）は、「理念的企図が、現実的なもののすべての考察ならびに現実からのすべての推論に先行する」ことを示すものとして、この箴言を引きあいにして、「ゲーテは、詩人として感性的なものに向けられていたがゆえに、数学ならびに数理物理学の論理的〈抽象〉に対して反抗していたかのような従来の見解は、対立の本来の核心を見誤るものである……ゲーテは、直接的な知覚の意味において見ることと、〈精神の目をもって見ること〉との間を厳密に明確に区別した」（CG四二－四三頁参照）と述べている。ゲーテが自然研究を通じて求める「生の永遠の公式」(HA13, 337)は、現象における「理念的なもの」の「直観」による基本現象であり、「原現象(Urphänomen)」とよばれる。この表現自体は『色彩論』ではじめて使われ(vgl. HA13, 367f.)、色彩に関する最初のまとまった著作である『光学への寄与』の序論として構想し研究の方法論を語った『客観と主観の仲介としての実験』(一七九二年)では、「原現象」という言葉はまだ使用していないが、この方法論で、数学の推論方法の意義を強調していることに注目すべきである。「生ける自然の内には、全体と結びついていないものは何も起こらない。諸経験は切り離されてしか現れず、諸実験を切り離された事実としてみなさなくてはならないが、そのことによってそれらが切り離されているとはいえない。問題はただこれらの現象、これらの出来事の結びつきをどのように見いだすかである。……個々の実験の多様化が自然研究者の本来の義務である。……私の光学の論考の最初の二つにおいて、まず互いに隣接し直接に接触しており、それどころかそれらすべてを眺めわたすなら、いわば一つの実験だけを作り、極めて多様化された見解の下に一つの経験だけを示しているような一連の実験を打ち立てようとした。いくつかの他の経験からなるこうした経験は、明らかに高次の類のものである。それは無数の個々の計算問題が表現される公式を表わす。こうした高次の類の経験をめざして仕事をすることを、私は自然研究者の義務とみなす。……隣接のものだけを隣接のものに繋げたりあるいはむしろ隣接のものを隣接のものから推論する慎重なやり方を、数学者から学ばなければならない。計算をあえてしようと思わない場合でさえ常に、最も厳格な幾何学者に弁明をしなくてはならないかのように仕事にかからなければならない」(HA13, 17f.)。

研究の方法

カッシーラーは、「数理物理学者のしかるべき根本的処置と、ゲーテが自然科学つまり光学ならびに形態学に導入しようとしている方法論との間に、重要な形式の類似性が見いだされる、……ゲーテはこのような形式的類似性を、ただ単に感じただけではなく完全に意識して概念的要求として打ち立てた」としてこの『実験論』を挙げ、さらにゲーテがボアスレーに「私はスピノザの倫理学を常に身近に感じている。彼は数学を倫理学に持ち込んだように、私はそれを色彩論に持ち込んだ、つまりここでは前提においてすでに根拠づけられていないものはなにも結論のうちにない」(Goethes Gespräche, DTV Verlag 1988, Bd. 2, S.1032) と述べたことを、「注目すべき意見」として引用している(CG四六頁参照)。このゲーテの発言は、もちろん研究の方法論についてのもので、はじめに挙げた「色彩論を徹底して数学から遠ざけておこうとした」ことと齟齬をきたすものではない。

ゲーテは、『色彩論』の歴史編で、F・ベーコンの帰納法に対して「一つの事例が往々にして、千の事例の価値があり、それらすべてを内包していることに気づくことが出来ない者、われわれが原現象とよんだものを理解し、敬うことのできない者は、自らに対しても他人に対しても、何かを喜ばしいもの、役立つものに高めることは見込まれないであろう」(HA14, 91-2) と批判する。このことを念頭にしてカッシーラーは、『色彩論』の「緒言」を引用して、「むしろすべての観察は、真に練磨されるならおのずと考察へ移行し、すべての考察は思念へ移行し、すべての思念は結合へ移行する。したがって〈世界を注意深く眺め入る場合それはどれも、すでに理論化している〉(HA13, 317)。ゲーテと精密科学との間にある本来の原理的対立は、直観と理論との対立、つまり所与のものの単純な感性的受動的取り上げと、所与のものの構成的変形との対立ではありえないということがここで再び明らかになる」(CG四八頁参照)とする。そして、ゲーテと数学者ならびに数理物理学者の違いとして、「科学が自然対象の存在についてまた自然対象の性質について語ることのできるすべては結局、数の複合体に還元されうる」に対して、ゲーテの自然考察においては、「生の原現象」を出発点とし、「物理学が質の量への置換によって果たしているような問題の変形、別の思想的領域への転移を何ら必要としない。存在するもの自体が、研究者の総合的眼差しにとって生の諸系列を形づくる。この諸系列は絶えず相互にかみあいますます高まっていく、—その際この形式は、数という分析的思考手段への回り道を必要としない」と述べている(CG四八-五四頁参照)。

しかし右のカッシーラーの『色彩論』の「緒言」からの引用のあとに続く部分に注目すべきである。そこには、すでに「理論化」が行われているが、「しかし、このことを意識、自己認識、自由、そして思い切った言葉を使うならイロニーをもって行い、事にあたるといった巧みさが、―われわれが恐れる抽象を無害なものにし、われわれが望む経験の結果を実に生き生きと、役に立つようにしようとするなら―必要である」（HA13, 317）と述べられている。ゲーテの恐れるこの「抽象化」は、「直観」に必然的に伴い、数学の公理、物理学の法則はもちろん、ゲーテの「生の永遠の公式」「原現象」も抽象の成果であり、人間の認識自体それを免れえない。しかしこの「抽象化を無害に」する「巧みさ」の何たるかは、ゲーテと数学との関係の核心ともいうべき重要な問題を示唆している。

第二節　抽象化の陥穽

真の仮象

数理物理学における抽象化の進展は、相対性理論が示しているように、「直観的諸要素の解消の過程が感覚を越えて、〈純粋直観の諸形式〉つまり空間と時間自体にまで及んでいく」が、ゲーテならこれに対して、「〈純粋な人間の感覚〉を錯乱」しようとしていることを、「鋭敏に感じ取り強調したであろう」とカッシーラーは述べている（CG六六頁参照）。さらにまた、ここに至りニュートン力学は、「根底にまで至る激しい変化」を体験し、「カントに較べるならずっと多様なまた多彩な基本的認識事実を前にしていることが至る所で見て取れる」といい、「空間、時間、そして運動という この体系の第一の根本概念もまた、物理学がエネルギー論ならびに一般相対性理論において経験した現代の理論形成によって揺るがせられているように見える。古典的力学体系と同じく古典的幾何学体系もまた、しだいにその独裁権を失った。ユークリッド幾何学に代わり、つまり幾何学の根本概念ならびに公理の唯一の総体に代わり、様々の公理グループが登場した。それらの各々はそれ自体で完全な矛盾のない幾何学の構築を保証することを要求する。公理グループの研究、およびそれらの論理的固有性のより精確な規定の試みは、一般的認識批判に対しても本質的な刺激と助成をもたらした」ことをカッシーラーは強調する（CG七二頁参照）。

こうしてカッシーラーはまた、ゲーテと数理物理学との関係に言及し、両者の「公式」の違いを指摘する。「数学の公式は、諸現象を計算可能にすることをめざし、ゲーテの公式は、諸現象を完全に目に見えるようにすることをめざす。……計算可能性をまず打ち立て保証する道具あるいは分析的概念手段は、〈可視性〉―言葉の最も広い意味における可視性―の諸条件を廃棄し破壊しかねない。ゲーテは、こうした連関を、特に好んで美学上の問題、美の現象において展開し解明した」。そしてさらに「だがまたこうした事態は、ゲーテにとっては、美ならびに芸術的直観に限定されているのではなく、知の領域全体にも広がっていく。というのも、すべての知もまた、結局は現実の形態化に起因する、したがって形態を完全に解消することは、知の終わりをも意味するに違いないであろうとの理由による。思想が、自己自身の妥当性ならびに真理を主張しようとするなら、〈真の仮象〉の形式を尊重しなくてはならない」という（CG八六頁参照）。しかしこの件は、単に「形態の解消」ではなく、「美的形態の完全を解消することは」とすべきである。「真の仮象」は、「パラバーゼ」ならびに「アンテピレマ」とともにゲーテの世界観的な詩である「エピレマ」の詩句に、「自然を観察するには、／常に一と全とを注意しなくてはならない。／何ものも内部にあるだけでも、外部にあるだけでもない。／というのは内部にあるものは、外部にあるからだ。／かくしてためらうことなく把握せよ、／聖なる顕在せる秘密（Heillig öffentlich Geheimnis）を。／真の仮象、／厳粛なる遊戯を享受せよ。／生けるもの一切は、一ではなく、／それは常に、多である」（HA1, 358）と明示されているが、この「仮象」も美的なものと解すべきである。ゲーテにとって「美は、自然法則の表示」であり、「それは美として現われないならば、永遠に隠されたもの」である（vgl. HA12, 467）。また「美とは原現象である。なるほどそれ自体は、決して現われてこないが、創造する精神の種々様々の表現において可視的となり、自然そのものと同じく、多様で様々なものである」（EG, 468, 18.4.1827）とも語られる。数学者についても「数学者が完全であるのは、完全な人間である限り、つまり、真なるものの美（das Schöne des Wahren）を自己のうちに感じる限りにおいてである」（HA12, 455）と述べている。「抽象化」を危惧することの本意も、「美的形態」を解消することに対する警鐘といえる。

神即自然

W・ハイゼンベルク（一九〇一 - 一九七六）は、ニュートン以来の自然科学は「はじめから抽象を恐れず」、ゲーテの警告を看過する結果となったと述べている（vgl. HNG, 29）。なお「ゲーテが恐れる抽象」を、彼はどこにおいても詳細に述べていないが、『ファウスト』（一八〇八 - 三一年）の主人公ファウストの形姿が、問題の所在を示しているとする。つまりファウストは「絶望した物理学者」でもあり、「彼がノストラダムスの書に探しあてる不可思議な印は、数学の記号になんとなく似通っている。記号や道具の世界全体、ますます広がり、ますます深くなり、ますます抽象的となる認識への飽くことのない衝動は、絶望したものを悪魔と契約するように仕向ける。自然の生から抽象的認識へ通じている道は、悪魔に行きつくことにもなる。これこそゲーテの自然科学―技術の世界に対する態度を決定づけた危険である。ゲーテは、こうした発展の中で効力を発揮するデーモンの諸力を感じていた。彼はそれらを回避すべきと考えた」という（vgl. HNG, 31）。さらに「真理は、ゲーテにとって価値概念と切り離されえない。〈一なるもの、善なるもの、真なるもの〉は、彼にとって、古代の哲学者と同じく、人類が幾世期にわたって、行くべき道を探った際の基となしえた唯一可能なコンパスであった。しかしかろうじて正しいだけで、〈正しさ〉と〈真理〉の概念が分かたれ、したがって神的秩序がもはや自ずと方向を定めることをしない科学は、極めて危ういもので、ファウストのことを考えれば、悪魔の介入にさらされている。それゆえゲーテは、それを受け入れようとはしなかった」（HNG, 34）と、ゲーテが基とする神即自然の自然観をも示唆する。ゲーテの「神即自然」の自然観は、「全体の根底に理念があり、それに基づき神が自然において自然が神において、永遠から永遠へと、創造し活動しているという表象を拒むことはできない」（HA13, 31）との端的な表現にも見てとれる。

なおまたゲーテにとって、自然の「直観的」認識も、倫理的人間の自然における位置も一なる観想の下にある。このことをゲーテは、カントが『判断力批判』（一七九〇年）の七七節で自然目的の概念と人間の悟性の特性について述べた箇所に注目した小論文『直観的判断力』（一八一七年）において、「なるほど著者はここでは神的悟性を示唆しているように見えるが、倫理的なものにおいて、神、徳、そして不死への信仰によって上の領域に高まり、第一実体へ近づくべきであるならば、われわれが常に創造する自然の直観を通じて、自己を自然の諸生産に参与するに相応しいものにするという知的な場合においても同じであろう」（HA13, 30）と述べている。また、「われわれが高度の意味において発明、発見とよぶものは、オリジナルな真理感情の意義ある実行、活動である。この真理感情は、密かにずっと前から形づくられており、思いがけず稲妻のような速さで、実りある認識に至る。この感情は、人間をして神に似ていることを予感させる、内部から外部において展開する啓示である。存在の永遠の調和について、この上なく至福な確証を与える、世界と精神の総合である」（HA12, 414）との箴言もある。創造的自然の生産的活動に参与するにふさわしく自己形成に努め、「内部から外部において展開する啓示」において「世界と精神の総合」を果たす「真理感情」により、その根源的現象としての「美」なる原現象を直観するのであるが、ここに、神即自然の自然観を基とする人間の認識一般の本質、限界も見るゲーテの認識のあり方が明確にされている。なお数学の「正確さは、内なる真理感情の結果ではないか」（HA12, 455）ともいう。

ゲーテは、数学に対する危惧あるいは警告を、次の箴言において述べている。「数学者が拠り所とするのは、量的なもの、数と量によって規定されるすべてであり、したがっていわば外的に認識可能な宇宙である。しかしわれわれが与えられた能力の許す限り、全精神をこめ全力を挙げてこの宇宙を考察するならば、量と質が、現象する存在の二つの極とみなさなくてはならないことを認識する。したがって数学者も可能な限り、測定できる数えることのできる世界において、測定できない世界をともに把握するために、彼の公式言語をたいそう高めるのである。そうなると彼には、すべてが把握でき捉えることができ、機械的に見える。そして彼は、われわれが神と呼んでいるこの上なく測りがたいものまでも同時に、ともに把握していると思い、したがって神の特殊なあるいは卓越した存在を放棄するように見えることによって、密かな無神論者の嫌疑を受けるようになるのである」(HA12, 453f.)。

第三節　美の閃き

美的連関

ゲーテの「原現象」について、ハイゼンベルクは「原現象を求めることは、現象の根底にあり、神によって設けられた諸々の構造、単に悟性をもって構成されるだけでなく、直接直観され、体験され、感じられうる諸々の構造の探求とみなされるべきである」(HNG, 35f.) と述べている。また「これらの本来のこの上なく深い連関が、こんなにも直接可視的となりうるということ、こんなにも明らかに顕在していることをわれわれはどこから知るのか、あるいはゲーテはどこから知っているのか」と問い、「ゲーテが自然現象の神的秩序として感じているものは、まさしくより高い抽象段階においてはじめて、われわれにとって完全に明瞭なものとなるのではなかろうか。ここで近代自然科学は、ゲーテの価値の要求のすべてに持ちこたえうる答えを出すことができるのではないか」という (HNG, 36)。そして、「基本的な自然法則」が「数学の言語において公式化」されている、「すべての自然現象を満足させ」「いわば自然の可能性、存在だけを象徴化している」「世界公式（Weltformel）」を挙げる (HNG, 41)。だが注目すべきは、この「世界方式」もゲーテの「原現象」と同じく、美的契機が重要な働きをしていることである。

ハイゼンベルクは、自然科学の歴史を振り返り、「美」の役割の重要性を語る (vgl. HSN, 369-84)。ピュタゴラス学派において部分は「個々の音」であり、全体は「調和的響き」であり、「数学的連関が、さしあたり独立の二つの部分を全体へと接合し、それにより美を生み出すことができる。この発見がピュタゴラス学派の学説において思考の全く新しい形式を画期的に引き起こし」「感性的素材ではなく、理念的形式原理が存在するものすべての根源とみなされるに至った。これによりあとに精密自然科学すべての基礎を形づくった基本思想が語られていた」という (HSN, 372)。

次の一歩はプラトンの「イデア論」であり、「中心のイデアは〈美と善〉のイデアである、ここで神的なものが可視的となり、それを眺めて魂の翼が目覚める」(HSN, 373)。さらに「正しい諸理念が浮かび上がる瞬間において、それらを見るものの魂には強度の全く記述し難い出来事が起こる。それは、プラトンがファイドロスにおいて述べている慄然とする驚愕である。これにより魂は、無意識にではあるが常にすでに持っていたものをいわば想起する」と述べ、「幾何学（geometria）」についてのケプラーの注目すべき言葉を、「数学（Mathematik）」と一般化して「数学は、世界の美の原像である」とドイツ語訳して挙げている（vgl. HSN, 383)。

ハイゼンベルクは、ピュタゴラスとプラトンによれば「諸現象の多彩な多が理解されるのは、数学的表現が達しうる統一的形式原理が根底となっているからで、またその限りにおいてである。これにより今日の精密自然科学のプログラムの全体がすでに先取りされている」(HSN, 374）とする。ガリレイの落下法則、ケプラーの法則、またニュートンの『プリンキピア』(一六八七年）も同様の観想の下に見ており（HSN, 375f.)、こうした「大きな連関の閃き」が、再び「重要な進歩の決定的シグナル」となったとして、「相対性理論」と「量子論」を挙げ、「この両者において錯綜した多くの個別事象が、理解を得ようとする長年の徒労に終わった努力のあとに、ほとんど突然整えられたのは、確かに極めて具象性を欠くがやはりその実質において終に単純な連関が浮かび上がってきた時であった、この連関はそのまとまりと抽象的美によって、直接人を納得させるものであった、—つまり、こうした抽象的言語を理解し話すことのできるすべての人々を納得させたのである」という（HSN, 377)。さらに「確かに合理的思考と入念な測定は自然研究者の仕事に、ハンマーや鑿が彫刻家の仕事に必要なのと同じく必要である。しかしそれらは、双方において道具に過ぎず仕事の内容ではない」(HSN, 384）とも述べている。

対象的思考

ゲーテは小論文「機知に富んだ一語による顕著な促進」(一八二三年）において、J・Ch・ハインロートの『人間学教科書』（一八二二年）を引きあいに、自らの思考能力が「対象的に働いている」、つまり彼の思考は「対象から分離」されていない、「直観自体が思考」であり、彼の思考は「直観である」とのことに言及し、この「対象的」という一語がいかに彼の考察を促したかを強調する（vgl. HA13, 37）。ここでゲーテは『実験論』をも指摘し、「人間は世界を知覚する限りでのみ、自己自身を認識する、その世界を、人間は、自己のうちでのみ、また自己を世界においてのみ知覚する。すべての新しい対象は、よく観察するなら、新しい器官をわれわれに開く」と続けている（HA13, 38）。これは、対象構成のカテゴーリッシュな枠は、固定したものではなく、人間の認識能力もいっそう展開し高次のものへ高まっていくことを明示している。「内部にあるものは外部にある」（「エピレマ」（HA1, 358））とも表現される「相即の関係」はけっして硬直したものではなく、動的でますます高まるダイナミズムを内包している。「原現象」の直観に関しても同然である。真理自体の多層性は、「私が、私自身ならびに外界に対する私の関係を知るなら、それを私は真理と称する。こうして各人は、各人自身の真理を持つことができる。だがそれは、常に同じ真理である」（HA12, 514）との真理概念にも明白である。

　数学の歴史的展開において様々の公理群が生まれた。カッシーラーは、ゲーテの「真理概念」に依拠し「世界理解一般の本質的諸カテゴリーならびに基本的諸方向」を見すえ、広範囲にわたる認識論を構想した（CG八八頁参照）。こうしたことは、個と自然との「対象的」とも表現される「相即」の多様な関わりを通じて、「顕在せる秘密」である自然が、それぞれのあり方で、それぞれにふさわしくあきらかになることを示しているのである。

　ゲーテは自然研究、詩作における「対象的」思考・直観のあり方をまとめている。「私の処置の全体が導出に基づいていることを見いだした。色々のことが引き出される、あるいは色々なことを自発的に産み出し運び出してくれる含意に富んだ点（ein prägnanter Punkt）を見いだすまでは休息しなかった。……ある現象の由来と結合の秘密を解くことができなかったのではなく、放置しなくてはならなかった場合でも、何年かあとに突然一切が明らかにされ、この上なく美しい連関において見いだされたからである」（HA13, 40f.）。この「含蓄に富んだ点」は、「世界と精神」を両軸とする、生産的活動を促すベクトルを含意する座標の原点を意味し、この「美しい連関」、この「美の閃き」というべき「原現象」の象徴的直観において、「内部から外部において展開する啓示」に与り「真理感情」も充足する。

高貴な数学者

ゲーテは、「内部と外部との相即」の観想を念頭に、箴言においてケプラーについて「ケプラーは言った。私の最高の願いは、私が外部の至る所で見いだす神を、また内部で私の内部で、同じく認めることである、と。この高貴な人物は、意識することなく、まさにこの瞬間に、彼の内なる神的なものが、宇宙における神的なものとこの上なく密に結びついていたことを感じていたのである」(HA12, 365) と述べている。こうしたゲーテの自然観の宇宙論的広がりは、『ヴィルヘルム・マイスターの遍歴時代』の「マカーリエの星辰に対する全く独特の関係」(HA8, 125) と、「医者、数学者そして天文学者として同じく尊敬すべき、全く高貴な人物」(HA8, 450) へといざなう。そこでは、「可視的世界の諸要素は、詩人の本性 (Natur) の内に隠れており、徐々に彼の内から展開するべきもの」であるという、詩人における、内と外との相即の関係の展開、「先取り (Antizipation)」(vgl. EG, 75f.) について言及のあと、「これと同じく、マカーリエにとって太陽系の諸関係は、はじめから徹底して生まれつき備わっているもので、最初は静止の状態にあるが、その後徐々に展開し、更にますますはっきりと活発になる」と述べられている (HA8, 126)。さらに、マカーリエは「われわれの太陽系に対して、ほとんど言い表しえないような関係にある。精神、魂、想像力の内に彼女は、それを抱き、直観するだけではなく、いわばその一部を成している。……彼女は幼い頃から輝く存在に浸透され、最も明るい太陽の光でさえ遺憾としがたいほどの光に照らされていたのを思い出す」(HA8, 449) とのことも指摘される。彼女が直観したことを「秘密」にし、「耐えていくこと」はたいへん難しいことであり、また打ち明けたことは「承認されないか、誤解され」、彼女が「数学者にして哲学者」である「高貴な人物」に出会えたのは、「幸運」であったが、彼にも「はじめは錯覚」だと思われた (vgl. HA8, 450)。しかし彼はマカーリエが直観したものについて詳細に報告を受け計算を行い、「マカーリエは、太陽系全体を自らの内に担っているのではなく、むしろ彼女は、それに不可欠の部分として霊的に太陽系のなかを動いている」ことを引き出し、「この前提により処理し、彼の計算が信じられない程に彼女の語ることによって証明される」に至った（vgl. HA8, 126）。

なお『遍歴時代』のこの箇所（第一巻第一〇章）に、ゲーテの論文『数学とその濫用について』（一八二六年）がはっきり示唆されており、これについて数学者は「広範囲にわたる手段の濫用が、まさに問題となっている」（HA8, 116）と述べているが、その内容の一部朗読を受けたヴィルヘルムは「ここで私が聞いたのは、大きな天賦の才能、能力そして技能ですが、やはり結局その適用においては、いろいろと懸念があるということです。それについて私の考えを簡単に述べなくてはならないなら、私は、大いなる思想と純粋な心、これこそが神に懇願すべきものである、と叫ぶでありましょう」（HA8, 118）と語る。ゲーテ自身は、この論文において、彼が数学の敵対者であるような意見に対して、「私以上に数学を高く評価できるものは誰もいない。なぜなら数学は、私に完全に拒まれていることをまさしく行うからである」（WA II 11, 78）と、遺憾の意を表している。

この数学者にして天文学者である人物に天文台に案内され、晴れわたった夜の満天の星に囲まれたヴィルヘルムは、「心を打たれ、驚愕し眼を閉じ」「自己は、宇宙に対し、いったい何であるのか」「いかに宇宙に相対し、いかにその中心に位置することができるのか」（vgl. HA8, 119）と自らの精神に問いかける。疲れて眠りこんだ彼は、夢の中にマカーリエの姿を認める。「彼女のまなざしは穏やかに」光り輝き、「雲が彼女の足の周りに湧き」「彼女の聖なる姿を引き上げ」「素晴らしい彼女の顔の位置に、散り行く雲の間に一つの星が輝いている」のを見る、それは「ますます上へと担われ、開かれた天の穹窿により満天の星と一つ」になる、「眠りの覚めないまま」窓際へ行った彼は、「明けの明星が、輝きの素晴らしさでは同じではないかもしれませんが、同じ美しさで事実、私の前に輝いているのを見たのです！」と驚きの声をあげる（vgl. H8, 122）。

「パラバーゼ」の詩句には、「永遠の一者こそが／多様な姿を取ってあらわれる。……／かく形成しつつ、変成するその有り様─／驚愕するため　自分は存在している」（HA1, 358）と詠われる。「自然は究め難く」「神と同一である真なるもの」は、象徴としてのみ直観され（vgl. HA13, 305）、理念的存在である光も、その反映としての美しい色彩現象において、光の本質を象徴的に直観することが人間に適っている（vgl. HA3, 149）。自然の内なる人間も、それぞれ究め難き一存在である。マカーリエもまた、その驚くべき不可思議の存在が理解されることなく、長い間「外部には病気」とされた（HA8, 450）。内にあるものは外にもあり、本来同じ核で結ばれているにもかかわらず、人間相互の理解も、その内実を把握できる資質を双方が持ちあわせていなくてはならない。「精神の目」（vgl. HA12, 464）の不断の育成が肝要である。ゲーテが、アナグラムを駆使した詩句を創るのも、一見したところ、単なる数の遊びのような不可解に見える「魔女の九九」（HA3, 82）や、象徴網を緻密にした「メールヒェン」（HA6, 209-41）を作成するのも、こうした存在の究め難さを表現しているということができよう。

　なおゲーテは、「人類全体をもってすれば、自然を把握できるかもしれないが、一人の人間では自然を把握することはできないので、自然は極めがたい。愛する人類は、決して集まって一緒になることはないので、自然は私たちの目の前で身を隠すという遊びを巧みに行う」（WA IV 13, 77, 25.2.1798）という確信を書簡で述べ、シラーを驚かせた。さらにゲーテは、「人間がすべて挙《こぞ》ってのみ、自然を認識し、人間がすべて挙ってのみ、人間的なものを生きる」（vgl. WA IV 13, 137, 5.5.1798）とも語った。こうした観想は、挙って「人間的なものを生き」、神即自然の活動の一翼を担う各人の自負、そして自己自身をも含め、活動の担い手相互に対する「畏敬」、とりわけ自己と異質に見える存在への理解と畏敬、そして自然の摂理に対する「畏敬」を生みださずにはおかない。多面的な教養の時代から一面性の時代へと社会的状況が変化し、分析的方法の自然研究がまかり通る時代（vgl. EG, 568）にあっても、人間がその活動を生産的に担い行くためにはこうした「畏敬」が必須である。『遍歴時代』の「教育州」において縷々述べられている「畏敬」（HA8, 149-58）も、ゲーテの神即自然の本質に通底するものである。

　マカーリエにとり、数学者にして天文学者、医者でもある、自己育成を怠ることのない「高貴な」人物の存在は、まさに天の配剤である。先の引用箇所が示すように、彼の知識と技能によって真実が明らかにされた。そこにまた、「最高の、最も確実な学」としてみなされ、「真実のものを真実とみなしうる」数学の本領がある（vgl. HA12, 452）。R・ツィーグラーは、ゲーテの数学に対する関係の基本は、『遍歴時代』から読み取れるとして、「マカーリエが、直観的・具体的に内包しているものを、数学者であり天文学者である人物は算出できる、つまり地球との星辰の関係である。したがってこの数学者は、彼の方法でマカーリエという包括的存在の魂の奥底の領域にまで達する。人間が、全面的に自己形成をしようとするなら、ゲーテによれば数学は欠けてはならない。全面的素養のある、また多面的能力のある人間により実践されて初めて数学は、本来の本質を展開できる」と述べている（vgl. RZG, 111f.）。

この「高貴な数学者」は、「真なるものの美」を感得し、ゲーテの恐れる「抽象を無害にする巧みさ」を備えた理想的数学者である。（この人物に、ゲーテの先の箴言により、ケプラーの姿を彷彿とさせることも許されよう。）生産的精神に富み、そうした巧みさをもち、彼は「美なる原現象」ともいうべきマカーリエの伴侶となりえた。科学もハイゼンベルクによれば、むしろその「高度の抽象の段階」でゲーテの要求に応じうるが、美的契機の重要性も語られた。世界はそう簡単に「悪魔の手」に帰することはない（vgl. HNG, 28, 33）。しかしそれだけに数学の濫用、省察なき「抽象化」の進展は、由々しい結果を招く。ゲーテには、ニュートンの『光学』が、数学の濫用の最たる例証と思われた（vgl. HA13, 484）。ゲーテは「数学は独自の大いなる精神の道を歩み、純粋に自己自身を形成しなくてはならない」（vgl. HA12, 454）、しかも「数学者が完全であるのは、完全な人間である限り、つまり真なるものの美を自己のうちに感じる限りにおいてである。そうしてはじめて数学者は、徹底した、洞察力をもった、慎重な、純粋な、明晰な、優美な、まさに優雅な印象を与えるであろう」（HA12, 455）と述べている。

『遍歴時代』におけるマカーリエと数学者にして天文学者である人物との関わり、作品の登場人物たちの語らいを通じて、ゲーテの数学との関係の何たるかも理解され、それはまた、宇宙論的広がりを見せる神即自然の本質、美的観想をもとに、自然の内なる人間の位置を見すえたゲーテにおける人間形成の理念の本質をもうかがわせるのである。

主要参考文献

Goethes Werke（Weimarer Ausgabe, 1887-1919）［引用略号WA］

Goethes Werke（Hamburger Ausgabe, 1949-1960）［引用略号HA］

Johann Peter Eckermann, *Gespräch mit Goethe*. Hrsg. von H. H. Houben, Wiesbaden 1959.［引用略号EG］

Werner Heisenberg, Das Naturbild Goethes und die technisch-naturwissenschaftliche Welt. In: *Jahrbuch der Goethe-Gesellschaft in Weimar* Bd. 29（1967）.［引用略号HNG］

Werner Heisenberg, Die Bedeutung des Schönen in der exakten Naturwissenschaft. In:（Ders.）*Gesammelte Werke*, München 1985.［引用略号HSN］

Martin Dyck: Goethes Verhältnis zur Mathematik. In: *Jahrbuch der Goethe-Gesellschaft in Weimar* Bd. 23（1961）.［引用略号MDG］

Karl Heinz Weiers, *Goethe und die Mathematik*, MPG Trier 2006.［引用略号KWG］

Renatus Ziegler: *Goethes Ideen zur Mathematik*, Dornach 1993.［引用略号RZG］

ゲーテ『ゲーテ全集』（全一五巻）潮出版、一九七九－九二年

エッカーマン『ゲーテとの対話』（上、中、下）（山下肇訳）岩波書店、一九七九－九〇年

Ernst Cassirer, Goethe und die mathematische Physik. Eine erkenntnistheoretische Betrachtung. In: *Idee und Gestalt*, Berlin 1921.
「ゲーテと数理物理学―認識論的考察」『カッシーラー　ゲーテ論集』（森淑仁編訳）知泉書館、二〇〇六年［引用略号ＣＧ］

第五章　美的教育思想の形成と展開

―シラーの教育思想―

松山　雄三

第一節　シラーの基本思想

シラー素描

ヨーハン・クリストフ・フリードリヒ・フォン・シラー（Johann Christoph Friedrich von Schiller, 1759-1805）は一七五九年一一月一〇日にドイツ・ヴュルテンベルクのマールバハで生まれ、一八〇五年五月九日にワイマールで死去した。シラーの生涯にわたる文化活動を概観すると、詩人、歴史家、そして哲学者としての資質が、あるときは相互補完的に、あるときは個別性強く表れでている。特に豊かな詩的想像力と鋭い理念能力の拮抗と協働が、シラーの思想形成と文化活動を実りあるものにしている。

シラーの文化活動を概観すると、『群盗』や『ヴィルヘルム・テル』など、都合九篇の戯曲が創作されているほかに、『ギリシアの神々』や『芸術家』をはじめ幾多の詩、散文小説が作られている。また『オランダ離反史』や『三〇年戦争史』等の歴史関係書が書かれ、さらに『人間の美的教育について』や『素朴文学と情感文学について』等の美学論文、文化論文、そして演劇論文が発表されている。

シラーは生の目標を「人間であること」（Mensch zu sein: NA, 20, 100）に置く。ゲーテのシラー評が想起される。ゲーテは一八二七年にエッカーマンに、シラーの全作品を自由の理念が貫いており、若い頃にはそれが自然的な

（physisch）自由であったが、後半生においては理念的な自由であった旨を伝えている（AV, 216）。そしてシラーは、一七九三年二月一八日付の友人ケルナー宛書簡で、カントの哲学精神の真髄を「汝を汝自身から規定せよ」という言葉に読みとり、「このカントの言葉以上に偉大な言葉が、死すべきものによって語られたことはありません」（NA, 26, 191）と感激して述べ、カント思想の研究に打ちこんだのだった。シラーにとって、自由精神と自律精神は対となって、人間にふさわしい存在であるための根幹をなすものである。

またゲーテが一八二五年一月一八日にエッカーマンに「シラーは一週間毎に別人になった。そしてより完全な人物になっていった。彼に会うたびに、彼は蘊蓄においても、学識においても、そして判断においても進歩しているように思えた」（AV, 144）と回顧するように、シラーは、絶えざる、ときには死病を押して、自己陶冶に励む努力の人でもある。シラーは敬愛する先人や同時代人の思想を、まさに貪るごとく受容し、さらに対立と凌駕の試みのうちに、己の血肉にしていったのだった。シラーの思想形成において大きな影響を及ぼしている人物として、青少年期においてはファーガスンとガルヴェを、壮年期以降においてはカントとゲーテを挙げることができる。

青少年期の思想形成

シラーは、ピエティスムス（Pietismus）の宗教的影響が強い土地柄と、信仰心が篤い家庭に包まれて幼少年期を過ごす。両親の希望もあり、シラーは牧師になることをめざしていたと伝えられている。しかし領主カール・オイゲンの厳命により、シラーは軍人養成所カール学院で学ぶことになり、初めは法学の課程を選ぶが、まもなく医学の課程、つまり軍医養成の課程に移る。軍律に等しい厳しい規則づくめの学校生活はシラーを肉体的にも精神的にも圧迫するが、ここでシラーは、リベラルな教育方針をとる気鋭の教師陣アーベルやシュヴァープにめぐりあう。彼らを通じて、シラーは道徳哲学や大衆哲学（Popularphilosophie）の道徳的・啓蒙的な思想に触れる。特にファーガスン著、ガルヴェ訳注『道徳哲学の原理』は、青年シラーの思想形成に大きな影響を及ぼしている。

シラーは、神に寄せる敬虔な心や、同胞に寄せる人間愛を尊び「愛と智恵の調和のとれた絆（das harmonische Band von Liebe und Weißheit）」による幸福な社会の形成を求める「幸福への愛（Liebe zur Glückseligkeit）」の思想を説き（愛の哲学）、また神に等しい完全な精神の育成をめざす「神的相等性（Gottgleichheit）」の理念を掲げる（完全性の思想）。シラーは、自然の営みの中に神の完全な創造プランや不可侵の力の投影を見てとろうとする。「人間は、創造主の偉大さを獲得するために、存在するのである。……神と同じくなることが人間の使命である」（NA. 20, 10）あるいは「宇宙は神の一つの思想である……すべての思惟する存在の使命は、この現に存する全体のうちに最初の設計を見いだすことにある」（NA. 20, 115）といった言葉が、青年シラーの論説に散見され、カール学院の若い教師陣を通じて受容したライプニッツの世界観の影響がうかがわれる。

またシラーは感官による感受を精神に伝達する「中間力（Mittelkraft）」というはたらきを神経中に仮定し、心身問題に取りくむ。さらに、この中間力の理念を発展させるかたちで、シラーは人間の動物的本性と精神的本性の均衡を保ち、またその均衡状態を「中間的状態（ein mittlerer Zustand）」とよび、望ましい心意状態とする。ただし愛の哲学、完全性の思想、そして中間力の理念は、シラー独自のものではない。既述したように、ピエティスムスの宗教的な雰囲気に包まれて敬虔な世界観と人間観を育み、また道徳哲学や大衆哲学の啓蒙的な思想に接したことが、若いシラーの思想形成に影響を及ぼしている。

壮年期以降の思想形成

シラーは一七八一年に戯曲『群盗』を書きあげ、翌年マンハイムの劇場における『群盗』初演で大好評を博す。しかし領主カール・オイゲンの理解を得ることができず、シラーは故国を出奔して創作活動に励む。生命を賭した逃亡生活でシラーを物心両面にわたって支えてくれたのは、生涯の友ケルナーであった。しかし戯曲『ドン・カルロス』の完成後、シラーは詩的想像力の衰退に苦しみ、作家活動の断念を決意するまでに追いつめられる。そのような苦悩のどん底にあったシラーを救ったのは、カントの歴史哲学の思想である。シラーは一七八八年一月一八日付のケルナー宛書簡で「学ぶことが半分を行い、考えることが他の半分を行なう仕事があります。……歴史の仕事では書物の研究が半分寄与してくれます」（NA, 25, 6）と嬉々として語り、歴史哲学の研究に取りくむ。十八番とする理念能力を前面に押しだすことによって、詩的想像力の不足を補足できる、とシラーは判断したのだった。さらにカントによる目的論的な歴史解釈は、人類の文化的・精神的な発展を信じるシラーの楽天主義的な世界観に沿うものであった。

シラーは歴史哲学の研究に続けて、カントの『判断力批判』の講読を契機に、カントの美学哲学思想の研究に没頭する。そして、カント思想の影響のもとに、シラーの思想的関心の対象に「美」の概念定立が強く意図されるようになる。またカントの哲学思想は、シラーに論理的・体系的な考察の仕方と、思考を表現するための用語の用い方を教示する。ただしシラーの自由美の探究はカントのリゴリズムに対しては異議を呈し、その凌駕をめざす。カントの厳格すぎる道徳主義は心を抑圧し委縮させる、と自由であることを尊ぶシラーには思われたのだった。

シラーの美の考察は、まず優美と崇高美についてなされ、ついで両者の綜合の中で「美しい心（die schöne Seele）」の概念定立が図られる。『カリアス書簡』と『優美と尊厳について』では、感性的な美（優美）について考究がなされ、二篇の『崇高論』（*Vom Erhabenen*, 1793-94 と *Über das Erhabene*, 1801）では理性的な美（崇高美）について考察が加えられる。

『カリアス書簡』と『優美と尊厳について』では、カントの美学思想に異議を唱え、その凌駕が試みられる。シラーは、カントが美に寄せる感情を主観の感情のみで捉えようとしていると解したのだった。そこでシラーは美の客観的概念の定立を図り、「美は現象における自由である」（NA, 26, 182）と捉えるが、明確な論理的考察を展開するには至らなかった。またシラーは感性的な美を生来の自然的な（physisch）美である「構成の美（die architektonische Schönheit）」と、内面形成の証の表出である「優美（Anmut）」に分け、美的関心の対象を優美に向ける。シラーは「優美は自然によって与えられる美ではなく、主体自身によって生みだされる美である」（NA, 20, 255）と説き、内面形成の暁に、感性と理性の調和状態から生まれる和やかな美の形成を求める。美の可変性を示すために、ホメロスの『イリアス』で描かれているヴィーナスの帯がアレゴリーとして用いられている。ちなみに、構成の美に対するシラーの低い評価は、自然の配慮に対する忘恩、つまり生来の資質を生かしているゲーテを暗に当てこすったものとして、ゲーテの不興を買ったこともあった。

それに対して、二篇の『崇高論』では、カントの崇高論の影響が強くうかがわれる。シラーは理性的な美である崇高美を、理性と感性の対立に起因する葛藤を凌駕した暁に、到達可能な清澄な心の表出であると捉える。シラーは「ある対象の表象に際して、私たちの感性的自然が制限を感じ、私たちの理性的自然が優越を、つまり制限からの自由を感じるとき、その対象を崇高とよぶ。それ故、その対象に対して、私たちは自然的（physisch）には劣勢だが、しかし道徳的には、すなわち理念によってはその対象を凌駕する」（NA. 20, 171）と説く。その例として、嵐に翻弄される船を岸から見ている時の感じが挙げられる。

そして感性的な美と理性的な美の探求の結実として、『人間の美的教育について』で遊戯論が展開される。同論文で、シラーはカントとフィヒテの思想から影響を受けていると述べているが、美の理念そのものはシラー独自のものである。シラーは人間の心意の仕組みについて考察を加え、素材衝動（Stofftrieb）と形式衝動（Formtrieb）という二元を措定し、さらにこの両衝動に内在し、かつ両衝動を統合的に顕現させるはたらきとして遊戯衝動（Spieltrieb）を仮定する（三衝動説）。シラーは、感性的な欲求と理性的な規制から解き放たれて、自然（＝自由）な存在そのものになれる状態を理想とする。その状態をシラーは美的な状態と捉え、遊戯（Spiel）の状態とよぶ。

さらに一連の美学論文における美しい心の探求は、文化論文『素朴文学と情感文学について』に引きつがれる。ただし同論文で説かれる思想には、ゲーテの素朴で全的な人格と博識から受容した世界観と人間観の影響もうかがわれる。特に、シラーはゲーテの人格に、古代ギリシアの人々（世界）が持する素朴性、全的人間性を見てとり、畏敬の念を抱きながらも、彼自身の独自性を保ち、また生かす道を模索する。シラーは詩人を二様のタイプに分け、「彼らは自然であるか、あるいは失われた自然を求めるだろう」（NA, 20, 432）と捉え、前者を素朴詩人、後者を情感詩人とよぶ。名指しすることはないが、シラーはゲーテを素朴詩人に、自らを情感詩人に位置づけている。同論文において、「もはやアルカディアに戻れない人間をエリュシオンにまで導く」（NA, 20, 472）牧歌の創生について論じられ、「牧歌の目的そのものは、つねに無垢の状態、すなわち自己自身と外部との調和と平和の状態における人間を描くことである」（NA, 20, 467）と説かれる。そして牧歌の創生が情感詩人に託される。なぜなら情感詩人は観念による無限の飛翔によって、第二の素朴な故郷（エリュシオン）に限りなく近づくことができるからである。

第二節　シラーの美的教育思想

シラーの人間観と思考様式

シラーの教育思想の特色は、美学的考察の姿勢がとられていることにある。そこでシラーの美的な人間教育論を探るために、『人間の美的教育について』で論じられる遊戯論と、『素朴文学と情感文学について』で説かれる牧歌論について考察を続ける。最初に、これらの美的な人間教育論を生みだす思想傾向を探るために、シラーの人間観と思考様式について触れる。

すでにカール学院時代（一七七三－八〇年）に、シラーは人間を精神と肉体、精神的本性と動物的本性が「極めて緊密に混和されたもの（die innigste Vermischung）」（NA, 20, 64）とみなし、また人間の完全性がその二元的根基の「徹底した混和に（durchaus vermischt）」ある、と捉えている。人間を感性的存在と理性的存在に分けて考えるのでなく、相反する二元の混和体と解している。このように、一方に偏することのない捉え方がシラーの思考傾向の特徴である。ちなみに、人間を精神と肉体の混和体と捉える人間観は、ファーガスンの論説にもうかがえることを付言しておきたい。ファーガスンは『道徳哲学の原理』において「人間の本性は、物質的な部分と精神的な部分、つまり肉体と魂から成る混合的なものとみなされる」（FG, 103）と述べている。

そしてシラーの中庸な思考様式は中間力の理念や中間的状態の思想を生む。シラーは一七七九年にカール学院に卒業論文を提出するが、思弁的すぎるとして書きなおしを指示され、翌年二篇の卒業論文を提出しなおして卒業する。その却下された最初の卒業論文『生理学の哲学』に、次の記述がうかがえる。

物質と精神のあいだに、ある力が存在するに違いない。この力は世界（物質）とも精神ともまったく異なる。私はその力を遠ざける。すると、精神に及ぼしている世界（物質）のあらゆる作用は遠のく。しかしそれにもかかわらず、精神はまだそこにある。そして対象物もまだそこにある。しかしその力の喪失は、世界（物質）と精神のあいだに、ある亀裂を生む。その存在は精神の周りのすべてものを照らし、動かし、生気づける。私はそれを中間力と名づける。（NA, 20, 13）

「もの」と「心」、物質と精神の関わりを探究する試みは、デカルトによる心身問題の提議以来、連綿として引き継がれており、シラーは、物質と精神を仲介するものとして、中間力というはたらきを仮定し、それが神経の中を流れて伝達の役を果たすと捉える。ちなみに、先に触れたファーガスンは『道徳哲学の原理』で、事物に関する知覚が心の中の中間因（Mittelursache）によって仲介されると説いている（FG, 75）。

また、シラーは、演劇論文『良い常設の演劇舞台はそもそもどのような影響を及ぼし得るか』で次のように述べる。

微妙な悟性のはたらきを持続することができないと同様に、あるいはそれ以上に、動物的状態を続けることができない私たちの本性は、ある中間的状態を望んだ。この中間的状態によって、相反する両極は結合され、厳しい緊張は和らげられて穏やかな調和となり、一方の状態から他方の状態への交互の移行が容易になされる。美的

感覚、すなわち美に寄せる感情が一般にはこれに役立つ。(NA, 20, 90)

物質と精神を仲介する中間力、肉体と精神の混和体とみなされる人間、そして動物的状態と精神的状態を仲介すると解される中間的状態、これらの考え方で特徴的なところは、相反する二元を仲介する中間的なものが想定されていることである。相反的な二元を並存させ、その二元のはたらきの均衡を図る思想、そしてその中間的状態を惹起させるために「美に寄せる感情が役に立つ」(NA, 20, 90) とする思想は、のちに、カントの美学哲学思想との邂逅を契機として、さらにフィヒテの交互作用の概念を援用して、感性的な美感である優美と理性的な美感である崇高美の探求に至り、そして優美論と崇高美論の綜合である美の論を生む。

遊戯の思想　─『人間の美的教育について』をめぐって─

『人間の美的教育について』を、シラーは一七九五年に雑誌『ホーレン』で発表する。この論文は、シラーに経済的な援助の手を差し伸べてくれるデンマーク王子アウグステンブルクに寄せる謝意から起稿されたものであり、書簡形式(全二七書簡)をとる。この論文は、シラーの美学的考察を象徴するものであり、すでに幾多の研究がなされている。特にこの論文は、フランス革命がたどっている惨事を憂慮し、「国家の構成単位となるべき個人を、芸術による美的人間教育を通して自由人にまで育成することが急務である、ということを力説したのであった。シラーの目指したものは、ことばを換えていえば、全人格的情操教育であった」(内藤『シラーの美的教養思想』、一七二頁) と解する先行研究が想起される。

シラーは、人間の「存在論的性格」(石原、解題・i頁) を探るために、人間の衝動構造について論究する。シラーは、心意を形成する根源的なはたらきを、素材衝動と形式衝動とよび、さらに両衝動の相互作用のうちに心的形成を推し進めるはたらきを遊戯衝動と名づける。形式衝動が意味を与え、素材衝動は形式衝動の活動のための素地をつくる、と解される。そして遊戯衝動は第三の衝動ということではなく、素材衝動と形式衝動に内在するはたらきとして捉えられ、両衝動に対してそれぞれの持ち味を相乗的かつ調和的に発揮させる、と説かれる。シラーは相反的な二元の相乗的かつ高進的なはたらきについて「一方のはたらきが他方のはたらきを根拠づけると同時に限界づけ、各々はまさに他方が活動的であることによって、自分自身を最高に発揮する」（NA, 20, 352）と解しており、フィヒテの交互作用の概念からの援用がうかがわれる。人間の心の構造分析と人間の心の全的形成がめざされており、そこで希求される理想の心のありさまとは、遊戯の心である。この遊戯の心とは、「融解的作用（eine auflösende Wirkung）」即「緊張的作用（eine anspannende Wirkung）」という「唯一のはたらき（eine einzige Wirkungsart）」によって、感性と理性がそれぞれの持ち味を最高に発揮する調和状態である、と説かれる。そしてこの遊戯の心を惹起するのが美的なものに寄せる感じである、と捉えられており、若い頃に抱懐していた中間力の理念や中間的状態の思想からの発展がうかがわれる。しかし感情能力と理性能力の形成による二様の美（融解的な美と精力的な美）の綜合のうちに理想美を捉えようとする探求姿勢が告げられているが、穏やかで感性的な美感である融解的な美に関する論説が主となっている。融解的な美については、「それは安らかな形式として荒々しい生命を和らげ、感覚から思考への移行の道を拓くだろう。第二に、それは生きいきした形象として抽象された形式に感性的な力を与え、概念を直観へ、法則を感情へ連れ戻すだろう」（NA, 20, 365）と捉えられる。次の言葉は、シラーが説く遊戯の心を端的に表すものである。

> 人間は美とただただ遊ぶべきであり、そして人間は美とだけ遊ぶべきである。（NA, 20, 358f.）
>
> 人間は言葉の完全な意味で人間である場合にだけ遊戯するのであり、遊戯する場合にだけ完全に人間である。
> （NA, 20, 359）

牧歌の思想　―『素朴文学と情感文学について』をめぐって―

『素朴文学と情感文学について』を、シラーは一七九五年から翌年にかけて、雑誌『ホーレン』で発表する。既述したように、シラーは詩人を二様のタイプ（素朴詩人と情感詩人）に分け、さらに考察の対象を人間一般に広げる。しかも、素朴詩人、古代の人間について語りながら、シラーの真意は、情感詩人、近代の人間のあるべき生の姿勢について語ることにある。なぜなら素朴な人間は現在のありさまそのままで完全な存在であるのに対して、情感的な人間は自己陶冶（教育）によって自己のありさまを完全な存在に近づけることができるからであり、また近づけなければならないからである。そして、そのことは、とりもなおさず、シラーが自らについて語っているということである。同論文においてシラーは次のように述べる。

それにしても、近代の詩人が歩むこの道は、そもそも人間が個人としても全体としてもとらなければならない道である。自然は人間を自己自身と一致させ、人工は彼を二つに分割する。そして理想を通って彼は統一(Einheit) へ戻る。しかし、理想は彼が決して到達できない無限なものであるので、文明化した人間は彼の流儀では決して完全になれない。しかしそれに対して、自然的な人間は彼の流儀で完全なものになれる。……しかし、流儀自体を比べると、人間が文化を通じて努力する目標は、人間が自然によって到達する目標より、限りなく優っている。つまり一方はその価値を有限な目標の絶対的な到達によって保つのであり、他方は無限な偉大さへの接近によってその価値を得る。(NA, 20, 438)

自らを情感詩人と位置づけるシラーにしてみれば、情感詩人の優位についても実は密かに説きたかったのかもしれない。なぜならば、現に有している存在性を表すだけで完全である素朴詩人より、「情感詩人には、抽象によって自分自身の中で失われてしまった統一を、自分自身から再び打ちたて、人間性を自分自身の中で完全なものにし、そして制約を受けた状態から無限の状態へ移行する力が与えられている、あるいはむしろ生きいきとした衝動が刻印されている」(NA. 20, 473) からである。ここで説かれる情感詩人(情感的人間)のあるべき生の姿勢は、私たち近代人が心すべき生の姿勢でもある。類としての人間は、アルカディアをあとにしたそのときから、あるいはパラダイスを追われたそのときから、理性的存在となることを選択したがゆえに、避けがたく陥った心の分裂によって、不安定な心意状態に追いやられてきた。それが文明化した人間が背負う存在の不確かさである。しかしシラーは、アルカディアの住人の素朴で無垢な心意状態を空しく憧憬するだけでなく、理性的存在であることの生の経験に裏打ちされた心の浄化をめざし、また願う。

同論文においては、素朴性、素朴詩人、情感詩人、風刺文学、哀歌文学、牧歌、喜劇、現実主義者、そして理想主義者について論じられているが、本節においては情感詩人が謳う牧歌についての論に考察の焦点を合わせたい。牧歌論に、シラーの教育思想の特色である美的かつ理想主義的な世界観と人間観がうかがえるからである。情感詩人のタイプは「諷刺的 (satirisch)」と「哀歌的 (elegisch)」に分けられ、さらに哀歌的な情感詩人の作風について言及される。「(哀歌的な情感) 詩人は自然を人工に、理想を現実に対置させ、自然と理想の表現に重きをおき」(NA. 20, 448 括弧内筆者加筆)、そこに満足を覚えると捉えられた上で、哀歌的な情感詩人が謳うものについて、「狭義の哀歌 (Elegie in engerer Bedeutung)」と「もっとも広義の牧歌 (Idylle in weitester Bedeutung)」に分けられる。狭義の哀歌では「自然が失われたもの、理想が到達されないものとして表現されて、自然と理想が悲哀 (Trauer) の対象となっており」(NA. 20, 448)、最も広義の牧歌では「自然と理想が現実的なものとして表象されることによって、自然と理想が喜び (Freude) の対象となっている」(NA. 20, 448) と説かれる。

自然的なものと精神的なもの(理想的なもの)の高次的な統合が果たされてはじめて、美は生まれる。しかも、美の生起の根基となる自然も精神(理想)も、理性と感性を同時的に持つ人間が宿している。つまり、精神は人間が抱く精神であるからには、理性的なものだけではなく、感性的なものも包含する。また自然も人間が捉える自然であるからには、感性的なものだけでなく、理性的なものも含む。それゆえ、美に至りつく道は二つある。一つは、精神の側から自己のうちに捉えている自然との統合をめざす道であり、もう一つは、自然の側から精神を引き入れて精神との自然的な一体化に至る道である。そして情感詩人シラーにとって、前者の道を経て、より高次的で素朴な自然の国（故郷）、つまり美の国エリュシオンにたどり着くことが関心の対象になり、情感詩人の使命がこの詩的な状態を描き出すこと（牧歌を謳うこと）にあると説かれる。次の言葉は、シラーが説く牧歌論の精神を簡明に示すものである。

この牧歌の概念は、個々の人間および社会において完全に闘いが和解されるという概念であり、性向と法則との自由な結合の概念であり、最高の道徳的品位にまで向上、純化された自然の概念である。ようするに、それは実際の生に応用された美の理想に他ならない。（NA, 20, 472）

第三節　シラーの美的文化論について

近代的存在の自覚

自らを近代的存在、つまり心の全体性を喪失してしまった存在と捉えるシラーは、現状の文化的存在では満足できずに、新たな自然的存在になることでのみ、人間の存在的使命を果たすことができるとみなす。たしかにシラーは古代ギリシアの人々（世界）あるいはゲーテに代表される自然的な存在を憧憬しつつも、文化的存在であることの優位点も理解している。つまり、文化的存在になることによって喪失した自然性を超える新たな自然性に、観念による無限の飛翔により、近づくことができる、とシラーは解する。すでに考察を加えたように、『素朴文学と情感文学について』において、自然的な人間と文明化した人間の特質について対比的に言及がなされ、特に「人間が文化によって努力する目標は、人間が自然によって到達する目標より限りなく優っている。一方（自然的な人間）は有限の偉大さの絶対的到達によってその価値を保つのであり、他方（文明化した人間）は無限の偉大さへの接近によってその価値を得る」（NA. 20, 438　括弧内筆者加筆）と捉えられている。

マタイ伝第五章で「汝らの天の父が完全でおわしますように、汝らもまた完全であれ」と説かれているように、完全な存在を理想としながらも、有限的な存在である人間の身では、その目標を完遂することは不可能であり、それでもその達成に向けて不断の努力を続けなければならないことを、シラーは理解している。すでにカール学院時代に、シラーは「人間は、創造主が世界を見わたすのと同じ眼差しで、世界を見わたすために存在する。神と等しくなること（神的相等性）が人間の使命である。なるほど、このような人間の理想は無限に遠い。しかし、精神は永遠である」（NA. 20, 10）と述べていることが想起される。また青年期に書かれた散文小説『菩提樹の下の散歩』と『青年と老人』でも、理想の成就より、理想の達成に向けての弛まぬ努力に生の目標をおく教説が語られる。たしかに青年期と壮年期以降とでは、シラーが理想とするものの内実は同じではないが、理想へ向けての飽くなき追究を重んじるという姿勢は不変である。まさしくシラーは啓蒙の世紀と呼称される一八世紀に生を受けた典型的な啓蒙思想家であり、理想主義的な生の目標を掲げた啓蒙思想の実践者である。

失われた全体性

『人間の美的教育について』において、シラーは近代的形成のプロセスにおける心の全体性の喪失について次のように述べる。

> 個々の力の形成がその全体性を犠牲にせざるを得ないということは偽りに違いない。たとえ自然の法がそうしようとしても、人工が破壊したわれわれの本性の全体性を、より高尚な人工によって再びつくりだすことは、われわれの使命にちがいない。（NA. 20, 328）

シラーは自然と文化形成の相互包摂的で高進的な共生の道を模索する。シラーは文化的状態を生みだすために人間がとらざるをえなかった方策について「人間の多様な資質を発展させることは、それらの資質を相互に対立させること以外の何ものでもなかった。諸力の敵対が文化の重要な手段である。しかし手段にすぎない。何故なら、敵対が続く限り、ひとは文化へ至る途上にいるからである」(NA, 20, 326) と反省する。カントのアンタゴニズムの継承かつ発展を想起させる言葉であるが、シラーは、諸々の力の対立と競争が、文化的状態を形成するための有効な、むしろやむを得ない方法であったことを理解している。人間の諸力の対立によって、非常に多くの文化的なものが獲得されたことは確かである。しかし文化の発展の美名のもとに「人間の諸力の分断的な形成に直面する個人が、この世界目的の呪いに苦しむこと」(NA, 20, 327) は、個人の精神形成にとってのみならず、人類の精神形成にとっても憂慮すべきことである、とシラーは指摘する。

『素朴文学と情感文学について』においても、シラーは失われた人間性の再生を訴え続ける。論文のタイトルが示す「素朴文学」とは、古代ギリシアの詩作に代表される素朴な詩作を指し、「情感文学」とは、理性を媒介とする反省に基づく近代的な詩作を指す。古代の詩作は素朴さ、純粋な感情、つまり必然性と道徳性を無意識的に内包する自然性によって導かれている。そしてシラーが理想とする近代の詩作は、主観と客観を個別的に措定するが、近代の人間の十八番である反省を無限定的に駆使して、その反省の過程で創出される理念が主観と客観、感性と理性の統合的なものとなって、自然的なものを凌駕することを目標に掲げ、また理想にする。

人間が文化によって得ようと努める目標は、彼が自然によって到達する目標より無限に勝っている。一方は、その価値を有限な偉大さの絶対的な到達によって保つのであり、他方はその価値を無限な偉大さへの接近によって得る。しかし後者だけが程度と進歩を持つのであるから、全体的にみれば、文化のなかにいる人間の相対的な価値は、決して規定できない。もっとも、個別的にみれば、後者は、自然が完全にはたらきかけているなかにい

る人間より、必然的に不利な状態にいるのであるが。(NA, 20, 438)

理性の覚醒とともに培われてきた人類の文化は、反省に基づいて人類の発展を推し進めてきた。しかし、古代ギリシアの人々とその造形物とは反対に、人類の文化が歩みを進めれば進めるほど、あらゆる自然的なものが人類から、つまりその共同体からも個人の心からも退いてゆく。近代の人間は人工的な状態の中で生きているのであり、その世界では人間は感性と理性の調和的な統一を失っている。ただし、心的全体性の喪失を認識し、その回復を希求するシラーは、古人の心にうかがえる感性と理性の調和のとれた状態を憧憬し、また反省のうちに古の自然性を凌駕する自然的なものが得られることを求める。

美しい心の創生

シラーは主体的な人間性の確立に向けて、自由、道徳性、自律の概念規定に続けて、自然性の喪失に対する認識を新たにし、新たな全体性の創生、美しい心の創生を希求する。シラーは「われわれが自然の子どもであった限り、われわれは幸福で完全であった。われわれは自由になった、そして両方を失ってしまった」(NA, 20, 427) と憂慮する。理性の偏重による人間中心主義の思想がもたらした豊穣な物質文化の蔓延る近現代において、非理性的であるが、しかし素朴で純粋な自然性に対しては、尊敬も憧れの念も向けられていない。シラーはそのような近代的な精神文化の現状を憂い、その高進的解消の道を求める。それが『カリアス書簡』から『優美と尊厳について』『人間の美的教育について』等を経て、『素朴文学と情感文学について』に至る一連の美学研究において探求される美の概念であり、美的な人間性の形成に寄せる要請となって表れでる。理性の覚醒によって分割して現れでた自然と人工、素朴性と情感性は、今また相互補完的かつ相乗的な作用のうちに統合し、美的な人間性となって現出する可能性を示す。そして近現代においては、ポエジーの中で、人類のこの美的な理想がわれわれの眼前に提示される。そのポエジーとは牧歌であり、次のように説かれる。

やすらい（Ruhe）がこの文学ジャンルの支配的な印象であろう。しかしそれは完成のやすらいであって、怠惰のそれではない。均衡から流れでるやすらいであって、力の停止からくるものではない。充実から溢れでるやすらいであって、空虚からくるものではない。そしてそれは無限の能力の感じに伴われているやすらいである。（NA, 20, 472f.）

しかも、シラーは美しい心のありさまを美学論で説くだけでない。戯曲における登場人物の心のありさま、心の変遷に、美しい心の描出が試みられる。ヴァレンシュタイン将軍の娘テークラ（『ヴァレンシュタイン』）、スコットランド女王マリーア（『マリーア　ストゥーワルト』）、あるいはフランスの救世主ヨハンナ（『オルレアンの乙女』）に、シラーが託する美しい心のありさまをうかがうことができる。さらに、最後の完成戯曲である『ヴィルヘルム・テル』において、シラーは、素朴な自然と人間の生の営みが共生できる道を示す。歴史の流れにおいて、その担い手の一人として、歴史の創造的な所業にだけでなく、その破壊的な所業にも否応なく関与しなければならないと思いこみ、人間存在の定めにも似た負い目を抱く近現代人にとって、テルとスイスの民の生き様、そしてこれらの人々を包み込むスイスの素朴で雄大な自然は、すべての人間に共通する懐かしい故郷を彷彿とさせてくれる。近現代人が人類の発展的生への貢献のためという思いこみと思いあがりから、置きざりにしてきた故郷を、『ヴィルヘルム・テル』の世界にうかがうことができる。特に、最終の場で、外部勢力の抑圧から、故国（故郷）の自由を守りぬいた主人公テルが示す生き方――同郷の人々とともに、素朴な故郷の自然と一体となって生を楽しもうとする境地――に、懐かしさにも似た、根源的な、それでいて生の充実感に裏打ちされたやすらいが感じられる。自由の詩人シラーの新しい自由概念＝美の概念の描出が、この『ヴィルヘルム・テル』で試みられている。その自由な境地＝美しい境地とは、「無限の能力の感じに伴われているやすらい」（NA, 20, 472）である。

主要参考文献

Schillers Werke. Begründet von Julius Petersen. Weimar 1943ff.（Nationalausgabe）［引用略号NA］同全集からの引用箇所については本文中に示し、略号に続く二つの数字は順に巻数と頁数を示す。以下同様。

Adam Ferguson. *Grundsätze der Moralphilosophie*, Übersetzt von Christian Garve. Christian Garve Gesammelte Werke. Bd.11. Hildesheim 1772.［引用略号FG］

Emil Staiger. *Friedrich Schiller*. Zürich 1967.

Ernst Cassirer. *Freiheit und Form*. Darmstadt 1975.

Johann Peter Eckermann. *Gespräche mit Goethe*. Einführung und Textüberwachung von Ernst Beutler. *Goethes Werke*. Bd.24. Zürich 1948（Artemis Verlag）.［引用略号AV］

Rüdiger Safranski. *Friedrich Schiller*. München 2004.

石原達二『シラー　美学芸術論集』冨山房、一九七七年

金田民夫『シラーの芸術論』理想社、一九六八年

カント『判断力批判（カント全集　第八巻）』（原佑訳）理想社、一九六五年

カント『世界市民的意図における普遍史のための理念（カント全集　第一三巻）』（小倉志祥訳）理想社、一九八八年

カント『人間歴史の憶測的起源（カント全集　第一三巻）』（小倉志祥訳）理想社、一九八八年

カント『美と崇高の感情に関する考察（カント全集　第三巻）』（川戸好武訳）理想社、一九六五年

内藤克彦『シラー研究　第一巻　―シュトットガルト時代のシラーの思想と作品』南江堂、一九七二年

内藤克彦『シラー研究　第二巻　―マンハイム時代のシラーの作品』南江堂、一九七七年

内藤克彦『シラーの美的教養思想　―その形成と展開の軌跡』三修社、一九九九年

フィヒテ『全知識学の基礎（フィヒテ全集　第四巻）』（隈元忠敬訳）哲書房、一九九七年

第六章　知識学と超越論的な教育思想
―フィヒテの人間形成論―

清多　英羽

第一節　フィヒテの来歴と基本思想

フィヒテの来歴

ドイツ観念論の哲学者として知られるフィヒテ（Johann Gottlieb Fichte, 1762-1814）は、一七六二年にザクセン地方の農家の息子として生を受けた。一七七一年、マイセンの貴族ミリティッツに、非凡な記憶力を披露する機会を偶然に得て、彼の支援の下でフィヒテは教育を受け、一二歳の時にギムナジウムに入学し、啓蒙思想家の書物を読みながら六年間の寮生活を送った。一八歳でイエナ大学の神学部に進学し、それからライプチヒ大学へ移り、法律や哲学を専攻した。ミリティッツの死後、経済的に余裕のなくなったフィヒテは家庭教師で生計を立てた。その後、カントの住むケーニヒスベルクを訪問し、論文の出版に尽力してもらう。その際に出版された『あらゆる啓示の批判試論』（一七九二年）は匿名で出版されたところ、カントの新作だという噂が流れたが、カント自身がこれを否定し、新聞紙上でフィヒテの仕事だと紹介し、フィヒテは一躍有名になる。

一七九三年に、ゲーテの推挙もあり、フィヒテはイエナ大学に赴任する。フィヒテの講義は好評を博し、著述活動に本腰を入れた。初期の哲学的代表作である『全知識学の基礎』（一七九四年、以下『基礎』と略記）はこの時期に執筆された。その後、学内自治をめぐって学生組織と対立し、自宅に被害が及ぶなどし、フィヒテのことを好ましからずと考える人々も出てきた。そして、一七九八年にフィヒテがニートハンマーと共同編集者として発行した「哲学雑誌」に発表した論文「神的世界統治に対する我々の信仰の根拠について」(一七九八年)が無神論として中傷を受け、政府に弁明書を提出するが、これを覆すことができなかった。これをきっかけにフィヒテはイエナを去ることになる。

ベルリンに単身、赴いたフィヒテは、当局の監視付きでの生活を余儀なくされる。一方で、執筆活動も本格化し、『人間の使命』を境に、後期のフィヒテ思想を成熟させていくことになる。一八〇五年にエアランゲン大学の教授になるが、一八〇六年にナポレオンの侵攻を経験し、各地を転々とする。しかし、一八〇七年にナポレオン支配下のベルリンにもどり、ベルリン科学アカデミーにおいて一四回の講演「ドイツ国民に告ぐ」を行い、人々にドイツ国民としての団結を促した。一八一〇年からはベルリン大学で哲学部長として教鞭をとり、一八一一年には選挙により初代学長に選出された。一八一四年に、妻ヨアンナがチフスに罹患し、次いで彼も感染し五二歳という生涯を閉じた。

フィヒテの基本思想　―『全知識学の基礎』の三原則―

一七九四年に出版された『基礎』は、いわゆる哲学的著作としてある程度まとまったかたちとなった「知識学(Wissenschaftslehre)」である。

「知識学」を打ち立てる際のフィヒテの動機は、彼の立場から見えてきたカント哲学の中に、ある不備を見いだし、それを補完することだった。この補完自体をカントがどのように見たのかはともかく、フィヒテは自らがカントの後継者であるという想いが強かったと考えられる。当時、一切の事物の生起が神によって必然的・不可避的に決定されているという、決定論的な考え方に思想的な懊悩を抱いていたフィヒテは、カントが「人間の意志の自由」を新しい立場から基礎づけたことに勇気づけられていた。

フィヒテによれば、カント哲学の不備とは、『純粋理性批判』が理論理性のみを、そして『実践理性批判』が実践理性のみを扱い、両者が並列的に論じられているにすぎず、そのあいだに統一的連関がないことを指す。この不備に対して、フィヒテは、理論的自我の根底に実践的自我のはたらきを想定し、実践的自我の働きがなければ理論理性といえどもけっして想定可能ではないという立場で、これを乗り越えようと企図した。

フィヒテが重視するのは、すでに先んじて、まず自我の働きが存在する、という前提である。そして、この働きが阻害されることによって、自我はその阻害を乗り越えていこうとする。こうした、自我に逆らう抵抗は、自我に対して成立する。ここにおいて対象が成立することが可能になる。自我は、本来、どこまでも純粋に無限な働きそのものであり、ただひたすら、絶対的に自己自身を定立しつづける。フィヒテはこのような自我の純粋にして無限なはたらきを、事行（Tathandlung）と名づけた。

フィヒテは、純粋に自己自身を定立する自我のことを絶対的自我とよぶ。ただし、われわれ人間、つまり現実世界を生きる理性的存在者は、絶対的自我が制限されたところの有限的自我として活動せざるをえない。だから、有限的自我の働きは無限であることはかなわず、つねになにがしかの阻害にあっている。この阻害しているもののことを、自我ではないという意味で、非我とよぶ。有限的自我は、自我である以上、能動的にどこまでも非我を絶滅して、純粋に自己自身を定立しようとする。

『基礎』には、フィヒテの哲学理論の根幹をなす三原則が詳述されている。

第一原則は「自我は根源的に絶対的に自己自身の存在を定立する」である。この原則は絶対的自我の働きを指している。有限的自我においては、定立する自我の働きそのものと、そのはたらきによって定立されるものとは異なっている。しかし、絶対的自我においては、両者は同一のものである。その自我の定立は純粋な働きであり、それこそが自我の本源的な姿、すなわち「事行」である。第二原則は「自我に対して絶対的に非我が反定立される」である。有限的自我に対しては、何の理由もなく端的に、絶対的にそのはたらきを阻害するものが存立する。それが非我である。第三原則は「自我は自我のなかに可分的な自我にたいして可分的な非我を反定立する」である。これは、第一原則と第二原則の矛盾を解消するための原則である。その矛盾とは、自我が絶対的に自己自身を定立するのであるからそこには非我の存立の余地がないはずだが（第一原則）、自我に対しては非我が反定立されている（第二原則）、という事態である。つまり、自我と非我というまったく対立的なものがともに定立されるためには、自我と非我とが互いに制限しあうということ、すなわちともに一部分定立され一部分廃棄されるということが成り立たねばならないという原則が必要になる。第三原則は、有限的自我の現実の姿を表現している。

第二原則が示すように、非我は有限的自我に対して反定立される。すなわち、現実に、有限的自我は非我によって制限されており、同時にまた非我は自我によって制限されるのである。この三原則に含意されているのは、自我は自我によって制限されているものとして非我を反定立するということと、自我は非我によって制限されているものとして自己自身を定立するという二つのことである。このとき、はじめに非我を制限する自我を実践的自我とよび、次に非我によって制限されている自我を理論的自我とよぶ。有限的自我は、理論的自我も実践的自我もともに非我による制限を免れない。理論的自我が非我によって制限されているという受動的態度が強いのに対して、実践的自我は非我を制限するという能動的態度が強い。

フィヒテは、このように、カントにおいて並列的に並べられていたにすぎない理論理性と実践理性を、同一の自我の二つのはたらきとして関連づけたのである。

フィヒテの通俗思想　―おもな通俗的著作―

国民に向けた演説

『ドイツ国民に告ぐ』（一八〇八年、以下『告ぐ』）は、一八〇七年から翌年にかけてベルリンで行われた連続講演の記録を出版したものである。折しもベルリンはナポレオンの率いるフランス軍の占領下にあり、ドイツ民族の奮起を促す講演内容は、フィヒテ自身の身の安全を脅かすおそれがあった。しかし、フランス軍の妨害工作にも負けず、フィヒテはこの講演を成功させ、多くのドイツ国民に勇気と希望を与えたとされている。『告ぐ』は、国民と人類の救済のために、ペスタロッチの教育的手法を取り入れ、ドイツにおける新しい教育を要請する、国民教育論という側面をもつ。当時はまだ、ドイツという国家としての統一形式が存在したわけではなかったが、先を見通したかのようなフィヒテの演説は、後世にわたり多くの人々の共感をよんだ。

学者論

フィヒテは生涯にわたり、知識学における哲学思惟から生じた諸成果を反映させるかたちで、学者論を更新していった。一七九四年の『学者の使命に関する数講』（以下『学者の使命』）に始まり、一八〇六年の『学者の本質と自由の領域におけるその諸現象について』（以下『学者の本質』）、一八一一年の『学者の使命に関する五回の講義』（以下『学者の使命講義』）と続くのがおもな著作である。

『学者の使命』においては、初期の哲学的代表作である『基礎』の哲学原理を応用した学者論が展開される。その原理とは、次節以降で説明する、超越論的な意味で、世界の一切の根拠とされる自我の事行から、感性界の諸現象を演繹するやり方である。一八〇五年には、エアランゲン大学において学者にかんする全一〇回の公開講義が行われ、その講義録が、一八〇六年に『学者の本質』として出版された。初期の知識学から時間が経過し、無神論論争を乗り越えてより思想的な深まりをみせた、一八〇〇年以降に書かれた知識学においては、理性的存在者のうちに自我の根源的・永続的活動を捉え、この活動が理性的存在者にとって絶対者の映像として現れ、理性的存在者は絶対者の映像を模写して生きていくという、絶対者の映像論が展開される。そして、知識学の原理を応用して書かれた、その後の『学者の使命講義』もまた、このような絶対者の映像論に依拠した内容になっている。フィヒテの学者論に通底するメッセージは、超越論的な真理へと至ることのできる学者（哲学者）をはじめ、学者ほどの知的レベルに至らずともそれに準ずる教師が、一般大衆にとって真理（絶対者の映像論）を媒介する存在でなければならないという点である。この意味で、フィヒテの学者論を教師論として読み解くことも可能である。

第二節　自由と構想力の問題

超越論的な自由の基礎づけ

哲学的な思弁に没頭する当初より、フィヒテの関心は、超越論的な次元で、人間の自由をいかに基礎づけるのかということにあった。フィヒテの自由論の特徴は、自我による自覚（Selbstbewußtsein）を基礎にして、人間の端的な主体性を確保することだった。

『基礎』において論じられたのは、自我の自己活動性としての自由だった。そして、この自由は自我が自らの根源である絶対的存在を自覚し、同じことであるが、これを非我の反立とその克服の努力を通じて自ら実現しようとする活動だった。シュプランガーが指摘するように、フィヒテの課題は、意識の諸活動を忠実に「眺める」ことであり、それを追構成することだった。また、カッシーラーが、フィヒテの思弁は『物自体』や経験的・個別的な主体からではなくて、「理性そのもの」から始まると述べているように、フィヒテの知識学は、人間理性を追究した産物であり、自我が自己自身を見つめ直す手続きを大切にしている。自己の意識のありようを超越論的な手法でもって注視することによって自由に基づいた主体的な自我の確立を、フィヒテはめざした。この意味で、フィヒテ哲学における自覚を基軸に据えた意識の一連の生成過程は、超越論的な意味で人間形成として捉え直すことが可能である。

自覚という純粋な知的活動は、自我の存在を支える、自我を自我であらしめるところの根源だといえる。ラサーンは、自我と自覚はその最終的な基盤を知能の行動様式の内にもっているとし、自分自身の中へと戻ってゆく活動が一般には自我性であるという点では、理性の第一の活動は能作性に対する自由な自己規定であるとし、自我は自己自身を定立し、自我が自身を定立すること以外にはこの自我に近づいてこないと解釈した。ラサーンの指摘するように、自己へと回帰しつづけるフィヒテ的な自我において、自己と隔絶している他者がどのように現れてくるのかというのも、その後の彼にとって大きな関心の的となった。

フィヒテの立場からすれば、そもそも自己を自覚することと自体が、そのまま他者を知ることと同義である。他者の存在を確実なものにするために、フィヒテがとった手法は、自我の構造分析というアプローチによって、他者の存在を内在的に見いだすことだった。この手続きを、自我による他者の超越論的演繹とよぶ。カッシーラーの言を借りれば、自我はけっして単に経験的なものであるだけではなくて、自由で自己決定的な理性的存在者を自分の外部に想定することのための条件となる。フィヒテにとっては、自覚を通して他者の存在を知ることが最も自我の主体性を発揮しうる仕組みだったのである。

フィヒテの論じる自我の主体性とは、自己意識に備わる主体性であり、自己活動性そのものである。フィヒテは、つねに一貫して、自我の自己意識の生成過程とそのありように、人間が自由な存在として息づくよりどころを求めている。絶対的自我という自らの内部にある絶対者を、有限的自我という現実の人間のありようでもって追体験し、絶えず自己を意識することによって自我の主体性を発揮し、他者の承認の前提としていくフィヒテの一連の意識理論、いわゆる自由論は、彼が生涯をかけて追い求めた、制限の中での限りない自由という命題だった。

構想力という生命の始原の想定

構想力（Einbildungskraft）とは、自我の第一次的意識の発生そのものである。フィヒテの論じる、発生的な構想力から派生する一連の意識理論については、観念論的主観主義に陥るという懸念が表明されてきた。ただし、こうした懸念は、フィヒテの構想力をカントの構想力のように理解した際に生じる一面にすぎない。

ヤンケは、初期の知識学の位置づけを意識の諸構造を本質的に解明したものと解釈し、フィヒテが根源的な自己意識からすべてを説明する意図をもっていたと考えている。フィヒテの意識理論、すなわち人間の意識形式の原理は、生命形態の原理であり、生命そのものの説明である。ただし、この点について、フィヒテ自身によって十分に汲み尽くされたわけではない、とヤンケは述べている。当然ながら、ヤンケのいうように、生命と意識との同種性は自明でなければならない。というのも、生命の根拠と意識の原理とがまったく一致せず、離ればなれになっているということが証明されるとすれば、自我の哲学の存立に疑念がもたれるし、そもそもフィヒテは何について議論しているのか不明瞭なままになってしまう。

構想力とは、悟性関係から独立しているのと同時に、悟性関係を基礎づける立場にあり、生命を根底で支える自我の根源的能力だといえる。それは、悟性関係がまきこまれる意識の循環の問題から解放されており、思惟と直観との対立を統一する能力である。意識は先行している意識を再生することによって持続し、この持続はそのまま意識の有機的統一という総体を形成し、自我の生命形式となる。ヤンケは構想力が悟性法則を越えて独立なものとして、空間的時間的に秩序づけられ、実体的因果的に規則づけられたあるものの表象を総括し形成するものと結論づけている。

大峯顕は、フィヒテの構想力の根源的総合が意味するのは、哲学的思惟をもってしても汲みつくせない生ける事態の直接性であると述べている。意識の諸活動は、けっして構想力の根本総合にとどかないものであり、つねに哲学的思惟を凌駕するとされる。だからこそ、知識学は独断論に陥らないでいることが可能である。なぜならば、事態の根本総合は思惟の対象ではなく、思惟がその中で動く地平だからであり、われわれは構想力による以外の直観をもたず、これによってすでに主要概念の只中にいるからである。

ヤンケも大峰も、構想力の根本総合が、生命の生き生きとした事態であり、思惟を越えたところにある事態として説明している。理性的存在者自身が構想力による根本総合であり、理性的存在者はこの根本総合の内に生きている。フィヒテの知識学体系は主観主義的観念論として批判を受けてきたが、難解な叙述によってフィヒテ哲学の本質が覆い隠されているだけで、フィヒテの本来の意図に沿ってその議論を丹念にたどるならば、むしろ、生命の生き生きとした直接的な事態、構想力の根本総合に帰着するのである。

第三節　フィヒテ思想の人間形成論的な解釈

フィヒテの相互人格性論

ある理性的存在者が、他の理性的存在者と自己とを区別することによってはじめて個人となる、というフィヒテの考え方は、ある個人が他の個人なしには成立せず、他の個人とつねに人格的な相互関係に入らなければならないことを意味している。

自我の「実働（Wirkung）」は「それに応答する実働（Gegenwirkung）」を必要とする。両者は一対になっており、この事態を「自由な交互的実働性」（SW.III, 34）とよぶ。自我によるこの自由な相互作用は、理性的存在者の自覚が発生するために必然的な条件だとされる。つまり、ひとたび自覚が生ずるならば、実働が生じ、逆も成り立つ。フィヒテはこの実働のことを「促し（Aufforderung）」とよぶ。

「促し」とは、主体である理性的存在者が外的に感覚したものであり、それは同時に主体を制限するものである。この制限作用は、主体に立ちはだかりながらも、主体に対して自由に実働するようにと促す。制限として現れるこの外的な感覚は、理性的存在者の内的器官によって模倣される。理性的存在者は、他者が生産したものを自ら再生産することによってはじめて、他者による「促し」を把握することができる。

「促し」は、これを受ける理性的存在者が自由に実働することを究極的な目的とする。主体である理性的存在者に対して、自由な行為をするようにという「促し」が行われないかぎり、主体は自分を理性的存在者として把握することはできない。加えて、いったん「促し」が主体に行われるならば、彼は自分の外なる理性的存在者を、その「促し」の原因者として必然的に想定しなければならない。たとえば、この「促し」の典型として、フィヒテは「教育」を挙げている。フィヒテは「促し」によって「すべての個体は人間へと教育されなければならない」（SW.III, 39）と述べている。

主体は自己の外部に想定した他者から自己を、他者と対立するものとして、区別しなければならない。この対立によって、自由な主体としての自己の概念と彼の外部にいる自由な他者の概念とが、交互に規定され、制約される。フィヒテにおいて、自由な理性的存在者の相互関係というのは、一方の個体が他方の個体を自由な存在者として認識することであり、同時に他方の個体が一方の個体を自由なものとして扱うことである。換言すれば、一方の個体が自分の自由を他方の個体の自由によって制限することである。両者が相手を自由な存在者として扱うのでなければ、どちらも相手を自由な存在者として扱うことはできないとされる。こうした相互承認の関係は自然法論の根拠とされた。

「促し」の諸解釈

高田純は、「促し」が自我と他我とのあいだで相互的に行われるものであり、「促し」としての教育は人間相互のはたらきかけあいを通じた広義の人間形成を意味するとみなしている。この解釈は『知識学の原理に従った道徳論の体系』（一七九八年、以下『道徳論』）の「最広義の教育によって、すなわち総じて社会がわれわれに及ぼす働きかけによってはじめて、自由を使用できるように、われわれは形成される」（SW.IV, 184）という箇所に依拠している。最広義の教育とは、共同生活において個人のあいだで相互の働きかけを通じて行われる人間形成を意味する。それは、「促し」に対して生じる「呼応（Entsprechung）」の関係を土台にして行われる。これは前述した「実働」と「それに応答する実働」の関係に対応している。また、『新しい方法による知識学』（一七九七年）において、この関係は「発問（Frage）」と「応答（Antwort）」の関係（GA.IV, 252）と置き換えられている。相互人格的関係をこのように「発問」─「応答」関係とだけ捉えてしまえば、人格間には必ず言語が介在しなければならないことになる。しかし、フィヒテの文脈全体から判断すれば、「促し」は言語を伴わなくても成立する。したがって、「促し」と「呼応」は「発問」と「応答」という「言語コミュニケーション」に先行する「根源的コミュニケーション」であると考えられる。それゆえ、フィヒテが「促し」の現実的な典型として教育を引きあいに出したのは、フィヒテが Er-ziehung の語源的な意味である「内的なものを引き出すこと」を念頭においたためではないかと考えられる。

藤澤賢一郎は「教育」という語を「しつけ」と解釈する。「しつけ」は「教育」よりも限定的なイメージがあるが、藤澤の用法では理性の未成熟な子どもに対する働きかけ、すなわち社会化という働きかけを意味する。かりに、「促し」を「呼びかけ」といった特定の教育的行為に限定してしまえば、「促し」の受け手にはつねに一定以上の理解力が要求されることになる。しかし、人間の通常の発達段階を考慮に入れれば、「促し」の受け手に対してつねにある程度の理解力を期待することはできない。しかしながら、フィヒテは別の箇所で「促し」が「促し」の受け手にとって「概念的に把握される」必要性を説いている。こうなるとこの説明は妥当性をもたない。そこで藤澤は、フィヒテのこの議論には意識の形成 - 発展論的視点が欠けていると結論づけている。ただし、「意識の形成 - 発展論的視点」がまったく欠如しているかは疑問である。なぜならば、フィヒテが次のように述べているからである。「いったい最初の一組の人間を教育したのは誰であったのか」(SW.III. 39)。「彼らを教育したのは、人間ではない理性的存在者であった」(SW.III. 39)。「ある精霊が彼らの世話をしたのである」(SW.III. 40)。この文脈ではフィヒテは人間に対して、自己意識をまだもたない状態、すなわち「促し」を把握する理解力の未熟な状態を想定している。人間にとっては最初に「ある精霊」、すなわち「人間ではない理性的存在者」によって教育が施されるのである。「人間ではない理性的存在者」とは神(Gott)と考えてよい。この「最初の一組の人間」と「神」との構図を、そのまま「生まれたばかりの赤ん坊」と「親に代表されるような大人」との構図に置き換えることができるならば、大人は理性をもたない子どもから内的なものを引き出し、理性をもつように(自己意識をもつように)働きかけることが可能となるのである。この場合、明らかに意識の形成 - 発展論的視点も考慮されているとみることができよう。

デュージングはこの見解を後押しする。上記二氏の解釈とは別の観点から彼女は、多くの人間たちのあいだで、ひとりの人間が少なくともつねに絶え間なく形成されていなければならないという時間的な視点を取り入れて、「大人による継続的な呼びかけ(Ansprechen)」をフィヒテが要求していると解釈している。また、この継続的なよびかけによって、子どもはしだいに自分の自由を意識し、自由を正当に使用するようになるので、教育学的な意味において継続的な「促し」の作用は人間を自己意識へと高めるために不可欠な段階であると断じている。

等根源的な相互作用を前提とした他者論

最後に、知識学や『知識学の原理に従った自然法の基礎』（一七九六年、以下『自然法』）、『道徳論』にみられる相互人格性論の相関関係を論じる。

ジープは『自然法』が従った「知識学」を『基礎』とみている。その理由は、著作の成立年代順からも妥当であるし、内容面、形式面からも推定されるからである。ジープによれば、『基礎』で展開された超越論的演繹は実際に『自然法』のような応用実践科学の場で論じられる必要があり、超越論的な概念が実際に現実的個体において意識されなければならなかった。つまり、いずれの個人も『基礎』で演繹されたものを彼の自己感情や実際の意識の中で発見し、再吟味できなければならないということが要求されていた。にもかかわらず、『基礎』においてこの要求が実際に果たされることはなく、この意味でその検討は不十分だったとされる。

フンターによれば、フィヒテの相互人格性論は、まず『基礎』において、それから『自然法』『新方法』『道徳論』の順で取りあげられた。この中では、『基礎』だけが年代的に先行しているので、『自然法』や『道徳論』は『基礎』の原理に従って相互人格性論を展開しているとフンターは考えている。ただし、『自然法』や『道徳論』とほぼ同時進行で、『新方法』の執筆も行われている。だから、「知識学」（『基礎』と『新方法』）と応用実践科学（『自然法』と『道徳論』）との親密な関係を理解しなければ、フィヒテの相互人格性論を忠実に把握することは難しいとされる。

バウマンスは、ジープとフンターに比して、『自然法』における相互人格性論に対しては批判的な見方をする。『自然法』が「知識学の原理に従って」進行するのであれば、本来『基礎』において社会的諸原理が超越論的に演繹されていなければならない。しかし、実際にはそのような演繹がなされなかったため、『自然法』ではその埋め合わせをよぎなくされてしまった。そのため、フィヒテは『自然法』において、『基礎』に合うように論を進めるが、知識学の成果の適用とはみなされない部分を扱わざるをえなくなってしまった。『基礎』と『自然法』とには、こうした論理的断絶があり、この断絶を検討することが課題だとされる。

ジープとフンターの議論においては、『基礎』にみられる相互人格性論の端緒が『自然法』と『道徳論』において現実的なレベルで検討された、と総括できる。しかし、ここで問題になるのが、これまでの議論では立ち位置が不明瞭だった『新方法』の果たした役割である。

『基礎』においてフィヒテは、最高原則として自我の絶対的自己定立（自我は根源的に端的に自己自身を定立する）を提示し、一切をこの原則から説明しようと試みているが、『新方法』においては自我の絶対的自己制限（私は私自身を対立することとして定立する）（GA.IV, 30）を中心課題としている。最高原則を深化させた背景には、自我の自己定立と非我の反立とを、自我性から同時に導くための論理的な整合性を確保したいという事情があった。『新方法』における最高原則は受動であると同時に能動であるような、自我の絶対的な自己限定という原則である。換言すれば、この原則は、自己定立だけではなく、それと同時に自己否定を含むような自我の働きを意味する。この変遷は、フィヒテの自由論の変化と連動している。すなわち、『基礎』における自我の無制約的な自由が『新方法』において絶対的自己制限としての自由へと深化したのに酷似している。フィヒテは、ここで、自我が自らを制限することを規定するという側面から、自己制限を包摂する自由を論じていたとみられる。

知識学の屋台骨である最高原則の深化が、相互人格性論に直接的に与えた影響は大きい。『自然法』や『道徳論』で展開される相互人格的関係は、「各人が自分の自由を他者の自由によって制限するという条件のもとで、各人が自分の自由を他者の自由の可能性の概念によって同時に制限する関係」（SW.III, 52）と定式化される。この定式は、深化した自由論の叙述と内容面で酷似しており、これを考慮に入れれば、知識学における最高原則の変化がそのまま『自然法』や『道徳論』における相互人格性の議論へと引き継がれたとみなすことができる。時代順としては『基礎』に従った『自然法』や『道徳論』ではあったかもしれないが、『自然法』や『道徳論』は『新方法』とほぼ同時進行で構想されていたので、内容的には『基礎』から『新方法』への変化に従った『自然法』であり、『道徳論』であったといえそうだ。

さて、『新方法』においては純粋自我から個別的自我がいかにして現れるのかが論じられている。『新方法』における個体化論＝相互人格性論の発端は、自己意識の陥る循環の問題を解決することにある。フィヒテは自己意識の構造を哲学的反省によって詳しく観察した結果、「目的概念の構想」と「客観の認識」との循環を発見し、この循環を解決するための糸口を、目的概念の構想と客観の認識とを「総合的に合一すること」(GA.IV, 130) に求める。目的概念の本質は自由であり、客観の認識のそれは被制限性であるから、「制限されていなければ自由ではないような自由と、制限された自由でなければ被制限性ではないような被制限性」(GA.IV, 130) とが提示されれば、循環は回避される。

こうした循環の解決によってえられた自己意識の条件としての「理性の国 (Vernunftreich)」から、個体はいかにして導来されるのか。『新方法』において個体化とは、規定可能なものから規定されたものへの移行として説明される。自我は、規定可能なものの領域から、ある部分をつかみ出す (herausgreifen) ことによって自分を規定する。自我は、規定可能なものに促されることによって、規定可能なものの領域からある領域を選択するのである。ここに『新方法』固有の論法がある。すなわち、『自然法』や『道徳論』では自我の自由な活動を促すのは他我 (他の理性的存在者) だったが、『新方法』では単なる個々の理性的存在者だけではなくて、理性的存在者の集合＝理性の国となる。感性界において自我が自分を他我から区別するという個体化は、叡知界すなわち「理性の国」において自我が自分を「つかみ出すこと」と説明される。「個人は理性の国の全体という集合からあらわれる」(GA.IV, 179)。そして、この「つかみ出すこと」という主体による自由な行為は、他者からの「促し」によって行われる。それゆえ、他者による「促し」は、個体化という意識活動が生じる最初の瞬間にすでに行われている。意識の発生段階において他者の存在は不可欠であり、フィヒテにとっては自己と他者との等根源的な相互人格的関係が意識の生起時にすでに前提とされているのである。

主要参考文献

本章でのフィヒテの引用については、『新方法』はアカデミー版全集（GA）を使用し、それ以外の著作（『基礎』、『自然法』、『道徳論』）では小フィヒテ版全集（SW）を使用した。引用箇所の巻と頁はそれぞれローマ数字と算用数字で示した。

清多英羽「フィヒテの相互人格性論にみる自己‐他者関係の教育学的考察」『教育哲学研究』第八五号、教育哲学会、二〇〇二年

L・ジープ『ドイツ観念論における実践哲学』（上妻精監訳）哲書房、一九九五年

E・カッシーラー『自由と形式』（中埜肇訳）ミネルヴァ書房、一九九八年

大峯顯『フィヒテ研究』創文社、一九七六年

高田純『実践と相互人格性』北海道大学図書刊行会、一九九七年

藤澤賢一郎「フィヒテ自我論の射程」『講座ドイツ観念論　第三巻』（廣松渉他編）弘文堂、一九九〇年

Edith Düsing, *Intersubjektivität und Selbstbewußtsein*, Dinter, 1986.

Peter Baumanns, *Fichtes ursprüngliches System*, frommann-holzboog, 1972.

第七章　子どもと超人
―ニーチェの思想と教育学的理解―

相澤　伸幸

第一節　ニーチェの根本語

ニーチェの経歴

フリードリヒ・ヴィルヘルム・ニーチェ（Friedrich Wilhelm Nietzsche, 1844-1900）はキリスト教への批判者という印象が強いかもしれないが、ニーチェ家は代々プロテスタントのルター派牧師である。祖父は教区監督を務め、父もプロイセン領ザクセンにあるリュッツェン近郊のレッケン村の牧師であり、母も牧師の娘であった。フリードリヒはその長男として生まれ、他に妹と弟がいたが、フリードリヒが五歳を迎える前に父親が怪我で亡くなり、同時期に弟も亡くなってしまった。これがきっかけで、彼は祖母と母と妹と二人のおばとともに故郷を離れることとなった。

彼は早熟で内向的性格であり、若い頃より語学や音楽の才能があった。家族からは当然、牧師になることを期待されていたにもかかわらず、大学生のときに神学と信仰を放棄する。これはニーチェ家にとっては大事件であり、一族にとってもそして周囲の人々にとっても許されるものではなかった。しかしニーチェは、師リッチュルのもとで古典文献学に没頭する。そして一八六九年二月、彼は二四歳の若さでバーゼル大学の古典文献学科員外教授に内定し、翌年に正教授に就いた。前年から続いていた採用人事が、紆余曲折はあったものの最終的にニーチェへと落ち着いたことは、リッチュルの強い推挙によるものであるが、当時誰もが予想していなかった大抜擢である。ついに新進気鋭の学者ニーチェがここに誕生したのである。

ニーチェが神学ではなく古典文献学に興味が移った動機は何だったのか。その推測のためには、彼が一八歳のときに書いた文章がおそらく参考になるであろう。そこには、洗練された時代においても民衆の中から暗い予感が泉のようにいつも湧き出ており、それがしだいに純粋化してくると書いてある。これはつまり、明朗で洗練されたポジティヴなギリシア世界の底には、暗く不合理なネガティヴな民衆的感情があるという二重構造が指摘されており、これらは（光の神アポロンと対照的な）夢や陶酔の神ディオニュソス的思想の萌芽を予感させる。彼はこうした論を追究していくために、神学ではなく古典文献学にその可能性を見いだしたのかもしれない。バーゼル大学の員外教授になったときにはすでに古典文献学に対してさえも違和感を抱いていたといわれており、彼の学者としてのデビュー作『悲劇の誕生』（一八七二年）では、歴史に関する客観的な認識が不可能であることを述べ、合理的解明よりも神話世界を重視し、史実よりも伝説が、歴史よりも文学が歴史事実をより多く伝えると主張し、古典文献学も含めた既存学問に対して強烈な批判を展開していった。統制された国家や宗教よりも、原初の暗く荒ぶる神話的自然との関わりに人間性の基盤を置くニーチェの考えは、当時の学説から外れるものであり、それ以降、師や学会からは完全に無視され、学者生命が絶たれたと周囲から評される中で、ニーチェは独自の思想を展開していったのである。

「力への意志」と「永遠回帰」

ニーチェの著作物としては、『悲劇の誕生』や『反時代的考察』（一八七三‐七六年）、『ツァラトゥストラはこう語った』（一八八三‐八五年、以下『ツァラトゥストラ』と略記）のように出版されたものと、アフォリズムとよばれる多くの断片的記述がある。アフォリズムは論理性あるいは系統性をもたず、相互の文脈的なつながりを意図的に断っている。一般的なニーチェ研究の手法では、著作だけではわかりにくい意味を、アフォリズムなどを参考に解釈していくことが多い。つまりニーチェにおける重要な概念は、断片的なアフォリズムを重層化することで概念内容に肉づけされることが多く、まとめることは容易ではない。断片であるアフォリズムのみを参考にして重要概念を取り出すことは難しくないのだが、それは単なるメモかもしれないので、引用箇所や文脈、執筆時期や精神状態などを考慮せずに読んでいくことは避ける必要がある。都合のよい部分だけを引用するなど、取りあげ方によって意味や評価が変わってしまったり、編集的操作において恣意性が織り込まれたりするために、その解釈に論争や誤解が生じてしまうことはよくある。

ニーチェの主張した重要概念として、「力への意志（der Wille zur Macht）」「同じものの永遠回帰（die ewige Wiederkunft des Gleichen）」「超人（der Übermensch）」「ニヒリズム（Nihilismus）」などがあり、その他、たとえばハイデガーならば、これら四概念に「正義（Gerechtigkeit）」を加えた五つをニーチェ思想の主要概念として捉えてニーチェの形而上学を論じた。この五つ以外にも、「運命愛」「遠近法」「大いなる正午」「ディオニュソス」「ルサンチマン」「神」あるいは「神の死」なども重要であり、どれもニーチェ理解の鍵となる概念である。本章ではこれらの中でも、力への意志、永遠回帰、超人の三概念に着目し、彼の思考の軌跡を理解したい。

まずは「力への意志」を取りあげたい。ニーチェの中では当初、意志（Wille）と力（Macht）について別々に考察していた。はじめ彼は「意志」に重点を置いており、最下層そして最内奥にあるものは、理性ではなくあくまでこの意志であり、これを生命の根源的な動力源とみなしていた。意志を中心にする思想は、シェリングやショーペンハウアーから続く、ドイツ思想の流れに即したものである。もう一方の「力」は、それ自体で実体として把握できる存在物ではなく、量的な性格をもつ。それゆえ力が力として把握できるのは、その差異が認識された場合である。この「意志」と「力」をあわせてニーチェは「力への意志」という独自の術語（概念）を発明した。もともと「力への意志」はいくつかある意志の一形態であったが、彼はしだいに「意志」ではなく、その向かう先の「力」に重心を置くようになる。そして一八七六年末から翌七七年夏に書かれた断片に「力への意志」の表記がついに出現し、書籍では『ツァラトゥストラ』の中で用いられている例が初出である。

この「力への意志」とは、より多大に、より強くなろうという意志である。自己が自己として存在するために絶えず生成し続け、しかも強くなることを彼は求める。つまり「力への意志」とは力の成長形態であり、つねに自己を超えようとするわれわれの生命そのものということになる。したがってこの力は量的な性格だけでなく、さらに質的な性格ももつ。こうして力への意志の思想は、彼の内面において修正を重ねながら徐々に形成されていったのである。

続いてもう一つの重要概念である永遠回帰について説明したい。一八八一年八月にニーチェがスイスのジルヴァプラーナ湖畔のジルス・マリーアの地において、永遠回帰思想の到来を瞬間的に経験したことがすべての始まりである。それ以来、永遠回帰説はニーチェの頭から離れず、『悦ばしき知識』（一八八二年）にてその構想が初めて披露された。永遠回帰とは簡単にいうと、すべてのものは生成し、永遠に回帰するという思想であり、最も強力な思想と彼は考えた。永遠という感覚によって時間がもはや無意味になり、あるいは瞬間という点においても時間が打ち消され、さらに目的という方向さえも回帰による循環によって消滅する。すなわち永遠の中に一瞬を認識し、一瞬の中に永遠を認識することで、世界から時間という属性を取り除くことができる。さらに回帰は直線ではなく円環を導くことでもあるので、始点と終点が結びつき、そこに明確な方向や向かうべき目的、あるいは生と死という観念すらも取り除かれる。一見すると永遠回帰の思想は、自分の尾を飲みこむウロボロスに代表されるような古代の円環的世界観への後戻りとも捉えられるのだが、同一性も統一性も目的性も無化することで破壊する永遠回帰思想を、ニーチェはおよそ到達しうる限りの最高の肯定の定式と語っており、最大限の自己肯定をもたらすと評価している。

ニーチェにおける重要概念の序列

徐々に概念が固まっていった力への意志と、突如の啓示である永遠回帰思想の次に着目すべきは、有名な超人についてであろう。『ツァラトゥストラ』の冒頭から超人の描写がある。ツァラトゥストラが山を下り、近くの町に入った。ちょうどその町の市場では、民衆が集まっており、綱渡り師がその芸を披露するところであった。それを見て、ツァラトゥストラは民衆すなわち人間たちに超人について教えようとする。

わたしはあなたたちに超人を教える。人間とは超克されるべき何かである。あなたたちは人間を超克するために何をなしたか？ これまでのすべての存在者は、自分自身を超えてゆく何かを創造してきた。（VII, 8）

人間とは、動物と超人のあいだに張り渡された一本の綱、――ある深淵の上の一本の綱である。（VII, 10）

ツァラトゥストラはある意味、教育する者としての役割を自認していた。ニーチェは別のアフォリズムにおいて超人を「わたしの問いは、人間にとってかわるものはなにか、ということではない。どのような種類の人間を、より高い価値をもつものとして、選び、欲し、育成すべきか、ということである」（VIII2, 11［413］）と語っている。しかし、民衆はツァラトゥストラを嘲笑し、その話に耳を貸そうとしない。それでもツァラトゥストラは説きつづけ、人間は超人へと至る綱の上にいることを教えようとするのである。

超人とは、一義的に規定されにくい性格をもっている。第二節以降でその誤解を正していくが、あえて戯画化された通俗的な定義を示すと、通常の人間よりも能力面ではるかに超越性や卓越性を備えている者という意味であろう。自由奔放に振る舞うギリシア神話の神々と異なり、近代の宗教では、神が絶対かつ完全な唯一の存在として人々に意識されやすい傾向にあった。したがって、神の完全性に類似する超越性を備えた存在は、それほど想像しがたいものでもなかったので、人々がニーチェの語る超人に通俗的イメージを重ねあわせたのも無理はない。

これら力への意志、永遠回帰、超人の三概念の着想の時期としては、力への意志から永遠回帰そして超人という順になる。この順序がニーチェの思想構築の軌跡であり、ある程度の解釈の道筋を見いだすこともできそうである。一方で彼の思想の説明や連関には矛盾点も多く、その矛盾性がむしろニーチェの特色であるという指摘も多い。

『ツァラトゥストラ』での論点を追うと、まず冒頭の「神は死んだ」という言葉から始まり、超人から力への意志、そして永遠回帰という順序で論じられているので、テーマや論点が変幻自在に変化するのがニーチェらしいのであり、着想順と重要性の序列を関連づけできないともいえるだろう。力への意志、永遠回帰、超人の三つに限っても、どれを主題としているかは文脈に応じて変化しており、重要性の序列は明確ではない。だが少なくともいえることは、超人思想がニーチェの思索の中でも形成論という観点で展開されていたことは確かであり、ニーチェの思考過程や重要性の変化を知る上で参考になるので、これを手がかりに教育学的に考察できるであろう。

第二節　ニーチェの教育学的分析

教育者としてのニーチェ

哲学ではなく教育哲学や教育思想史でニーチェはいかに捉えられているか概説書を繙いてみると、おそらく『ツァラトゥストラ』の書名か、超人についての記述をいくらか見つけることができるかもしれない。あるいは、価値観や道徳観の絶対化に対する批判等で言及されることもあるだろう。だが、たとえ触れられているとしても定型的な理解に留まるものばかりであり、教育の本質的な議論との関連において考察される機会は少ない。誰もがニーチェを重要視しつつも、いかに重要であるかをはかりかねていた。哲学や宗教学などと比べて教育学では、ニーチェ研究はどちらかというと敬遠されてきたといえる。それは専門的な学術誌における論文数などを見てもわかる。

敬遠されてきた理由は、何よりもニーチェには体系的にまとまった教育学的文章がないことによる研究の難しさが要因であろう。しかし思い出してほしい。彼はそもそも若くしてバーゼル大学の教授となった人物であり、つまり教育者である。ニーチェにとっては古典文献学でさえも「同時にそれが美学でもあり哲学でもあり、しかも究極するところ〈教育学〉でなければならない」（信太、二九四頁）のである。

ニーチェが自分の教育観を率直に述べたものとしては『悲劇の誕生』の他に、公開講演としてバーゼル大学で五回行った「われわれの教養施設の将来について」（一八七二年）と、『反時代的考察』の第三篇「教育者としてのショーペンハウアー」（一八七四年）があり、その内容から、ニーチェの教育に対する取り組みや思いはある程度把握できる。彼の教育的思考の歩みを直接探る先行研究は、ほとんどがこれら一八七〇年代の論考に依拠しており、バーゼル大の講演では教師論や教養教育や実学教育へのニーチェの思いや具体的な教育改革の方向などが語られ、『反時代的考察』では極めて個人的な視点からのショーペンハウアー像が述べられている。こうした彼の初期教育思想の特徴は、古代ギリシア人や音楽家ヴァーグナーや哲学者ショーペンハウアーを具体的な指導者あるいは教育者としてみなした上での教育論である。しかしそのあとは、しだいに内容が具体論から抽象論へ変化していき、一〇年も経たないうちに彼ら先人たちへの期待はむしろ幻滅に変わっている。そして一八八〇年代以降は『ツァラトゥストラ』が主対象となる。ニーチェの主著『ツァラトゥストラ』は「たんなる文学的、学問的、哲学的作品ではなく、むしろ人間の生における現実の大きな影響を与えうる類のない教育的仕掛」（Schacht, 323）であり、そこでは超人概念、永遠回帰思想、そしてツァラトゥストラ自身を中心とした、自己克服に関する教育思想が展開されている。

ニーチェの死後、超人や超越といった視点はまた、彼の教育観を述べることが目的ではなく、彼自身を一種の教育者として捉える動き、あるいはカリスマとして崇拝する動きを誘発した。さらに彼をめぐる思潮はしだいにナチズムへと巧みに収斂する。たとえばナチス政権が成立する年にベルリン大学の政治教育学の教授となり、ナチスにおける焚書の主導者でもあったボイムラーは、力への意志を重視し、政治的に解釈した。それは、強い力をもつ者が弱者の負の感情であるルサンチマン（ressentiment）をはねのけるべきだという解釈で、ナチズムの精神的支柱へ組み込まれた。またヒトラー自身、ニーチェの妹エリザベートの導きでヴァイマールのニーチェ文書館を訪問したので、この時代の内容理解の際には、その背景も含めて細心の注意が必要である。

最近になり研究環境は改善しつつある。ドイツをはじめとする各国でニーチェ研究が進み、文献も整理され、これまで入手困難な文書も公開されてきた。教育者としてニーチェを捉える考察は現代でも続いているが、それらは一定の研究水準を保っているものが多い。日本の教育学分野でのニーチェ研究も目につくようになり、専門的な教育哲学の枠組みの中でニーチェが言及されたり、彼の思想が題材として扱われたりするなどして、先行研究や論点がかなり整理されている。そこで、今度は現代教育学をふまえて検討してみる。

超人と教育

さて、これまでいくつか鍵概念を挙げてみたが、そのうち多くの教育学研究者が言及しているのはやはり超人であるので、この点から説明を始めたい。

超人の概要はすでに説明したとおりであるが、ニーチェがいつ超人というモチーフに出会ったかは明確ではない。ニーチェ以前にヘルダーやゲーテの使用例もあり、彼らからの影響が指摘されることもある。

通常、超人といったならば人間的能力の卓越性を強調したものであるが、これでは自己克服を含むまで至っていないために通俗的である。ニーチェの超人には、自己の超越や克服の性格が強く含まれており、若いときに深い意味はなく一度使用したことを除いて、書籍上では一八八一年の『曙光』や一八八三年の『ツァラトゥストラ』以外に使用例はない。ニーチェ思想の代名詞でもある、自己超越や克服など自己形成の意味を強調した「超人」という概念は、彼の思想において突如現れ、消えたことになる。したがって、超人概念の出自とあわせて、その概念がどのように理解され受容されてきたかたどる必要がある。超人に対峙する姿勢は、問題意識を伴った課題としてよりもむしろ、超人という概念に魅了されてきたといえるだろう。特に教育学で、いわゆる超人をめざした教育という捉え方は、難解なニーチェの思想の中では単純で理解しやすく受け入れやすいものであるがために、人口に膾炙してきた。だがそうした概念の単純化は多くの問題点を生みだしてきたことも事実である。一方で、解釈の多様性は芳醇な思想的深化に有益となりえたが、それとは逆に安易な解釈が横行し、解釈に対する賛意、反発、嫌悪など多くの作用と反作用をもたらした。自己を極限にまで高めていくのちに現れる超人というモチーフは、英雄崇拝や絶対的権威を生みだす温床にもなりやすく、そのような一義的解釈への志向性は全体主義への強制力として作用しやすいことは、歴史的事実として明らかである。その解釈の歪曲さで際立っているのがナチズムの解釈であり、これが原因でニーチェ思想に不幸な歴史が刻まれている。

近年ではいくぶんその反応も落ち着き、むしろ言及される機会が多くなっている。超人に対する評価はまだ分かれており、特に教育学においては、超人という形態こそが現在の教育哲学にとっても実際的価値をもつという主張がある一方で、これまでの反省から超人を教育学での構想として理解してはならないと述べる教育学者もいる。教育学者自身が超人に対してどのような立場をとり、主張を展開するか。その方針や内容によって論じる者の人間性までもが浮き彫りにされることもありうる。ニーチェの思想はある意味、近代思想を分析するための精神的思想的試金石であり、それを前にしてわれわれは黙することなく論じなければならない。

三つの変化

超人概念に関して教育哲学での問題意識を確認する場合、超人単独で示される場合よりも、超人とともに展開される諸々の概念、たとえば「おしまいの人間（der letzte Mensch）」「子ども（Kind）」「三つの変化（drei Verwandlungen）」「形成（Bildung）」など一連の人間形成モデルに関わる概念とともに論じられることが多い。その中でも圧倒的に論じられているのは、子どもを媒介とした考察である。

子どもが教育学ではなじみ深い対象であることはいうまでもない。この子ども概念がニーチェの超人と深い関連があることは『ツァラトゥストラ』を読めば明らかで、「無垢の遊戯する小児を超人の比喩と解することができるように思われる」（矢島、一八四頁）というのが代表的な意見である。つまり超人の理解には子ども理解が欠かせず、その根拠となるのが精神の「三つの変化」（VII, 23）であり、それを読めば両者の紐帯は理解できる。

ニーチェは精神が三様に変化すると考え、それを次のような比喩で考えた。一つめは、ふつうの精神が、「汝なすべし（Du-sollst）」という重荷や義務に耐えつつ欲する強さをもちながら自分の砂漠を進むラクダ（Kamel）への変容である。そのラクダはしだいに自由や自己への畏敬を求めるようになり、現在の服従している自己を徹底的に否定するようになる。そこで二つめの変化として、「我欲す（Ich will）」というライオン（Löwe）へと変容する。この一切を拒絶したライオンは世界を創造できず、まだ否定や破壊の要素を残しているので、その先にあるのは自己否定をも否定してしまうことである。だが、自己否定を否定することで何ものにも拘束されない新たな精神や創造性の萌芽を獲得することができ、精神は次の変化、つまり無垢な子ども（Kind）となる。これが三つめの変容である。ニーチェにとって子どもは、創造の遊戯の境地において自由自在に諸価値を創造する性格を有しており、神のような超越的存在を前提としていない教説においては、いわば無心の境地にいる。「子どもは無垢、忘却、一つの新しい始まり（ein Neubeginnen）、遊戯、自分で回る車輪、最初の運動、そして聖なる肯定である」（VII, 23）。

この三つの変化は、他者を超えて自分を克服していく自己形成の姿を描いていると一般的には解釈されており、それゆえ、三つめの変容である子どものもつ重要性は揺るぎなく思える。しかし、これらの変容は連続した段階的な発展なのか、そして子どもと超人は人間形成の最高位として理解してよいのか、こうした点を再確認する必要がある。超人と子どもの紐帯は疑えないといいつつも、一方で両者のあいだに意味の大きな隔たりを感じるのは、それほど理解しがたいものではない。超人と子どもという組みあわせはどうしても不自然である。そこで、いくつかの再確認すべきことがあるので、これからそのようなイメージを微調整しながら、教育学でのニーチェの意義を確認したい。

第三節　教育概念の再把握への要請

超人と子どもについて多くの研究者が言及している。たとえば、「この二つのイメージはとても重なるようには見えない。しかしこうした対立したイメージそのものが誤っている」（細川、八二頁）という理解を受け入れて考えるならば、ニーチェが超人についても子どもについても多くを語っていない以上、あとはわれわれがどのように解釈するのか、それを提示する必要がある。本節では両者の関係について再確認すべき点を三つ補足しながら教育について考えていきたい。

自己克服　―第一の補足―

第一の補足は、『ツァラトゥストラ』の三つの変化に関することである。われわれは三という数字から連想して弁証法的に理解しがちであるが、それは勇み足だろう。たしかにニーチェはヘーゲルを高く評価しており、ニーチェの絶えざる生成や発展という思想にはヘーゲル思想との類似性が織り込まれている。しかしニーチェはヘーゲルについて多く言及しつつも、弁証法的思考については評価を明確にしていない。そのため、いまだにニーチェとヘーゲル弁証法との関係については意見が分かれているのが実情である。つまり、ラクダからライオンそして無垢な子どもという三つの変化についての極めて象徴的な意味をめぐって、この三様と超人とのあいだに何らかの関係性を見いだそうとして先行研究では苦労してきたが、ラクダ、ライオン、子どもという変容を必ずしも弁証法的に理解する必要はないのである。これらをあくまでも思考過程の比喩として捉えて、具体的存在としてのイメージに縛られるのではなく、むしろ変容プロセスにこそ注目すべきであろう。もし弁証法的思考で捉えるならば、それは神の観念へと至る右肩上がりの直線的発達観になってしまい、ニーチェの根本思想である永遠回帰やアンチ・キリストとは異なる。彼が志向していたのは段階的ではなくむしろ円環的な人間形成論である。それゆえに「獅子と幼児とが、互いに前提し合う」（細谷、一九二頁）関係を志向していたので、ラクダやライオンからのアウフヘーベン（止揚）によって子どもへと変容するのではない。

直線的な発達観は、畢竟、時代や歴史も成長も直線的なものとして捉えることを前提とすることであり、そうした直線的な見方は、世界の終わりである終末にまっすぐに向かっていく宗教的な歴史観（終末論）にほかならない。先ほど引用した「一つの新しい始まり（ein Neubeginnen）」（VII, 23）という文言の不定冠詞（ドイツ語の ein）に着目するならば、これは唯一性を強調する定冠詞ではなく、再び始まりがあることを予感させる不定冠詞である。永遠回帰と重ねあわせるならば、ニーチェの考えていた発達観は直線的なものではなく、同じものの円環的循環であるという考えに行きつくのは当然のことであろう。『ツァラトゥストラ』で、おしまいの人間はぴんと張られた一本のまっすぐなロープの上を渡っていたが、そこから落ちてしまう。つまりは直線的な歴史観・発達観等は終末論的な形態であり、いずれは落下や没落という破綻状態に陥ることを暗示しているのかもしれない。そこには、近代の教育的思想に特徴的な進歩や発展という考えを乗り越えるべきとする見方が提起されているとも読み取ることができる。

だからこそ超人も、限界を超える人間として捉えるよりも、その自己形成あるいは自己克服としての超えることそのものを強調した、いわば「人-超」という人間形成的理解の方が、現代の教育学では受け入れやすいだろう。そのために第一節において、あえて「人間よりも能力面ではるかに超越性や卓越性を備えている者」としての超人観を「戯画化された通俗的な定義」と語ったのである。変容としての超えわたりは積極的自己生成であり、そうした能動的人間形成プロセスには、独善性や優位性や絶対性や進歩性はない。超人を存在者として崇拝したり、一義的や人種的に理解したりすることはもはや歴史的産物である。

最近の教育学研究では、ニーチェが子どもという表現を用いたのは、対話を通じて引き出されるものとしてのソクラテス的助産術のメタファーであるというシャハトによる解釈や、この三つの変化は人間形成過程に関する自由な立場からの考察の素描であり、人間形成の哲学的目論見が実現可能であることの実例としてニーチェ個人の実際の人間形成の歩みを提供しているという理解がニーマイヤーによって示されている（主要参考文献を参照のこと）。この指摘は、教育哲学の観点からの解釈として有意なものであり参考にすべきであろう。

子どもが意味するもの　―第二の補足―

第二の補足は、子どもという存在に対する認識を再調整すべきではないかという点である。子どもという存在あるいは観念を、おもに教育する側である大人は無垢で純粋で庇護すべきものとして捉えてしまうが、それはロマン主義的な思想を意識しての理解であり、一八世紀前後から強まった主張と理解してもかまわないだろう。特に、訓育や教導の主要対象として子どもを意識していた近代教育学では、その影響を強く受けている。子どもは原罪をもち邪悪で性悪なものであるという主張を、ルソー以降の近代思想に見つけることは難しい。むしろ、ルソー、ペスタロッチ、フレーベルなど当時の教育者や教育思想家によって、それまで無視されてきた子どもという発達段階が強く是認され、自立的で肯定的な高い価値を獲得した子ども観と、ニーチェの記述がまさに呼応した結果、超人と子どもの紐帯は明確になったのである。

たとえば、ニーチェの影響を受けた近代の教育学に関連する、子ども中心主義を標榜する思想家の二つの主張を紹介しよう。ニーチェの亡くなった一九〇〇年、ニーチェ思想の影響を受けたスウェーデンの女性思想家E・ケイは、『児童の世紀』の中で、二〇世紀は子どもの世紀であると宣言する。彼女はルソーやフレーベルの思想だけでは満足せず、子どもが自分で生活し、子ども自身で完成することが必要であり、子どもの形成を自然に任せて、これを助けるのが教育であるという教育革命を提唱した。また、青年期の心理状態を疾風怒濤の時期と表現したことで有名な合衆国の心理学者ホールも一九〇一年の論文で、人間が超人（superman）のようなより高次元の成熟段階に到達するためには、子ども中心の教育システムこそが理想的で近代的意義をもつと述べた。こうした子どものイメージが積み重なることにより、超人と子どものあいだにある壁が低くなっていったのである。

だからこそ二一世紀の現在、ニーチェの再確認には意義がある。彼の提示した諸概念を理解することは、われわれがこれまでの教育における思想を相対化し、批判的に吟味し、様々な教育現象に対する解釈を深化していくことに資するからである。超人と子どもの関係をあらためて考察することは、その取り組みの端緒として最適である。

現代の教育学とサムシング・ネガティヴ　―第三の補足―

第三の補足は、従来のニーチェ解釈の反省として、超人概念のもっている超越性や完全性ばかりに意識が集中しがちだったと指摘できる点である。ニーチェ思想の過度な受容あるいは反発を招き翻弄されてきた歴史は、その意識が強すぎたことが一因であろう。超人という名称における「超」は否定の意味を含んでいるというハイデガーの指摘もあるように（N2, S.263、邦訳Ⅱ二七一頁）、本節で強調したいのは、そうした超人の完全無欠な性格よりも、「子どもと超人」と並列して語ることによってもたらされる、一種の存在構造の特殊性である。この特殊性は「生物学的生理学的な意味において、子どもの不完全性や未熟さ、（生物学的本能の）欠如や欠陥性、あるいはさらに、哲学的存在論的な意味における非確定性や未決性など」が強調されたことによって浮かび上がる。教育学の立場では「これらの「未」「非」の文脈で子どもの在り方を理解することにおいて教育成立の固有の根拠を語り、教育の意味や役割の多くを基礎づけ」（皇、一〇六頁）てきたし、むしろ語ることが可能になったともいえるであろう。この指摘は、まさに近代教育学の本質を言い当てている。「未」「非」という概念は、近代の「子どもから（vom Kinde aus）」の合言葉のもとで二〇世紀の教育概念を豊かにしてきたことは確かである。

そしていま、『ツァラトゥストラ』の子どもの存在構造に特殊性を付与することは、純粋無垢な子どもというロマン主義的イメージからの脱却を促し、むしろ子どもの存在論的な独自性を浮かび上がらせる。この過程で子ども理解がより深まり、近代の概念規定に参考になるいっそうの多様性を導入することにもつながる。さらに、子どもの存在論的特殊性をもとに超人について考察することは、新たな教育概念の提起をもよびおこす。特殊性を例外とみなすのではなく、特殊性の中に普遍性や一般性を見いだすこと、それはニーチェが直接意図したことではないが、今日のわれわれが到達できる、ニーチェの意図に沿った理念の実現であり、第二の補足事項を補完するものである。

本書全体のモチーフである、教育学がアカデミックな学問として成立する以前の教育的思考の歩みを繙いてみると、たとえばゲーテを始めとした近代の思想家がめざしたのは、目的や目標に向けての（人間を含めた）自然の完成であり、これが形成（ビルドゥング）である。それはある意味、一八世紀の諸思想に包摂されていた人間理解の影響を受けてのことだったのかもしれない。つまりカントが『啓蒙とは何か』の冒頭で述べているような、まだ自分自身で考える決意が欠如し他者の指導を離れていない未成年状態が思考の前提としてあり、そこからの脱却しようとする方向性が当時の精神構造に組み込まれていたと判断することもできるだろう。そのために啓蒙主義やロマン主義や新人文主義などの諸思想が、互いに影響を受けて成立した。そのような精神構造を考慮した場合、ルソーの欠如（manqué）やシェリングの欠如（Mangel）についての考え、あるいはヘルダーがいう欠陥動物（Mängelwesen）としての人間の捉え方は、動物本能の欠如態としての人間を表しているのであり、その欠如の補完である代替手段や内容が用意され、その作業を担ってきたのが教育方法や教育内容や教育施設である。この原理的体系化がアカデミックな教育学の誕生へとつながる。

そして、現代教育学における原理的特色を言い尽くすことはもちろん難しいだろうが、その一つとして本章で提示したいのは、発達の未熟状況の補償に向けた関わりという理解である。そして、現代教育学に深化をもたらした発達理解は、欠如、未熟、不完全、弱さといった何か消極的なもの（something negative）を前提とし、その補償、補完、助成、支援などの関わりが教育事象へとつながっていくという過程である。現代のわれわれは「欠」「未」「不」「非」という概念抜きで教育を捉えることはできないのだろうか。なぜそうした否定接頭語に代表されるサムシング・ネガティヴが存在の基礎基盤として教育学の前理解のうちに含まれなければならないのか。たとえばノンフィクションというのは、フィクションという成立基盤があってのノンフィクションなのであろう。しかし、フィクションとノンフィクションの境界が曖昧になった状況で、その境界づけにどこまでの価値があるのだろうか。

今後、近代以降進められてきた近代教育学の原理的歩みにいくつかの亀裂や破綻が生じた場合、われわれには実効ある適切な措置が求められる。その際の一つの視点として、発達の未熟状況の補償に向けた関わりに目を向け、教育学の存在基盤を再把握するような要請がありうるという提起で本章を終えたい。

主要参考文献

Nietzsche Werke, Kritische Gesamtausgabe, Hrsg. von Giorgio Colli und Mazzino Montinari, Berlin /New York, 1968ff. 原全集からの引用箇所は、ローマ数字で巻を、算用数字で頁あるいは断片番号を示した。翻訳は『ニーチェ全集（全二四巻＋別巻一巻）』白水社、一九七九‐八六年と『ニーチェ全集（全一五巻＋別巻四巻）』ちくま学芸文庫、二〇一〇年を参照した。

『ニーチェ事典』（大石紀一郎、大貫敦子、木前利秋、高橋順一、三島憲一編集）弘文堂、一九九五年

信太正三『永遠回帰と遊戯の哲学―ニーチェにおける無限革命の論理』勁草書房、一九六九年

皇紀夫編著『「人間と教育」を語り直す―教育研究へのいざない』ミネルヴァ書房、二〇一二年

田中智志『人格形成概念の誕生―近代アメリカの教育概念史』東信堂、二〇〇五年

細川亮一『道化師ツァラトゥストラの黙示録』九州大学出版会、二〇一〇年

細谷貞雄『ニーチェ特殊講義』（杉田泰一、輪田稔編集）東北大学出版会、二〇一三年

松原岳行『教育学におけるニーチェ受容史に関する研究』風間書房、二〇一一年

村井則夫『ニーチェ―ツァラトゥストラの謎』中公新書、二〇〇八年

矢島羊吉『ニヒリズムの論理―ニーチェの哲学』福村出版、一九七五年

Martin Heidegger, Gesamtausgabe Bd.6-1 (N1), 6-2 (N2). *Nietzsche*, Frankfurt am Main 1997.『ニーチェⅠ・Ⅱ』（圓増治之訳）創文社、Ⅰ二〇〇〇年、Ⅱ二〇〇四年

Richard Schacht, A Nietzschean Education: *Zarathustra/ Zarathustra* as Educator. In: A.O.Rorty (ed.), *Philosophers on Education*, London, 1998.

Christian Niemeyer, *Friedrich Nietzsches "Also sprach Zarathustra"*, Darmstadt, 2007.

第八章　精神諸科学の基礎づけと人間への視点
―ディルタイの教育学と人間学―

走井　洋一

第一節　精神諸科学の基礎づけ

精神諸科学の基礎づけという課題

ヴィルヘルム・ディルタイ（Wilhelm Dilthey, 1833-1911）の生涯にわたる研究は、精神諸科学（Geistes-wissenschaften）の基礎づけに捧げられたといってよい。ディルタイは科学（Wissenschaft）を「その要素が概念である命題の総体」、すなわち「完全に規定された概念が思考の連関全体の中で一定で普遍妥当的であり、その結合が基礎づけられ、最後に各部分が一つの全体のために分与されるような命題の総体」（I, 4）として捉え、その全体を自然科学と二分する精神科学が、まだ自然科学ほどには十分に基礎づけが行われていない現実をふまえて、その基礎づけを自らの生涯の課題とみなしたのである。ただ、そのことをもって自然科学と精神科学を対立的に捉えたとする見方は必ずしも正しくない。

ディルタイは、精神諸科学の基礎づけを行うことを宣言した『精神科学序説』（一八八三年、以下『序説』と略記）において、自然科学と精神科学の差異を見いだしているが、彼がこれらの差異を明確にすることによって試みようとしたのは、精神科学が対象とすべきことにまで踏み込もうとしてきた自然科学への抵抗であったことは確かである。ただ、それは自然科学を排除したのではなく、自然科学と精神科学との境界づけを行うこと、さらに、学的基礎づけが十分には行われてこなかった精神科学を、自然科学の知見を引き入れながら、基礎づけることをもくろんでおり、このことはのちに見るように、人間学的探究に結びつく。

『序説』で構想が示された精神諸科学の認識論的基礎づけは、それが掲載されるはずの第二巻が結局刊行されず、のち（一九九七年）に遺稿として全集第一九巻に収められることになる。それらを踏まえると、彼の精神諸科学の基礎づけは自然科学を否定することにあるのではなく、自然科学的認識と精神科学を基礎づける認識とをどう整合させるのかを探究しようとしていたことに気づかされる（vgl. D'Anna, 8）。以下では、彼の思索の歩みを辿りつつ、その概観を示すことにしたい。

意識の事実

ディルタイは「生はいっさいの現実である」（V, 137）というが、同時に「認識は生の背後に遡ることができない」（VIII, 184）ともいう。ディルタイにとって生はいわば限界概念とでもいうべきものとして与えられているのだが、それは「生（Leben）」を捉えることの断念ではなく、精神諸科学を基礎づける出発点としたということにほかならない。彼は「意欲し、感じ、表象する私たちの全存在には、私たちの自我と同時に、そして私たちの自我と同程度の確実さで、外的現実（すなわち、その空間的諸規定を完全に度外視しても、私たちからはまったく独立した他のもの）が私たちに与えられている」（I, xix）と述べているが、ここでいう「意欲し、感じ、表象する存在者」（I, xviii）である私たちには、その「衝動（Trieb）・意志（Wille）・感情（Gefühl）」（V, 95）によって外界の実在性が自己の存在と同程度に確証されている。これが「意識の事実（Tatsache des Bewußtseins）」にほかならず、そこから「私にとって存在するものはすべて、それが私の意識の事実であるという、最も普遍的な制約を受けて」いて、「外部のいかなる事物であれ、意識の事実ないしは意識の過程が結合したものとしてしか、私に与えられていない」（V, 90）という「現象性の命題（Satz der Phänomenalität）」が導かれる。

ただ、これはディルタイ自身が注意を促すように、現象主義でも主知主義でもない（vgl. V, 91f.）。現象主義や主知主義は、たとえばデカルトにおいて顕著であるように、感覚それ自体によってではなく、思考が感覚にもとづいて客観の実在性を仮定することによって保証しようとするものである。もちろん、仮定や仮説が実在性を保証するというのは論理矛盾であるから、この仕方は妥当性がない。意欲し、感じ、表象する存在者である人間を基礎に据えれば、すなわち意識の事実にもとづけば、私たちと客観とを分かつのは「抵抗の経験（Erfahrung des Widerstandes）」において同時に与えられる「意志衝動（Willensimpuls）や志向（Intention）の意識」と「志向の阻止の意識」にほかならない（V, 101ff.）。それゆえ「自己と客観は意識の内部で区分され、いわば卵割《らんかつ》（Furchung）されるが、ほかならぬこの同じ営みによって、自己が限界づけられると同時に、像が外部のものとして客観化される。実際、私たちにとって自己が存在するのは、自己が外界から区別される場合だけである」（V, 124）といわれるのである。そして、ここでこの意識を把握するために心理学が構想されることになる。

記述的分析的心理学

ディルタイにとって心理学は、仮説的に構築される「説明心理学（erklärende Psychologie）」ではない。仮説という言葉は彼自身が認めているように多様な意味内実を有しているため、現在において自然科学的手法として広く認められている仮説‐検証におけるそれも含まれうるが、ここで彼が問題とし、排除しようとしているのは、意識から推論によって人間の心的生を形づくろうとする仮説的な事実構成の仕方である。ディルタイはこのことを「仮説構成（Hypothesenbildung）」と名づけ、「所与のものに因果連関を補足的につけ加えるという方法」と説明しているが（V, 142）、これは意識の事実を逸脱するものにほかならなかった。それゆえ、彼が向かう道筋は、それとは異なったものとなる。すなわち、「人間の発達した心的生において同型的に現れているさまざまな構成要素と連関を叙述する心理学」である「記述的分析的心理学（beschreibende und zergliedernde Psychologie）」である（V, 152）。

先に、外界の実在性の根拠が抵抗の経験における二相の意識であることを指摘したが、これが外的知覚とよびうるものであるとすれば、「私が悲しいと感じるとき」の「悲しさ」は客観ではないため、その実在性が保証されないことになる。しかし、この「悲しさ」は私に意識されることによってたしかに私にとって実在している。彼はこのような「悲しさ」を内的知覚とよび、それを意識している状態を「覚知（Innewerden）」という（vgl. V, 170, 197）。

ここに彼の心理学の特異性があるといってよいだろう。人間の意識を対象とする心理学では、対象であるところの自己自身の意識を主体としての自己が知ることは原理的にできないという立場に立つ。しかし、ディルタイは内的知覚をもそれを意識していることと同時に現存するという（vgl. XIX, 338）。ただ、覚知は自己内の連関の一面を照らし出すにすぎない（vgl. V, 171）。そのため、その内的連関を全体として把握する必要が生じるが、それが「体験において、内から与えられる」（V, 173）という「構造連関（Strukturzusammenhang）」にほかならない。

心的生の構造連関

内的知覚の覚知はそのつどのものでしかなかった。しかし、私たちが自己を持続的な「生の統一体（Lebenseinheit）」（V, 200）として保ちうるのは、心的生が構造を有しているからにほかならない。その中心には「衝動と感情の束」（V, 206）があり、それらが抵抗の経験において感覚として生起することによって、意志、感情、表象といった様々な心的状態――「全体状態（Gesamtzustände）」（V, 203）――が意識されることになる。ただ、これらの心的状態は量的な関係によってもたらされるのではなく、それぞれが一つの構造――構造連関――として生起する。これは心的過程を諸部分の総合とみる説明的心理学とは異なる見方を示しているのだが、いずれにしても、「ある状態から他の状態への移行、ある状態から他の状態へと導いていく達成作用、これが内的経験に属する」からこそ、「構造連関が体験される」（V, 206）。つまり、私たちに生起する、様々な心的生の「経過（Vorgang）」の移行や達成作用が繰り返されることで、構造連関が確実な経験となっていくのである。

さて、この「心的構造連関は、同時に目的論的（teleologisch）でもある」（V, 207）。別言すれば、「合目的性（Zweckmäßigkeit）」を有しているといえる。この合目的性とは、環境の諸条件を利用しつつ、快の感情や衝動を充足しようとすることを意味しているのだが、この合目的性にもとづいて心的生の構造連関が発展（Entwicklung）していくことになる（vgl. V, 213）。すなわち、構造が横の幅を制約するのに対して、発展は縦の幅を制約するのである。このことを逆からいえば、一方において人間存在における構造連関がある種の同型性を前提としているかぎり、その内実を把握することでしか、発展を理解することはできないし、逆に発展している人間を把握することを通じて、そこに与えられる人間の構造連関を解明することに寄与するということである。この発展においては、生の価値、心的生の分節化、さらに心的生の「獲得連関（erworbener Zusammenhang）」、そして創造的なプロセスという契機がはたらいている。その結果として、心的生は個別的なものへと発展していくことになるが、意欲し、感じ、表象する存在者としての人間の意識の事実を出発点として人間の心的生の同型性を探究してきた記述的分析的心理学は、個々の生へと向かわざるをえないだろう。ディルタイ自身、「記述的分析的方法は、心的生の個別形式、男性と女性の差異、国民性、人間的目的の大きな類型、個性などをとらえるためにも、その基礎を提供している」（V, 190）と述べていたように、このことは必然的な歩みであったのである。

個性研究への道

ディルタイは、個性を把握するためには、同型的なものとの関係に注目する必要があると考えていた（vgl. V, 228）。とはいっても、個性は同型的なものと質的には異なっていないとする。というのも、ここまで考えてきた心的生の構造が個性の生起によってなくなってしまうことになるからである。それゆえ、ディルタイは個性が心的生の同型的な構造の構成要素間の量的な相違によって生みだされると考えたのである（vgl. V, 233ff.）。

このようなプロセスを「個性化（Individuation）」（V, 259）とよぶならば、個性化は先に述べた発展のプロセスと表裏をなすものである。もちろん、ディルタイは必ずしも素質における差異を無視しているわけでないことも言及しておかなければならないが、発展のプロセスにおいて獲得される連関――獲得連関――は、その後の心的生に対して固定化の傾向を有するものである。つまり、こうしたプロセスを経て、個性化がなされるといってよい。ここで個性の問題は発展を通じて形成される歴史の問題へと接続していくのである。

さて、歴史的に形づくられる精神的世界――それはまた社会的な世界でもある（vgl. VII, 152）――の探究こそが最初に述べた精神諸科学の課題となるが、自然科学と精神科学のどちらも、比較すること、すなわち区別すること、同じものを見いだすこと、違いの程度を確定すること、結合すること、分離すること、といった方法を用いることを明らかにした上で（vgl. V, 260）、精神科学にはこれにつけ加えて、「自らの自己を外的なものに移入すること」、「理解の過程において、自己移入と結びついて自己が変容すること」といった「解釈学的方法」が求められることを示している（V, 262）。こうした思索の深化には、エビングハウスによる批判があったことを忘れてはならないが、いずれにしても、ここで理解という仕方が焦点化してくることになる。

体験・表現・理解の連関

ディルタイは「人間の諸状態が体験され、またこれらの状態が、さまざまな生の表出のうちで表現されて、これらの表現が理解されるかぎりでのみ、人間は精神科学の対象として成立する」（VII, 86）と述べる。体験において心的生の構造が与えられていたが、ここで表現と理解を通じて個別性の把握へと拡大することがめざされている。

この場合の「表現（Ausdruck）」とは生が外化されたものを意味するが、それらは「表出（Äußerung）」、「生の客観態（Objektivierung des Lebens）」ともよばれるものであって、体験が所与であるのと同様に、精神科学においては生の客観態が所与としてある。この生の客観態は、たとえば文章などによって現れているが、そこにはそれを書いた人の生が現れているだけでなく、共通的なものも「代現している（repräsentieren）」点に留意しておかなくてはならない（VII, 146）。

また、ディルタイはヘーゲルの「客観的精神（objektiver Geist）」との差異を明確にする。ヘーゲルにとって客観的精神は形而上学的に構成されるものであり、理性へと至るものであるが（vgl. VII, 148ff.）、ディルタイのいう生の客観態はそれ自体が所与であり、そのうちに生のすべてが現れている。そのため、生の客観態を通じて生の統一体の構造連関にまで遡及しうるのであるが、それはけっして理念的に構成されるものではないという点において異なっていたのである。

理解という方法

生の客観態を理解するという場合の理解について、ディルタイは二つの段階を考えている。まず、基本的理解、ないしは理解の基本的形式である。ここでは「表現とそのなかで表現されたものとの関係」（VII, 207）だけが扱われ、それ以上の推論や生の連関にまで至る手続きではないとされる。

しかし、理解の基本的形式においては、表現されたものと理解しようとする人との間に隔たりがあると、表現されているものの理解が不確実となっていく。それゆえ、「生の個別的な表出から生の連関全体への帰納推理」を行うことによって「表現と表現されたものとの間の関係は、他人の多様な生の表出と、これらの基礎にある内的連関との間の関係のなかへと移行」することになる（VII, 211）。ここに理解の高次の形式が生起する。すなわち、「帰納推理によって所与の表出から全体の連関を理解にもたらすこと」（VII, 212）がこの理解の高次の形式の性格である。

そして、このような理解の高次の形式を成り立たせるのが「自己移入（Sichhineinverstehen）」である。自己移入とは、ある体験の表現を理解する際に、これまで経験されてきた連関からその表現を生みだした人の意識、あるいはその人自身が気づいていないような意識にまで至ることを意味している。この場合、表現に含意されていた心的連関がまさに理解する人にありありと現存することになるのだが、そのことはさらに「転写（Übertragung）」とよばれる

(vgl. VII, 214)。

この自己移入においては、「追体験（Nacherleben）」と「追形成（Nachbilden）」が作用している。ディルタイは、「環境と外的状況をありありと思い出すことはどれも、自分のなかで追体験を引き起こす」ものであり、「想像力（Phantasie）によって、私たち自身の生の連関のなかに含まれる態度、力、感情、努力、思想の方向を強めたり、弱めたりして、他者の心的生のいずれをも追形成することができる」（VII, 215）としている。つまり、追体験は表現された体験を自らのうちで体験する営みであり、追形成は追体験とともに起こるものであるが、表現された体験をした他者の心的生を想像力によって自らのうちで形づくることである。それゆえ、こうした理解のプロセスは「作用経過（Wirkungsverlauf）そのものと逆の操作」（VII, 214）といわれることになる。

さて、実はこの理解の高次の形式について、ディルタイは「見知らぬものや過ぎ去ったもの」（VII, 216）を理解する詩人の能力として記述している。しかし、これらをその次元にとどめてしまえば、個人の素質の問題に還元されてしまい、精神諸科学の基礎づけという課題を全うできなくなってしまうことになる。それゆえ、ディルタイはこうした理解を、一つの技術として確立する必要があると考え、「解意（Auslegung）」ないしは「解釈（Interpretation）」と位置づけた。ここにようやくシュライアーマッハーによって先鞭がつけられた文献学的解釈学から一般解釈学への展開が、ディルタイにおいても遂行されたことを確認することができるのである。

精神的世界と作用連関

「体験と生の客観化を通じての理解によって、精神的世界が私たちに現れてくる」（VII, 152）と述べているように、体験・表現・理解の連関を通じて精神的世界が私たちに立ち現れてくることになるが、ディルタイは精神的世界の理解について、①体験による所与を越えて私たちの知識が拡張されるのは生の客観態の解釈を通じてであり、その解釈は体験の主体的な深みによってのみ可能となる、②個別的なものの理解はただその中に一般的な知識が存在することによってのみ可能となるのであって、この一般的知識もまた理解を前提としている、③歴史的経過のある部分の理解がその完全性に達するのは、その部分が全体に関係づけられることによってのみであり、全体についての普遍的－歴史的展望は全体の中で結合される個々の部分の理解を前提としている、とまとめている（vgl. VII, 152f.）。

ここで気づかされるのが、たしかにディルタイは個別的なものへの探究へと歩を進めたが、そのことによって普遍的・一般的なものが消失するのではなく、個別的なものを通じて一般的なものへと至りうる道筋が開かれていることである。ただ、生の客観態自体がそのつどの個別性を有していることは否定できない。それゆえ、ディルタイは精神的世界が「作用連関（Wirkungszusammenhang）」であると認めることで、その問題を解決しようとする。

作用連関とは「心的生の構造にしたがって、価値を産出し目的を実現する」（VII, 153）ものである。つまり、生の客観態として現れるもの――共同体、法律などのいわゆる「文化（Kultur）」――は、それらを創造する作用があってはじめて現れるものである。その際の作用そのものを彼は作用連関と名づけているのであって、そこでは何らかの価値が産出され、何らかの目的が志向されているものであると考えたのである。

このことは、心的生の構造における獲得連関と私たちの心的生との関係に比することが可能である。心的生の構造は目的志向的な連関であり、それが獲得連関となることで私たちの心的生を制約していたのと同様に、いわゆる「文化」もまたその背後に作用連関を見いだすことで、精神的世界に一定の普遍的構造を取り出すことが可能だと考えていたのである。本書では取りあげることができないが、彼がシュライアーマッハーについての研究を続けたのは、単にシュライアーマッハーを明らかにすることにのみ意味を見いだしていたのでなく、彼を経由してその時代、さらにはドイツ精神史を貫く作用連関を見いだそうとしていたことにあるといってよいのである。

第二節　教育学の普遍妥当性への問い

自然的体系に依拠する教育学への批判

ディルタイにおいて教育学は「個別精神科学の論述の例」（BrY, 49）としての側面を有している。そのため、自然科学的思考から教育学の精神科学としての独自性を擁護することがめざされることになる。彼は、自然的体系を形而上学的であるとみなしていたが、その体系に教育学が依拠してきたことに問題を見いだし、次のように指摘する。

生の目標からのみ教育の目標は導出されうるのであるが、しかし生の目標を倫理学が普遍妥当的に規定することはできない。これはすでに道徳の歴史から知ることができる。人間が何であり何であろうとするかを、人間は数千年を通じた自らの存在の発展において経験するのであり、究極的に普遍妥当的な概念によっては経験されず、つねにその全存在の深みから生じてくる生き生きとした経験においてのみ経験するのである。これに対して、人間の生の究極的な目的について実質的な公式はすべて歴史的に制約されていると証明された。（VI, 57）

教育の目標や方法は歴史的・社会的に制約されているのであって、それを越えてあらゆる時代・場所において通用することを前提しようとしてきた教育学のあり方を、科学的ではないとして斥けたのである。この点は、ディルタイが教育学においても一九世紀において画期をなす働きをしたといってよいだろう。しかし、過去の教育学を否定することにのみ彼の意図があるのではなく、精神科学として探究しようとした、人間の心的生の構造連関をもとにした普遍的な教育学と、その具体的展開としての教育の歴史研究をあわせて成立させようとしていたことにこそ彼の主意があった。

心的生の完全性と教育

先に確認したように、心的生の構造は目的論的なものであった。もちろん、この場合の目的論とは、ディルタイ自身が否定した形而上学的に規定される教育目標への志向ではない。そうではなく、心的生が発展していくという意味で目的的であることにほかならない。これはディルタイが心理学において見いだした知見であり、これをもとに子どもの発達と教育を考えていこうとする。

ディルタイが心的生の構造にもとづいて措定した普遍的な目標は、「完全な人間という類型」、すなわち「刺激と感情と意志行為の間に目的論的関係が完全に展開されていることによって特徴づけられる」人間類型であった（XXI, 331）。別の箇所では、心的生の「完全性（Vollkomenheit）」（VI, 185）とも述べているが、具体的な事例として様々に表現しうるとしても、教育の普遍妥当的な目標は完全性として措定できるというのがディルタイの主張であった。

心的生の有する目的論とは「自己および自己の属する種が生存を維持したり発展したりする」（VI, 181）ことを意味している。それが全うされるためには「完全性」を志向せざるをえないということになる。そして、この完全性を表現したものが「規則」であり「規範」であるとする（vgl. VI, 67）。ディルタイは、教育を「成長した者が成長しつつ者の心的生を形成しようとする計画的活動」というが、教育とは「外形的（formal）」な規則や規範を通じて、「内的な（inhaltlich）」心的生の形成を行うということにほかならない（vgl. VI, 69）。

ただ、このように考えた場合、ディルタイの教育学は規律訓練を意図したものとして誤解されることにもなる。それゆえ、次の言葉を付記しておかなければならない、すなわち「子どもはその自己目的のために教育される」（SzP, 113）と。心的生の構造特性を完全性とし、それを表現したものとしての規則や規範を通じて心的生を形成していこうとする教育は、必然的に子どもの心的生の自己目的に即することになるが、それは形而上学的に規定された規範への順応とはまったく異なったものなのである。

教育史の構想

教育史を描き出そうとしたディルタイは、必ずしもその仕事を完結させてはいないが、その構想としてユニークな視点を提供している。

ディルタイは、「科学的知識から生み出される教育の手段は科学の進歩とともに不断に進歩する」一方、「国民の道徳や風習、その理念の世界や生活理想のなかにある教育の目的やその手段の総体は、どの国民にもみられる盛衰の循環に従う」（IX, 15）と述べている。後者については、個々の文化に教育の理想や手段（教育制度）が制約されることにほかならない。前者についてディルタイは「歴史の流れのなかで不断の進歩を続ける要素はただ一つしかない」として、それを「科学の進歩」としている（ebd.）。彼は科学もまた発展するものと捉えていたが、その科学の進歩にともなって手段（教育制度）が進歩すると考えていた。そして、その関係が端的に表れているのが、教育がしだいに拡大し、最後にはすべての個人を受け入れ、体系としては分化していくというかたちで展開してきたヨーロッパの教育制度の歴史であったのである。

ただ、歴史においては、個々の文化にも影響されるため、教育制度は盛衰するという側面も有している。この二重の関係を記述することを教育史の課題とみなし、そのうえで、一方において個別的な文化の欲求が科学（学問）の自由な発展を阻まないとともに、他方でその科学が個別的な文化を侵害しないというバランスを保つところに教育の目的が存することを示そうとしたのである（vgl. IX, 19）。

第三節　ディルタイの人間学

哲学的人間学とディルタイ

従来からディルタイについては哲学的人間学の端緒とみなされることが多かった。シェーラーらとともに哲学的人間学を打ち立てたとされるプレスナーが「哲学的人間学の直接の先駆者」（谷口茂訳『人間の条件を求めて ―哲学的人間学論考』思索社、一九八五年、一七頁）とディルタイを評価したことにそれは現れている。ディルタイ自身、精神諸科学を基礎づけてきた心理学よりも広範な基礎を人間学が担うべきと考えており、そこには「けっして個々の人間を抽象することではなく、外的世界や社会との相互作用のなかで生きている個人から出発し、人間認識や倫理的探究を用意するような人間の心理にまでつながっていく」（XVIII, 54）ことが求められると考えていた。実際、ハイデガーは「ディルタイにとって、人間学とは、人間がかつてどのように考えられたかを理解することを目標とする歴史学的研究である」と指摘し、彼の一連の研究を列挙したうえで、そこに通底していたものを「歴史と人間存在の意味についての生き生きとした問い」であったことを明らかにしている（Heidegger, 152f. 邦訳六二頁以降）。第一節で明らかにしてきたように、ディルタイの生涯にわたる取り組みは、人間存在への問いを基盤として、意識の事実を出発点に、一方では人間の心的生への心理学的研究に展開し、他方ではその表現の理解としての解釈学的方法に接続した。このように考えてくると、ディルタイにとっての人間学は、精神諸科学を基礎づけるものであったといってもいいすぎではない。

ただ、ディルタイは最晩年の未完の論文の中で「人間学的研究（Forschung）は詩作（Dichtung）と隣接している」（VI, 305）と述べている。精神諸科学の基礎づけとしてここまで確認してきた心理学や解釈学ではなく、詩作に隣接することを示したディルタイの意図を考えることで、ディルタイにおける人間学の内実を見いだすことが可能になるだろう。

詩人の特徴

ディルタイは詩作を行う詩人について五つの特徴を見いだしている（vgl. VI, 132ff.）。第一に「知覚のイメージ（Wahrnehmungsbild）」が鋭敏で多様であること、第二に「想起のイメージ（Erinnerungsbild）」が特有であること、第三に他者の心的状態を追形成する力が強いこと、第四にイメージを生き生きとさせること、そして第五に「詩人は、自分のなかでイメージやその結びつきが現実の限界を越えて展開している」(VI, 137) ことを指摘している。ただ、このような特徴は、詩人と狂気をもった人との区別を曖昧にしている。とりわけ、現実の限界を越えることにおいては、どちらも同様であるとさえいえる。しかし、ディルタイはその違いを獲得連関の働きに見いだしている (vgl. VI, 167)。先に見たように、獲得連関は、心的生の構造の発展によってもたらされるものであり、それゆえに、私たちの心的生——より具体的には感情・思考・行動など——を制限するように機能するものでもあった。獲得連関の働きが弱くなることで、そうした制限が機能しなくなり、空想が妄想へと一変してしまうのである。つまり、詩人には様々なイメージを創出したり、それに活力を与えたりする力をもつだけでなく、それらのイメージが私たちの現実から乖離しないように、獲得連関が機能しているといってよい。

ただ、この場合の獲得連関は個性を形づくるものにとどまるものではない。むしろ、それらの個性に通底して作用する作用連関としても機能するものでなければ、ここでいわれる詩人の力としては不十分だろう。なぜなら、もし個別性への徹底のみが詩人の能力であるならば、そこには人間の真実の姿に迫るはずの詩人である必然性はないとさえいえるからである。その点を次にディルタイのゲーテ論をもとに考えてみたい。

詩人の能力としての透徹力と作用連関としての獲得連関

ディルタイの解釈学的方法としての理解の高次の形式は、詩人の力として記述したものを一般的な方法へと転化させることで見いだされたものであった。ディルタイは、ゲーテについて「理解において真の詩人の透徹力 (Seherblick) は無限に高まる」(XXVI, 151) と述べて、詩人がもつ理解の高次の形式を言及している。詩人が詩人たるゆえんの一つを、この理解の能力に見いだしていたといってよいだろう。そしてそのとき発揮される透徹力は、自己移入による追体験と追形成が作用することで無限に高まっていくのである (ebd.)。

ただ、その透徹力が無限に高まることは、イメージの力のみに依存しているわけでない。むしろイメージだけであれば、妄想へと頽落《たいらく》してしまうだろう。ディルタイはゲーテが「自らの現存在に際限ない拡がりを与え、自らの洞察に客観性を与えようとする欲求」を有していたがゆえに、「彼の体験に当時の宗教的、科学的、哲学的運動を取り入れた」と見ていたが（XXVI, 154）、ここでゲーテが取り入れた諸々の運動がまさに作用連関としての獲得連関にほかならない。ゲーテが描いた人や世界はそこにその人や世界の背後をなす作用連関として獲得連関が機能していてはじめて一人の人や一つの世界として現出することになるため、その作用連関としての獲得連関を取り入れることなしにはそれらの人や世界を描くことはできない。ゲーテがまさに透徹していたように、作用連関としての獲得連関が詩作の背景を形づくっていたのである。

人間学的方法としての詩作

詩人の透徹力を支える理解、そして理解を支える作用連関としての獲得連関が、詩人の力であるとすれば、先の「人間学的探究は詩作に隣接している」ことの内実は、まさにこうした透徹力、理解、作用連関としての獲得連関によって担保されるといってよい。ディルタイがこの理解の高次の形式を一般的方法として展開しようとした意図は、詩人同様に他者の存在を理解しようとすることであったといえる。

ただ、それでもなお、人間学的方法として考えた場合、若干補わなければならないことがあるだろう。それは、ゲーテが当時の諸々の運動を自らに取り込もうとしていた点である。透徹力を担保するための理解であるとしても、それは作用連関としての獲得連関の働きを無視しては成り立たなかった。つまり、私たちがもしディルタイに倣いつつ、人間を探究しようとするのであれば、これまで発展してきた人間についての諸科学（Wissenschaften）の知見を、理解の妥当性を保証する獲得連関として取り込まなければならない、ということである。実際、ディルタイ自身の精神諸科学の基礎づけもまた、当時の自然科学的知見を十分に検討しつつ進められていた。「人間学的探究は詩作に隣接している」ことの内実は、理解を中心に、その背後で支える作用連関としての獲得連関をもった透徹力によって人間を探究することにほかならなかったのである。

主要参考文献

本文においてディルタイ全集からの引用は、Wilhelm Dilthey, *Gesammelte Schriften*, Band I-XXVI, 1914-2005, Vandenhoeck & Ruprecht の巻数をローマ数字で、頁数を算用数字（序文についてはローマ数字を小文字で表記）で併記し、原文のゲシュペルトは傍点で表した。翻訳は、西村皓、牧野英二編集代表『ディルタイ全集』法政大学出版局、二〇〇三年-、を参照したが、一部表現を改めた箇所もある。なお、本翻訳各巻に付された解説はディルタイの思想への良き導きとなるはずである。

Hans-Hermann Groothoff und Ulrich Hermann (Hrsg.), *Wilhelm Dilthey Schriften zur Pädagogik*, Ferdinand Schöningh, 1971.〔引用略号SzP〕略号に続く数字は、頁数を示す。以下同様。

Sigrid von der Schulenburg (Hrsg.), *Briefwechsel zwischen Wilhelm Dilthey und dem Grafen Paul Yorck von Wartenburg 1877-1897*, Max Niemyer, 1923.〔引用略号BrY〕

D'Anna, Giuseppe, Helmut Johach und Eric S. Nelson (Hrsg.), *Anthropologie und Geschichte, Studien zu Wilhelm Dilthey aus Anlass seines 100. Todestages*. Königshausen & Neumann, 2013.

Hans-Ulrich Lessing, *Wilhelm Dilthey: Eine Einführung*, Köln, 2011.

Martin Heidegger, "Wilhelm Diltheys Forschungsarbeit und der gegenwärtige Kampf um eine historische Weltanschauung", 1925. In: *Dilthey-Jahrbuch: für Philosophie und Geschichte der Geisteswissenschaften*, Band 8, 1992-1993, Vandenhoeck & Ruprecht.『ハイデガー カッセル講演』（後藤嘉也訳）平凡社、二〇〇六年

西村皓、牧野英二、舟山俊明編『ディルタイと現代 ――歴史的理性批判の射程』法政大学出版局、二〇〇一年

山本幾生『現実と落着 ――無のリアリティへ向けて』関西大学出版部、二〇一四年

第九章　事象への還帰と学の基礎づけ
―フッサール現象学から教育学へ―

齋藤　雅俊

第一節　フッサールの基本的思想

現象学への着想

「現象学（Phänomenologie）」の提唱者フッサール（Edmund Gustav Albrecht Husserl, 1859-1938）が生き、その思想を展開した時期、すなわち一九世紀後半から二〇世紀前半の学問状況を支配していたのは、客観的な事実の学としての自然科学や実証科学であり、その主柱をなす「自然主義」であった。こうした流れは、人間や文化を研究対象とする人文諸科学においても例外ではなく、「心理学主義」として、精神をもった存在・心的生命である人間を解明する原理とみなされ、大きな地位を占めるに至った。心理学は自然科学や実証科学にその学的根拠をおくが、それら自然主義的な諸科学が自然の事物に対するように、理念的・形相的なもの、すなわち精神や理性とよばれるもの、あるいは超越論的なものまでをも心理的過程へと還元し、定量的なものとして分析、解明していこうとする。フッサールは心理学主義的な学を「精神物理学」とも評しているが、彼が現象学を構想した原動機には、こうした自然主義的態度で人間存在にアプローチすることによる「精神の自然化」や「生の窮乏」に対する反発があった。そのため彼は、古代ギリシア以来連綿と続く、理性に基づくヨーロッパ的思惟による学問が無限に進行するその歴史的目的論の展開の中で陥ってしまった袋小路から抜け出すべく、「学の基礎づけ」へと向かっていくことになったのである。

そして、その導きの糸となったのが意識の「志向性（Intentionalität）」の概念であった。中世スコラ哲学に端緒をもち、彼の師であるブレンターノが心的現象の構造を解明するためにふたたび光を当てたこの概念は、意識も対象もあくまで「相関関係」においてのみ存在し、認識されうるものであることを示したものである。フッサールによれば、意識はつねに何ものかについての意識であり、意識はつねに対象と一体となって与えられているため、意識も対象もけっしてそれ自体としては理解されえないものなのである。また、彼は「表象の志向的対象は、表象の現実的な、場合によっては、外的な対象と同じものであり、両者を区別することは反意味的である」とし（XIX, 439）、志向的対象と実在的対象を区別して論じることには意味がないと主張する。それゆえ現象学では、まなざしを意識の志向性へと向け、そこに内在的に見いだされるものを研究領域とし、そこに現れ、与えられているものによって学を基礎づけていこうとするのである。彼はさらに、意識の志向性を「作用面（ノエシス）」と「対象面（ノエマ）」へと分節し、意識とその相関者をそこでのみ分析可能なものであるとしたが、それこそが近代認識論の主観‐客観、あるいは内‐外といった基本的図式を根本的に覆す手がかりへと導いていくことになったのである。

現象学的方法の確立

現象学は意識の志向性へと着目しつつ、理念的なものと実在的なものを先入見なしに吟味していくことをめざすが、フッサールはその学問的性格を端的に、「事象そのものへ（Zu den Sachen selbst !）」というスローガンによって表明している。そして彼は事象そのものとわれわれの関わり方について次のように述べている。「われわれは直観（Anschauung）において直接与えられる相違だけを忠実な表現へともたらし……われわれは、それがそこに与えられるそのとおりに受けとっているのであり、あらゆる仮説的な解釈あるいは意味解釈的な解釈なしに……読み込みなしに受けとっているのである」（III-1, 39）。これは、われわれが対象の傍らに「じかに」居合わせており、志向性によって対象そのものが意識と直接不可分なかたちで与えられているからこそ、事象そのものを「見ること」「直観」することがそのまま明証的な認識たりうること、さらにはそれが疑いえない真理や本質の「源泉」としてみなされうるということを示している。

このように現象学は、これまであらゆる学問がその枠組みの中に否応なくはらんでいた矛盾や、知らず知らずのうちに前提としてきた「先入見」や「ドクサ」（臆見）といったものから自由になって、「事象そのもの」へと還帰していこうと試みるのである。こうした現象学的態度ですべての志向的対象へとまなざしを向けるとき、事象は単に対象の「あらわれ」としてだけではなく「あらわれでるもの」（現出者）そのものとして、概念的にあるいは思弁的にのみ理解されるのではなく、直観の内でわれわれに「原的に」与えられてくるのである。

また、事象そのもの、すなわちわれわれに立ち現れてくるすべてのものに直観という経験的なまなざしを向けることとは、「反省（Reflexion）」作用として遂行されるが、フッサールはこの反省を実践することによって、あるものを思惟したり、心情や意思によって価値づけたり、努力したりするといった心理的体験、意識体験そのものを主題化し、明らかにしていくことができるとも考えた。それによってわれわれは端的な事物、価値や目的、有用性の代わりに、それらに対応する主観的な体験、すなわちそこにおいてそれらがわれわれに意識され、われわれに対して現出するという体験を把握することができるとしたのである。こうしたすべての「主観的体験」こそ、フッサールが「現象（Phänomen）」とよんだものであった。

それでは、このあくまで主観的なものである現象はいかにして客観的で学的に一貫性をもったものとして、さらにはフッサールのめざす「厳密な学」を基礎づけていく堅固な地盤たりうるのか。そのための手続きが「現象学的還元（die phänomenologische Reduktion）」とよばれるものである。「還元」とは一般に物事をもとのかたちや性質、状態などに戻すことを意味するが、現象学がめざすものは純粋な現象、純粋に理念的・心的なものへと遡行し、その本質諸形態を純化し取り出していくところにある。そのためにまずもって行われなければならないのが、自然主義的な学・実証主義的な学がそれと知らずに前提としてしまっている素朴な実在論や実体論に対する判断を「保留」すること、すなわちわれわれの日常的な「自然的態度」を「括弧に入れる」という作業である。

フッサールはこの「エポケー（Epoché）」（括弧入れ、判断停止）とよばれる現象学に特有の方法について、それによって世界が失われるのでも、世界の存在や世界についてのあらゆる判断を空虚なものとみなし、放棄することでもないと何度も説明を加えている。それはあくまで、意識と対象の相関関係についての判断を反省的に自覚し、「自然的態度」から「超越論的態度」への「態度変更」を可能とするための手続きなのである。日常的で素朴な自然的態度においては、われわれが内在的なものとみなしている意識と、超越論的なものとみなしている対象とのあいだに架橋しがたい断絶が依然として横たわっているが、これらの現象学的方法によって、自覚的に自然的態度を保留しつつ意識の分析を進めていくことで、超越論的に世界を構成している「超越論的主観性（die transzendentale Subjektivität）」の領野を開くことが可能になるとフッサールは考えたのである。

現象の与えられ方

フッサールはこれら現象学に特有の方法によって様々な意識現象を縷々記述・分析していくが、そこで明らかとなってきたのは、知覚による事物の現出の仕方がつねに一面的であるということであった。たとえば家の知覚について考えてみると、その前面と背面を同時に二重に知覚することは不可能であることがわかる。知覚の際のこうした事態をフッサールは「射映（Abschattung）」という概念で説明し、彼の前期思想における大著『論理学研究』でもいくつかの例を挙げて分析している。われわれは移動による視点の変更によって対象の様々な側面を「部分」的に見ることができる一方で、感覚的知覚からはけっしてその「全体」が与えられることはない。対象はつねにある一定の限界づけられた認識においてのみ与えられているのである。しかしわれわれはまた一方で、家を家として、箱を箱として、見ていない・見えていない部分をも内に含みながら、一つの統一されたものの内にそれらの部分を見てとってもいる。フッサールはこうした事態について、知覚はそれ自身がそこに現前している「より以上のもの」、すなわち知覚によってそのつど現実に現れている以上のものを「超越論的」に志向性の内で構成していると考えたのである（I, 84）。これは、まなざしが向けられ、知覚されている家の前面だけではなく、実際には知覚されていない背面についてもわれわれがすでに予期・予料という形で受け取っているということでもある。フッサールはそれを、顕在的な現前と潜在的な「付帯的現前（Appräsentation）」の概念によって説明し、われわれが対象を認識する際にそうした現前の仕方がつねに伴っていることを示している。

さらにこうした事態は、われわれの心的現象のいくつかの本質的特徴をも示すこととなった。一つの例として、意識もまた射映としての「多様性」と超越論的な意味の「統一性」という「二重性」をもつということが挙げられる。われわれの意識は個々の断片的な体験の寄せ集めから構成されているのではなく、意識の志向性のノエマ的側面の内にある、そのつど流れ去る意識的生における一つの体験の流れとして構成されているのである。加えて、射映におけるこの二重の現出の仕方の「差異（Differenz）」は、われわれの認識を無限に開くものとしての「地平（Horizont）」をよび起こす原理となっている。フッサールは現象のもつ地平性について、いかなる到達された根底もふたたび新たな根底を現し、いかなる開かれた地平も新しい地平を喚起するあり方として捉えているが、それはまた、現象の生き生きとした力動性を導く契機ともなっている。

また、われわれの自我は自己をもまた対象化し、自らの所与性へともたらすことのできる自我でもある。それゆえ、反省作用によって自己を対象化する際も、現出の仕方には二重性や差異が存在する。すなわち、そのつどの射映において多様に現出する「経験的自我」としてのあり方と、統一的な自我極として超越論的に自らにおいて自らを構成している「超越論的主観性」としてのあり方である。フッサールはこうした事態を「主観性のパラドックス」としながらも、それを主観性の本質と捉え、さらなる分析を進めていくのである。

現象学の展開

そして、こうした主観性の謎についての解明は、心理学主義批判と現象学の方法的基礎づけが主題だった『論理学研究』を中心とした前期思想、そこから超越論的転回がなされた『純粋現象学と現象学的哲学のための諸構想』（以下『イデーン』と略記）を中心とした中期思想を経て、他者や世界の先所与性に着目する「発生的現象学（die genetische Phänomenologie）」が展開された『デカルト的省察』や『ヨーロッパ諸学の危機と超越論的現象学』（以下『危機書』）における後期思想へと移行していくことになる。フッサールは『ブリタニカ百科事典』のための草稿で自ら現象学について説明した箇所において、「知覚の流れの志向的な構造が心的生命に達するには、自己経験によるのみではなく、他者の経験にもよらなければならない」とし、それがさらにわれわれにとっての「新しい経験を提示する」と述べている（IX, 281）。こうした他者に関する議論についてはすでに『イデーン』の時期から、自然的態度や自然主義的態度に対する「人格主義的態度」というかたちで分析が行われてきた。この態度は、自我同士がともに語り合い、協力し、感情を持ちながら日々生を営んでいる周囲世界の中で、まさに「人間」として関係しあっているわれわれのあり方を指すが、そのような態度で見られた他者は自然の事物の現出とは異なる仕方で、すなわち生気づけられ、心と統一体をなす物体、いわば「身体」としてわれわれに把握されている。それは、私と「ともに」周囲世界において間主観的に構成され、先所与的に理解されているものでもある。

フッサールは、こうした「人格（Person）」としてのわれわれが一つの周囲世界における主観であり、自我の概念と周囲世界の概念が互いに分かちがたく関連している事態、すなわちわれわれが世界を「それ自体」としてではなく、「私（われわれ）にとっての」世界として理解している事態について、後期の『危機書』において「生活世界（Lebenswelt）」論として展開していく。そこでは、前学問的な生の日常的な営みの内にある世界、それはかつてフッサールが括弧の中に入れたドクサの世界なのであるが、しかし意識の構成のはたらきに「先だって」「あらかじめ与えられている」ような領域についての分析が行われていくのである。

このようにフッサールの現象学とは、すべての学問の端緒である「事象そのもの」へと立ち返り、視角や態度によって様々に相貌を変える現象からその本質を汲み取り、描写していくことによって、ヨーロッパ的理性が行き着いた袋小路をその内側から乗り越えようとする試みであった。自我や世界、他者といった主題を行きつ戻りつしながら、フッサールが素描し、手探りで基礎を打ち立てたこの二〇世紀を代表する学は、その後ハイデガーやメルロ＝ポンティ、サルトル、シェーラーといった後継者たちによって、あるいはデリダ、アドルノ、ハーバーマスといった他学派の者たちによって、ときに批判的に受け継がれながら、さらに豊かに展開されていったのである。

第二節　フッサール現象学と教育学の対話

教育学の新たな基礎づけ

フッサールを端緒とする現象学運動は、意識、存在、主観と客観、現象と本質、自己と世界、他者、内在と超越といった近代思想のさまざまな難問について考察する新たな方途を導くことにより、その後の哲学思想において大きな影響を与え、その再構築の契機となっただけではなく、人間存在に関連する様々な学問、たとえば心理学、社会学などにおいてはもちろん、人間形成についての学である教育学においても多くの示唆を与えることとなった。

いうまでもなく「教育」は実践と不可分の行為である。そのため教育学においては、そのつどの教育的状況をどのように理解し、そしてそれをもとにはたらきかけていくかといった問いが中心となる。したがって、これまでもどうすれば効果的に学ぶことができるかという教授学習方法について考察する際や、いじめ・不登校・学級崩壊といった教育現場における様々な問題について考察する際にも実証的・科学的な教育学が大きな地位を占めてきた。しかしフッサールの立場に拠るならば、実証科学はあくまで周囲世界の有限性に属する部分のみを対象とした学であり、また自然科学の本質は、素朴な実在論・実体論に基づき、得られた有限なデータを細かな要素へと分解し、並べ替え、綜合していくところにある。それゆえ、たとえば道徳的行為についての統計が道徳学・道徳教育といえないのと同様に、それが人間形成という現象全体を解明する学たりえるのかが問われることとなる。たしかに、それら実証科学に立脚した教育学のこれまでの成果とその有用性については他言をまつまでもないが、はたしてそれだけで教育事象そのものから様々な意味を汲み取ることができるのだろうか。こうした問いの中に、教育学が現象学へと接近した動機を見いだすことができるであろう。

さて、教育とは人を「何かよりよいもの」へと導こうとする、一つの目的をもった営みである。しかし、そこで展開される諸事象を広く人間形成の現象として捉えるならば、そこには、ある人が他の人を何らかの意図をもって形成することはもちろん、無意図的に形成すること、あるいはあらゆる意図からはずれて形成されてしまうことも含まれている。また各人が自らを意識的、無意識的に形成するような自己形成や、人ならざるもの（自然・文化など）に形成されていることまでもがその射程に含まれうるであろう。このように人間が形成されるということは、ある種の捉えきれなさや窮め尽くしがたさ、換言すれば無底性や超越性を伴った現象でもある。それゆえ、教育学においても、教育的諸事象そのものを新鮮なまなざしでみつめることを可能とする方法論と実証諸科学の応用領域にすぎなかったそれまでの教育学とは異なる学問原理が要請され、学としての自立した基盤が模索されたのである。そこで、事象そのものへと立ち戻り、あらゆる学問的前提や先入見から自由になって現象そのものを直観し、その本質構造を記述・分析していこうとする現象学が着目され、多くの示唆に富む対話がなされることとなったのである。

子どもの生活世界へ

そうした対話の中でも特に、教育学における人間学的展開を通してフッサール現象学は受容されてきた。たとえば、「教育人間学」の立場に位置づけられるランゲフェルトはその思想の中心である「子どもの人間学」の構築に際して、これまでの哲学的人間学が「人間一般」についての学であり、「人間生命の発達学的な本質構造」についてほとんど顧みられていなかった点を指摘している（ランゲフェルト、五三－五四頁）。すなわち、これまで「子どもとは何か」という、ルソーによる「子どもの発見」以来の根本的な問いに対して専門諸科学を応用することによって答える努力がなされてきたが、これら自然科学に基礎づけられ、高度に専門分化した諸科学ではその背景にある自然主義的態度によって視点が拘束されてしまっており、いわば射映的に子どもの多様な側面を部分的に素描できるだけで、全体としての「子どもそのもの」を主題にすることができなかったのである。

現象学は現象の志向的意味や本質を問う学であるが、その際、内的経験の構造を分析・記述していくという方法をとる。それゆえランゲフェルトは教育学を人間学から基礎づける際、こうした経験的な現象学的方法を理論の根本に据えるのである。それによって、自分がいまだ何者であるかを知らない子どもたちがどのように自らと世界を了解しているのか、そしてその際、どのような意味連関が子どもたちの周囲世界で展開され、どのように経験していくのかを考察するのである。

しかしながら、ランゲフェルトはフッサール現象学を教育学において用いる場合、後期思想における「生活世界」の領域に限定し、現象学の哲学的展開には関与すべきではなく、方法に限定して用いるべきであるとし、さらにその際にも重大な保留が必要であるとしている。というのも、フッサールのように無前提性から出発し、自然的態度をエポケーし、純粋な本質直観を志向することは、「われわれの実存と密着した、それ故に決して完全に停止したり排除したりすることのできない土台」を取り去ってしまいかねないからであり、その場合、「世界を欠いた生徒たち」と「特に誰からも理解されもしなければ誤解されもしないような問題」の現象学的描写へとわれわれを導いていくことになってしまうからである。すなわち、教育学において事象を分析するということは「安楽椅子での夢想」ではなく、あくまで積極的な働きかけによる「反作用」を通じてその過程を記述し、子どもたちの世界と自己への了解の仕方を解明することなのである（和田、七五－七六頁）。われわれは決して透明な観測者や傍観者なのではなく、教育の場にあって、そこでともに学びや育ちに与る「当事者」なのである。

生活世界の構造

それでは、現象学的態度に立つ教育学がつねに立ち戻っていくべき「生活世界」とはどのような領域なのだろうか。フッサールによると、それは「われわれの全生活が実際にそこで営まれているところの、現実に直観され、現実に経験され、また経験されうる」世界であり（VI, 51）、われわれにとって「あらかじめ与えられている」世界である（VI, 70）。それはあらゆる学問に対して、つねに非主題的に地平的志向性の内で先立って存在し、さらにそれ自体として実際に経験可能であり、その意味をいつでも検証し、意識的生のそのつどの潜在性を更新することが可能な「根源的な明証性の領域」である（VI, 130）。この領域においてわれわれは、生の素朴さに根ざした自然的態度において立ち現れてくる意味を生活世界の意味として、学問的に、あるいは前学問的に受け取っているのである。それゆえ、フッサールは生活世界を「恒常的な妥当地盤であり、われわれが実践的人間としてであれ学者としてであれ、無造作に要求する自明性のつねに準備された源泉」と捉えるのである（VI, 124）。

生活世界の内に見いだされるこの「地盤」と「地平」という構造について、さらにクレスゲスは存在論的な「地盤機能（Boden-Funktion）」と超越論的な「手引き機能（Leitfaden-Funktion）」という二つの機能をもつ構造として主題化している。生活世界は、単に経験の根拠なのではなく経験を媒介するような地盤として機能し、また諸々の対象を未知性から既知性へ、潜在性から顕在性へと手引く機能をもつのである。さらにそれぞれ、われわれに自己省察を喚起する、「診断的機能」と「治療的機能」も併せもつとしている（根本問題、八二－八三頁）。

生活世界理論は客観的な学が忘却し、「理念の衣」によって覆われてきた地盤としての世界へと反省的に立ち戻る契機として主題化されたものであり、それは同時に、未だ注意されていないものを反省のまなざしが向けられる以前に先所与的に体験の地平の内に含まれているということも示しているが、そこには世界とわれわれの超越論的な関わりを見いだすことができる。そして、こうした現象の超越論性がわれわれを根源的な自己省察や反省・気づきへと導くのである。それはフッサールによる現象学的態度とエポケーについての次の記述からもうかがうことができるだろう。

現象学は「完全な人格的変化をなし遂げるように召命されているのであり、その変化は……人類に人類であるかぎり課せられているきわめて大いなる実存的変化という意味を蔵している」(VI, 140)。

また、教育における超越論性について細谷恒夫は『教育の哲学』で、教育者が自分を抜け出て教え子の側に立たなければならないという意味での超越と、自分にとっても与えられていないところに教え子を導こうとしているという意味での超越という、「二重の超越」として主題化しているが（細谷、一三二頁)、こうした教育的現実の了解の仕方も生活世界のもつ構造連関の中でこそ反省的に自覚されうるのではないだろうか。

第三節　発生的現象学への遡行と教育学におけるその意義

自己－他者－世界

フッサールは現象学全体のはたらきについて「超越論的主観性の自己省察、最初は直進的に、それゆえある素朴性において前進し……また批判的に自己自身のロゴスに留意する学問的な自己省察以上のものではない……すべての種類の学問における認識の批判は現象学的能作として、認識の超越論的機能に気づいている主観性の自己解釈である」と特徴づけている（XVII, 241-242)。それゆえ『論理学研究』が書かれた前期の思索を中心に、「超越論的主観性」の主題化とそのための方法論の確立がめざされてきたのであり、さしあたっての方法論として「独我論」のかたちをとりながら、意識の志向性の分析が行われてきた。しかし、事象の分析と解明が深まっていく過程で、自己・他者・世界に関わる問題が相互に不可分に結びついていることへとたどり着く。そして最終的にフッサールは「自我は志向的に関係する非我なしには考えることができない」とし（XIV, 244)、世界を志向性の内で構成することが、単に一つの主観と世界との相関関係だけに還元することのできない「間主観的」なはたらきであるという考えに至るのである。

こうした問題群について、『イデーン』第二巻において「私、われわれ、世界が共属している」と語られているように（IV, 288）、その時期からすでにその解明のための努力が行われてきたことがうかがわれるが、これらの難問は後期の『デカルト的省察』や『危機書』において、「他者」「生活世界」といったものが先所与的にあらかじめ与えられている事態として主題化されていくこととなった。こうした主題は、かつて初期のフッサールがエポケーの遂行によって括弧の中に入れ、のちにメルロ＝ポンティが「還元の最も偉大な教訓は、完全な還元はできないということ」と看破したところのものでもあった。これらはフッサール自身も十全に解明することのできなかった主題であるが、現象の先所与性へと着目した、いわゆる「発生的現象学」の展開とその議論の中で、教育学においても示唆を与えうるいくつかの手がかりを残すこととなった。

独我論から間主観性の領野へ

フッサールは『イデーン』第二巻において、われわれが「人格主義的態度」によって自然的な生の内で自らと他者をつねに「人格」として、事物的存在とは異なる主観的存在として理解しており、知覚し、表象し、思考し、感じ、欲求するといった人格的作用を行いながら、周囲世界の諸対象と分かちがたく関連しあっている事態について分析を行っている。われわれは「他者」について、「人間」として、自分自身がそうであるような自我主観として、いわば自らと同様の存在として理解し、受容しているのであるが、その際、私は彼らの周囲世界と自らの周囲世界を同じ一つの世界として「客観的」なものとして統握している。われわれは先所与的にあらかじめ「共通の」ものとみなしている周囲世界の内で、なにげなく共属しあっている人格同士で一つの連合体をなしながら、パースペクティヴのそれぞれ異なる存在同士が、その異なる射映の多様体としての世界を同時に統一体としてともに認識している。こうした認識をもとに、世界は「客観性の源泉」とみなされているのである。

またフッサールは、事象の射映的与えられ方が自らの位置を変えることによって引き起こされている事態について、初期の段階から論じていたが、後期においてはこうした事態を「身体性」「キネステーゼ（Kinästhese）」（運動感覚）の側面から分析を加えている。そこでは、知覚的志向性がいわば「受肉した主観」を前提としたものであり（XVI, 176）、あらゆる世界内的経験がそれによって媒介され、可能となっていることを明らかにしている。そのことについてフッサールは次のように述べている。「私はその際、身体物体性のあらかじめ描かれた様式の範囲内で私の身体物体を任意に変化させて考えることができ、また私の現下の周囲世界をも任意に変えて考えることもでき、その結果、その周囲世界がそこから見られた周囲世界である、というように考えることができる……そのことはすべて、私の現実的な可能性であり、すなわち私の〈私はできる〉の枠内で総じて考えうるものとして……想定できる、……そのような可能性である」（XIV, 500）。

フッサールはこのような、現実に客観的世界を自らの内で構成し、客観的世界の内で自らを有心的で実体的な人間的存在者とみなし、可能性を現実の内で実現し周囲世界を変容させていくような自我、「全き具体性において受け取られた自我」を『デカルト的省察』の中では「モナド（Monade）」とよび、自我を新たに特徴づけている（I, 102）。ライプニッツのモナド論に端緒をもつこの概念は、フッサールにおいては、一つのモナドから他のモナドへと、私の固有の自我の意味を介して意味の転移を行うものとして捉え直されている。フッサールはまず、他我について「現象学的にはわたしの自我の変様」として自らと類比的なものとして分析を始めるが、その場合、「他のモナドが付帯的現前によって、わたしのモナドの内に構成される」ことになる（I, 144）。すなわち、他我は自我なしにはけっして与えられえないものであり、つねに自我と結びつき、「対」をなして志向性の内に構成されているのである。のちに彼のモナド論は、形而上学的であり、他者に関わる諸現象を説明するのに不十分であるとの評価を受けることになるが、後期のフッサールにおいては、自我はこうした他者経験から出発して、今度はその意味を自分自身へと「移し入れる」という道筋を辿り、「私がエポケーにおいて到達する自我は……本来単に複義性によってのみ自我と呼ばれる」という結論へと至る（VI, 188）。そして最終的に「他者」はモナドの多数性、換言すれば、共同の世界における自我の複数性による「共同‐主観」へと導かれていくのである。

現象学から現代の教育学へ

フッサールは『イデーンへのあとがき』において、「超越論的自我の現象学的開示は、その自我の内に含まれている共同‐主観の経験がその超越論的経験へと還元されるに至るところまで推し進め」られねばならないとしている（V, 153）。厳密な学のための基礎づけから出発した現象学はこの時期より、「私にとって」だけではなく「あらゆる人にとって」も存在する生活世界を間主観的に経験しているさまを記述し、そこから意味と妥当を汲み取ることで「真の客観性」へと至ることが目指されるようになるのである。そして後期思想における発生的現象学の思索の中で彼は、自己と他者が共通の世界において一つの地盤を共有し共属しあっているからこそ、われわれは自らの経験の内で、他者が私と同じものを同じように（あるいは異なって）経験していることや、私自身が他者によって経験されているという事態を浮き彫りにしていくのである。トイニッセンはこうしたフッサールの他者論からさらに進め、私が他者によって客観的に統握されていることを媒介として自己統握を行い、私が自分自身を他なるものとして経験している了解の仕方を「他者化（Veranderung）」とよんでいる（根本問題、一五一頁）。われわれが様々な他者と出会い、他なる主観のまなざしの中に自らを「他者」として客観的に見いだすということは自らのパースペクティヴの変容を促すが、さらにその視角の差異の内にはそれまで無自覚であった自己の意味を深く了解する可能性を含んでもいる。また、このことは、自身の主観性を志向的に構成する際に分かちがたく結びついている他者や世界といった諸現象の了解へとふたたび循環していく契機にもなっているのである。

かつてフッサールは自らの現象学を、無限に進行する「作業哲学（Arbeitsphilosophie）」と称した。すなわち、出発点となる基礎さえ確立されたならば、その方法論をもとに、哲学はもちろん、あらゆる学問領域の諸問題が不断に続いていく現象学的記述と分析によって豊かに解明され、様々な現象の深い了解へと開かれていくと考えたのである。それゆえ、後期フッサールの発生的現象学において展開された「自己‐他者‐世界」に関わる前述の議論は、現代の教育学における諸問題について考察する際の一つの手がかりとなりうるのである。というのも、教育もまた「世界」

の内で営まれている「自－他の働きかけ」にほかならないからである。

さて近年、社会の変化に伴い、子どもたちを取り巻く教育環境も大きく様変わりしてきている。しかし、教育学がまなざしを向けるべき子どもたちの「生活世界」はなおも変わらず、あらゆる学問に先だって存在している。そして、そこに置かれている子どもたちの現在の状況として、学校・家庭・地域社会の連携が強く推進されていることや、また、学習活動の指標となる学力観が変化し、「生きる力」の育成に力が注がれ、基礎的・基本的な知識や技能を活用しながら課題を発見・解決するための「思考力・判断力・表現力」を重視する施策がとられるようになってきたこと、そしてその際、学校内外・教科内外での多様な「活動」や自然・社会に直接触れる「体験」を重視するようになってきたことなどが挙げられる。しかしながら、こうした学びにはその成否が見えにくい部分もある。それは「ヒドゥン・カリキュラム（隠れたカリキュラム）」のような教育活動や、数値による評価がそぐわない科目とされる「道徳」においても同様であり、その隠れて見えない人間形成的意味を反省的に捉え、それを教師や児童生徒の自覚の次元にまでもたらし、客観化していくことには困難が伴う。それゆえ、現代の教育における諸問題について考察する際も、諸事象の汲み尽くしがたい意味を記述・分析していく作業を通して、主観的な現象を客観的な自己省察へと導くことが、その解明の鍵となりうる。

また現象学的態度と方法は、より具体的な教育実践の場面においても教育学と協働しうる。たとえば、授業において「吟味すること」を重視した林竹二は、子どもたちの反省的態度を促す「問い」とそれによる豊かな学びについて考察しているが、林はソクラテスによる問答を念頭におきつつ、授業の最も重要な要素が、何かを教えこむことにではなく、問題をつきつけて子どもたち自身に「これでいいのか」と振り返って考えさせる作業のうちにあるとした。そこでは新たな気づきや自覚へと導くため、子どもたちに自らとの対決を促すような教師の働きかけが重視され、声かけなどの試行錯誤について記述・分析がなされている。こうした議論はまた、近年のアクティヴ・ラーニングといった主体的学びや、ポートフォリオを使用して子どもたち自ら教育活動について記述し「振り返り」を行うような学びを考察する際にも、あらためてその意義が認められうるのではないだろうか。

主要参考文献

フッサール全集（Husserliana）からの引用については、ローマ数字で巻数を、算用数字で頁数を本文中に示した。なお、訳出については適宜邦訳を参考にした。

細谷恒夫『教育の哲学』創文社、一九六二年
ランゲフェルド『教育の人間学的考察』（和田修二監訳）未来社、一九七三年
ランゲフェルト、H・ダンナー『意味への教育―学的方法論と人間学的基礎』（山崎高哉監訳）玉川大学出版部、一九八九年
新田義弘『現象学とは何か』紀伊國屋新書、一九六八年
新田義弘『現象学』岩波書店、一九七八年
新田義弘、小川侃編『現代哲学の根本問題８　現象学の根本問題』晃洋書房、一九七八年［引用略号：根本問題］
高橋里美『フッセルの現象学および現代日本の体系哲学について（高橋里美全集 第四巻）』福村出版、一九七三年
林竹二『学ぶということ』国土社、一九七八年
和田修二『子どもの人間学』第一法規、一九八二年

第一〇章　調和の時代における人間形成
―M・シェーラーの形成観―

盛下　真優子

第一節　シェーラーの基本思想

二〇世紀初頭は第一次世界大戦の経験、実証科学の台頭とそれに伴う人間の確固たる地位の崩壊など、人間観や世界観をめぐる大きな転換期に差しかかっていた。この時代に活躍したドイツの哲学者マックス・シェーラー（Max Scheler, 1874-1928）もまた、時代の流れに沿って多様な思想を展開している。シェーラーの思想は、一九一二年までの前期、一九二一年までの中期、一九二八年までの後期に区分することができる。第一節では、中期に展開された倫理学と、後期に展開された哲学的人間学に焦点をあてた上で、シェーラーの哲学全体を貫くテーマとして、「調和」の概念を取りあげたい。

実質的価値倫理学

シェーラー哲学の基盤となっているのは、中期に現象学的観点から展開された倫理学である。シェーラーは『倫理学における形式主義と実質的価値倫理学』（一九一三－一六年）の中で、人間が一切の知覚や把握に先行して、第一に価値把握的な態度で世界と接しているとしている。その際シェーラーが注目するのが、情緒的なものによる価値認識作用であり、ある対象を「～として」志向的に把握する感得作用や、価値を比較し「より高い」のか「より低い」

のかを認識する先取・後置作用、それらの諸作用を基づけている愛の作用などである。この愛の作用は、それ自身ではけっして積極的価値や消極的価値など、価値の高低の認識をめざす性格のものではない。むしろ価値の高低以前の、あらゆる価値認識作用の原動力なのであり、その働きにおいて価値が「おのずから」あふれ出るような、価値の発見的役割を果たしている（II, 275）。

このようなシェーラーの倫理学において前提とされているのが、アプリオリな、すなわち経験に先立って与えられているような、価値位階の存在である。キリスト教カトリックの影響を大きく受けていた中期のシェーラーにとって、諸価値はアプリオリな序列的関係にあり、価値認識作用もまた、アプリオリな価値位階に対応した諸価値へと作用するものと考えられている。アプリオリな価値位階は下位から順に、①快・不快の価値、②有用価値、③生命的価値、④精神的価値、⑤聖なる価値あるいは人格価値であり、人格神が頂点に据えられている（II, 125-130）。そして上位の価値を先取しうる準備ができている人ほど、善い人格であるとされている。ここでは、快適なものや生命的なものもアプリオリな価値として認めている点に、情緒的なものを再評価しようとするシェーラーの試みがみられるだろう。

さらに、シェーラーの倫理学において特徴的であるのは、各々の人格や社会的共同体には個別的でただ一回だけの価値があるため、代替不可能な存在であるとしている点である。このことをシェーラーは、「私にとっての自体的善」という言葉で表現している（II, 495）。ただし、この個別的でただ一回だけの価値とは、あくまでアプリオリな価値領域内での個別的善を意味する。すなわち、それはけっして「個性的で気ままな衝動」ではなく、アプリオリな価値位階に裏づけられた独自的価値要求なのであって、アプリオリな価値領域のうちにすでに、個別独自的な価値実現の要請が含まれているのである。そして、個別妥当的価値を、各人および社会的共同体の発展の過程において、たがいに相互浸透させることによってはじめて、善なるもの自体に対する十分な洞察が与えられることになる。

以上のようにシェーラーは、各々の人格に異なる価値を認めるのであるが、それに伴い人格相互間の連帯性（Solidarität）も重視している。この連帯性のもとでは、各人は自分自身の個別的価値実現に対してのみならず、すべての他の人々の価値実現に対してもまた、「共同責任」を負う。というのも、自らの価値の実現は同時に、人格神へ向かう価値実現の一端を担うものとして位置づけられるからである。したがって人間は、個別独自的人間であると同時に、共同活動者、共同存在的人間、共同責任者なのである（II, 524）。このようなシェーラーの倫理学は、後期では「調和」思想として具体化されていくことになる。

哲学的人間学

シェーラーは、カトリック思想から離れたあとに、『宇宙における人間の地位』（一九二八年、以下『宇宙』と略記）に代表される哲学的人間学を展開した。シェーラーは当時の時代的状況を、「人間とは何かを人間が知らず、しかも自分がそれを知らないということを人間が知ってもいる最初の時代」であると表現している（IX, 10）。「人間」という言葉は、動物領域の一部分であるという意味と、動物一般から対立した事柄の総体であるという正反対の意味の二義性を帯びており、それらがたがいに独立的に考察されているために、いまだ人間に関する統一的な理念を有することができていない状況にあった。このような状況に対する問題意識から、シェーラーは最も幅の広い基礎として人間と動植物との関係を据え、人間の本質の解明を試みたのである。

『宇宙』の中でシェーラーは、まず人間を含めた生けるものの心的機能を、感情衝迫、本能、連合的記憶、実践的知能の四段階に分け、それぞれの特徴を生物学や心理学などに基づき分析している。そして、実践的知能でさえ人間以外の動物にも認められるという事実に直面したシェーラーは、人間の本質段階として精神の存在を認めることで、人間の特殊地位を維持しようとしたのである（IX, 32）。ここにおける精神には、根源現象や本質内容の直観、好意、愛、悔恨、畏敬、感嘆、浄福と絶望、自由な決断などの一定部門の意志的・情緒的な諸作用をも含むような、非常に幅広い意味が付与されている。

以上のような人間学的分析をふまえて、シェーラーは精神と感情衝迫、すなわち生の両方を有する人間の特徴を、

「世界開放性（Weltoffenheit）」とよんでいる。この世界開放性は、「環境世界」との対比から説明されうる。環境世界に住まう生命的動物は、環境世界の構造が自らの衝動・感覚構造に、正確にかつ「閉鎖的に」適合しているため、自己および世界の諸事物を対象化することができない。これに対して精神と生を有する人間は、環境世界に備わる生命的な偶然的現実性という特性を廃棄し、世界そのものを対象化することができる（「理念化の作用」）。これはすなわち、精神による生の対象化を意味する。これにより人間は、諸事物を対象化し変化を加えていくことによって「無際限に『世界開放的』に行動しうるところのXである」と位置づけられるのである（IX, 33）。

シェーラーの哲学的人間学において特に重要であるのが、精神と生の関係である。「強力であるのは根源的に低次のものであり、無力であるのはもっとも高次のものである」というテーゼのもと、シェーラーは最下層に位置する生こそが、あらゆる生けるものの活動エネルギーを供給する動力源であり、精神に可能なのは方向性を指し示すような理念を掲げることのみであるとする（IX, 96）。すなわち、精神の理念を現実的に実現しうるか否かは、生のエネルギーにかかっているのである。このようにしてシェーラーは、精神と生のどちらか一方に人間を押しこめるのではなく、その両方に独自の意義と役割を認めることによって、人間を統一的に理解しようと試みている。そして、このような精神と生の相互作用を、シェーラーは「生成」とよぶのである。

さらに以上のような人間学的考察をふまえ、人間を神の共同形成者、共同設立者、共同遂行者として、神とともに学び形成してゆく存在者と位置づけている点に、シェーラーの哲学的人間学の独自性がある。というのも、人間における精神と生は同時に神の属性でもあり、人間生成は神生成を意味するとシェーラーは考えるからである（IX, 83）。

調和の時代と全人

以上でみてきたように、中期と後期のあいだには、精神と生の位置づけに大きな転換がみられる。中期の倫理学では、精神と生が序列的に捉えられ、精神のほうが頂点に位置する人格神に近いものとして考えられていた。それに対して後期の哲学的人間学では、生もまた神の属性の一つとしてみなされ、生なしには精神は現実化の力を所有しないとされており、明らかに生を重視する傾向がみられる。それに伴いシェーラーの中で重要性を増していった問題が、精神と生を初めとする諸々の「調和（Ausgleich）」であった。ただし、この調和はシェーラーの哲学全体を通じて貫かれているテーマの一つでもある。というのも倫理学においてすでに、アプリオリなものの領域を生命的なものにまで拡大することで、理性的なものと情緒的なものとの調和が試みられているからである。

　第一次世界大戦後、シェーラーはキリスト教を通じた世界規模での連帯という当初の構想を断念し、カトリック思想から距離を置くようになる。その背景には、当時のニヒリズム的状況による影響があったと考えられる。人格神を頂点とする序列的関係の解消に伴い、後期では生成を中心とした動的でダイナミックな視点から、調和が論じられることになる。シェーラーは『調和の時代における人間』（一九二七年）の中で、来るべき時代として「調和の時代」を掲げており、神・世界・人間に関する理念間の調和や、様々な世界観、価値、知識などの調和を求めている。そして、その中でも特に重要なものとして、アポロン的人間とディオニュソス的人間との調和、合理主義と非合理主義、理念の哲学と生の哲学との調和における形成、「調和の時代に適合した人間自身の形成における調和」が挙げられているのである（IX, 155）。

　シェーラーは、このような「調和の時代」を象徴する人間像を、「全人（Allmensch）」と表現している（IX, 150-151）。全人とは、人間のあらゆる本質的可能性を実現し、自己のうちに包含しているような人間を意味する。しかし同時にシェーラーは、有限的存在者である人間が、そのような絶対的意味での全人の実現からは、遠く隔たっていることも深く理解していた。それゆえにシェーラーは、「調和の時代」において真に求められるのは全人ではなく、「相対的全人」であるとするのである。この相対的全人とは、それぞれの個人、時代において近づくことのできる全人性の最大量を意味している。

　相対的全人の概念からもうかがえるように、シェーラーは「調和の時代」においてけっして一個人、一時代のうちで「全ての諸能力のバランスのとれた状態」を実現することをめざしているのではない。むしろ、シェーラーの意味する調和は、個別性を追求した結果として実現されるものであるといえるだろう。というのも、シェーラーは調和においてこそ、「精神的差異、個的差異、および相対的な意味での個的な差異——たとえば民族間の差異など——のいちじるしい増進」がみられるとしているからである（IX, 151）。このような調和の形成過程では、そのときどきの到達段階は新しい段階が加わることで、その意義や価値を失うことがないような「成長」が求められることになる。シェーラーは急逝する直前に、以上のような調和思想を展開したのであった。

第二節　人間形成的原理としての典型

第二節では、第一節で述べたシェーラーの基本思想をふまえて、人間形成論的観点からシェーラーの思想を検討する。その際に注目したいのが、シェーラーが倫理学および『典型と指導者』（一九一一－二一年）において展開した典型論である。

典型

シェーラーの典型論における「典型（Vorbild）」とは、人格として構造化された価値性を意味する（II, 579）。すなわち典型は、現実的な世界で価値を具現化した存在なのである。シェーラーはこの典型の概念が、偶然的な歴史的経験などから、抽象化されて導きだされることはないとする。なぜなら典型は、快適なるもの、有用なるもの、生命的なもの、精神的なもの、聖なるものを伴った、アプリオリな価値理念であるからである。したがって、典型は第一節で論じたアプリオリな諸価値と対応関係にあり、快・不快の価値－生の芸術家、有用価値－文明の「指導的精神」、生命的価値－英雄、精神的価値－天才、聖価値－聖者という典型類型に分けられている（X, 262）。

ここで注目すべきなのは、シェーラーがこの典型の存在を、社会的集団および個別的人格の「形成にとってもっとも有効な、もっとも力強い外的な刺激手段」として理解している点である（IX, 104）。たとえば典型は、国家においては「理想的」として考えられる制度の形成を規定し、道徳的領域においては、そのつど支配的な価値先取体系を規定し、芸術においては支配的な様式の形成を規定する。このようにシェーラーは、典型の存在こそが歴史過程において生じうる様々な活動領域を制約しかつ規定すると考えている。

また典型の概念は、形成に対して何らかの影響を与えうるという点で類似した概念である「教育」や「指導者」から区別されている。シェーラーによると、人間形成の過程においてみられる心情の変更には、意欲のみならず、そのつどの意欲と選択を基礎づけている先取作用や愛の作用など、価値認識作用の変更が含まれている。そして、この心情の変更は、命令と服従にでも、普遍的な法則規範とその規範に対する態度にでもなく、ましてや道徳教育にでもなく、典型ないしは私たちが「善い実例」と「悪い実例」とよんでいるところのものに帰属すべきであるとされている（X, 268）。このように、心情の変更は倫理的次元におけるものであり、教育によってでさえも、その影響を心情にまで到達させることはできないとみなすことで、シェーラーは形成に対する典型の意義を強調したのである。

典型と指導者の相違点は、次の三点にまとめられている（X, 259-263）。第一に、指導者と服従者のあいだには相互的な意識関係がみられるのに対して、典型とその典型を善しとする人は、たがいの存在を知る必要はない。つまり、典型は自分が典型であることを知る必要はないし、各人は誰が自らの典型であるのかを意識する必要はないのである。第二に、指導者は実在的人間でなくてはならないのであり、ここにそして今いなくてはならないのに対して、典型は空間・時間・実在的現在から独立しており、観念的関係に基づいている。したがって、小説の主人公さえも典型となりうる。第三に、指導者は最も普遍的・没価値的・社会学的概念であるのに対して、典型はつねに一個の価値概念である。すなわち、どの集団も数において小さい「指導者」と、数において大きい「服従者」という二つの部分に分かれるという法則は、価値評価の対立や世界観の対立とはまったく関わりがないのであって、いかなる価値的意義も有してはいない。それに対して典型は、つねに一個の価値概念であるため、人々は自らの典型を善いもの、完全なもの、あるべきものとして典型に関与することになる。このような典型と指導者のあいだでは、典型の存在が、どのような指導者が生まれるのかを規定するという関係が成り立つ。したがって、指導者は典型でもまたありうるのであり、特に宗教的指導者、道徳的指導者、政治的指導者、教育的指導者は典型になりうると考えられている。

理念化と共同遂行

以上のような典型の概念は、第一に理念化の作用を通じて把握される（X, 272）。理念化の作用とは、〈今＝ここに＝このように存在する〉という経験的・偶然的現実性に対して、「力強い『否』を発すること」を通じて、現実性という特性を廃棄する作用である（IX, 42）。この理念化の作用により人間は、現実に存在する経験的事実を、本質的な世界の様相に対する単なる一例として把捉することができるのであり、経験的事実からアプリオリな本質領域を認識することができる。同様にシェーラーは、各人が偶然的な経験を理念化することによって、アプリオリな領域における典型の理念一般を把握することができるとする。したがって人間に特有な理念化の作用は、経験的世界において典型への関与を可能にする大前提をなしているといえるだろう。

では、私たちは経験的世界において、どのようにして具体的に典型と関わりうるのだろうか。この点を理解するためには、シェーラーの人格概念に注目する必要がある。シェーラーは人格を、様々な作用の中心であり、つねに諸作用のうちにのみ存在するものであると理解している。したがって、対象化する作用もまた一つの作用であるから、人格自体を対象化して捉えることはできない（II, 394 IX, 39）。同様に、他者の人格も対象化して把握することはできないため、他者の人格に関与するには、他者の人格の自由な諸作用をともに遂行すること、すなわち共同遂行することが求められている。

このような人格理解に基づき、シェーラーは典型という一つの人格に対してもまた、その諸作用を共同遂行することによってのみ関わりうるとする。ただしこの共同遂行は、単に典型が意志し行動することをともに行う、ということを意味しない。価値認識作用の原動力となっている愛の作用を共同遂行すること、すなわち典型が愛するものをともに愛することが求められるのである（II, 580 VII, 168）。以上のようにシェーラーの典型論では、「典型に参入して成長しつつ自己形成する」という人間形成のあり方が示されている（II, 581）。この形成過程において典型は、アプリオリな本質世界と経験的現実世界を媒介する役割を果たしているといえるだろう。

汝があるところのものになれ

シェーラーはまた、典型の作用を共同遂行することによる形成は、個別独自的形成であらねばならないとする。すなわち、典型類型のうちのある典型がそれぞれ、「汝があるところのものになれ」という存在当為（「あるべし」）を各人へとよびかけ、「自己の真の力を知ってそれを活動的に使用するようにと教える」のであり、この意味で典型は「自分の使命を明らかにさせる階梯であり、開拓者」なのである（IX, 105）。したがって典型は、私たち自身の規定へ向けて、すなわち自らの力の完全な放出へ向けて開放する存在であり、人間の自由な自己形成を許容する存在であるといわれている（IX, 84, 106）。

この各々の典型による個別独自的形成の要請は、シェーラーが同じく倫理学において論じた「時の要求（Forderung der Stunde）」という概念と深く関係しているだろう。時の要求とは、けっして反復されえず、もしもそのときに利用されないならば永遠に失われてしまうような、独自的でただ一回的な課題を意味している。この時の要求のもとでは、その当為内容が普遍的立法の原理にも、類似した状況や「場合」に関しても、またあらゆる人間に関しても「普遍的に」有効なものではけっしてなく、唯一の個人にとってだけ「べき」であり、この場合にだけ、そして自分自身にとってのみ洞察されることになる（II, 498）。そしてシェーラーは、この時の要求うちで自らを現すことこそが、個体的使命であるとしている。典型は、この時の要求とともに〈汝があるところのものになれ〉とよびかけ、各人の個別独自的形成を促す役割を果たしているといえるだろう。そしてこれにより、第一節で述べた「私にとっての自体的善」も実現されうるのである。

さらにシェーラーは、この「汝があるところのものになれ」という典型による存在当為が、論理や意識以前の次元でのよびかけであるとする。すなわち、私たちはすでに「自分にも説明できない人格に対するつながりと無関心さをもっている」のであり（X, 273）、意識以前の段階で各々の典型から大きな影響を受けているのである。この典型の「牽引力」により、各人が自らの典型を選ぶ前にすでに「典型のほうが誘い、招き、その胸に人を知らぬ間に引きよせることによって、人はこれに捉えられている」状態にある（IX, 104）。そこでは人は、典型への引きよせに対して能動的にはたらきかけることはできないのである。それゆえ、「人間自身が自分の典型は何であるかということを自覚的意識のうちにもたず、いわんやその典型が何に由来するかをまったく知らない、まさしくその場合に典型の有効性は最も強い」のである（X, 259）。

しかし注目すべきなのは、このような典型の牽引力をふまえてもなお、シェーラーが典型を、典型に引きよせられた人にとっての自律的原理であるとしている点である。シェーラーによると、この自律には「それ自体で善なるものに対する人格的洞察の自律」と「洞察された善に対する意欲の自律」という二つのあり方がある（II, 499）。このように二つの自律性を想定することで、シェーラーは教育の意義も認めている。というのも、教育された人においては、価値自体に対する洞察は自律的ではないものの、教育を通じて洞察された価値に服従する意欲は自律的でありうるからである。以上のような教育された人の意欲の自律性を、シェーラーは「倫理的に大いに価値のある服従」とよんでいる（II, 505）。

教育された人においては「洞察された善に対する意欲の自律」のみが自律的であるのに対して、典型に引きよせられた人においては、「それ自体で善なるものに対する人格的洞察の自律」と「洞察された善に対する意欲の自律」という自律性の二つともが、維持されていると考えられている。なぜなら、典型はあくまで各人の存在の次元に対して

「あるべし」とよびかけるのであるが、このよびかけに自らの典型によるものとして応じ、心情の変更を行い、典型の愛の作用を共同遂行することは、各人にとって自律的であり続けるからである（II. 506）。すなわち、各人は存在の次元で無意識的に引きつけられている典型に、「一度は全人的に没入しなくてはならない」のであるが（IX. 104）、この典型を自らの典型として、価値あるものとしてみなすのは、当人の自律的洞察によるのである。この意味でシェーラーは、典型には「洞察の傾向」があるのみであり、「暗示力」のような盲目的強制の形態ではないとする。「典型はたんに、われわれが自分の人格の呼び声に耳を傾けるようにする先達にすぎず、われわれの個的な良心と法則の晴れやかな日の明けそめの曙光（Wegbereiter）にほかならない」のである（IX. 106）。後期の調和思想では、この自律性がより際立ってくる。

第三節　調和と人間形成

第三節では、調和と人間形成というテーマのもとで、シェーラーの典型論や調和思想をよりふみ込んだ視点から考察し、調和的人間形成論として再構成していきたい。

調和における対立

差異や個別性を包括した概念である「調和」の時代において求められる人間形成、すなわち調和的人間形成の実現にとって、典型は個別独自的形成を促す存在として重要な役割を果たしているといえるだろう。しかし、調和と人間形成の関係を理解する上で注目しなければならないのは、シェーラーが典型のみならず「反型（Gegenbild）」の存在も認めている点である。反型とは、「支配的な典型に対する明確な反対として構成された、倫理的人格存在の像」を意味する（II. 576）。そしてこの反型もまた、人間形成に対して大きな影響を与えると考えられているのである。

反型を成立せしめる要因として、シェーラーは「ルサンチマン」を挙げている。ルサンチマンが生じるのは、支配的価値によって自己価値が傷つけられ侵害されたと感じたり、他者の価値と自らの価値を比較して敵対衝動を抱いているにもかかわらず、その感情が押し込められる場合や、ある価値の実現をめざす強い志望が存在するとき、それと同時に、この志望を意欲的に実現することができない無力さが感じられる場合である。その際、他者の価値や志望される善さの積極的価値を、価値のないものとして引き下げ拒否したり、この善さとは何か反対のものを積極的に価値ありとみなすことによって、自らの充たされない状態を克服しようとする作用が生起する。シェーラーはこのことをルサンチマンとよぶのである。ここでは、ルサンチマンを抱く当人は、支配的価値や他者の積極的価値を、価値としてまったく認めていなかったり、誤って低い価値として認識しているのではない。支配的な価値もしくは積極的価値として認識され、そのあとにルサンチマンが生じるのである（III, 46-51）。

以上のようなルサンチマン的反型が成り立つということはすなわち、ある者にとっての典型が他の者にとっては反型を定立させる要因になる、ということを意味するだろう。したがってたとえば、支配的典型としての「文明の『指導的精神』」に対して、反型として「天才」が定立される場合も考えられるのである。またさらには、ある典型からの引きよせに対して、その典型を自らの典型として価値あるものと洞察し、自らの時の要求を意識しているにもかかわらず、それに応じることができない場合には反型が生起する、ということも意味するだろう。以上のような典型と反型という対立から、調和的人間形成の姿が浮かび上がってくる。

そもそもシェーラーは、調和において重視していた精神と生の関係を、相互補完的で統一的結合関係にあるとする一方で、あくまで両者が根源的緊張関係にあり、本質‐対立的関係であるとしている（VII, 86-87 XII, 246）。なぜなら、世界開放的存在である人間は精神的作用によって生命的現実性を否定し、生を放棄することもできるからである。そしてまさにこの対立的関係を保った精神と生の相互作用こそが、人間形成の原動力と考えられていたのであった。

したがってシェーラーのいう調和は、個別性や差異性を認めると同時に、ルサンチマンに基づく反型や精神と生の関係にみられるように、対立を帯びた概念であるといえる。シェーラーは、この対立を免れえない人間の存在を、「悲劇的である」と表現している。というのも、価値の担い手同士のあいだで抗争が起こった場合、ある個別独自的価値の実現に至らしめる力が同時に、この働きの過程そのものの中で他の価値の存在条件を破壊する、という事態が生じるからである（III, 153-155）。この「悲劇」は、すべての価値を一個人において十全に実現することは不可能である、という人間の有限性に由来しているといえるだろう。

絶対的価値領域のもとでの調和

以上のような対立性を含む調和思想では、そのアプリオリな前提として「絶対的価値領域」が想定されているものと考えられる。中期の倫理学において基軸となっていたアプリオリな価値位階の概念は、確固たる価値や人間観、世界観の不明瞭化という時代的状況と、それに伴うシェーラーの思想転換を経て崩壊し、諸価値はもはや序列的なものとは理解されていない。それにもかかわらず、シェーラーは後期の調和思想に至るまで、アプリオリな「絶対的価値領域」という構想を維持し続けていたといえる。というのもシェーラーは、自らの思想が後期に至って相対主義に陥ったのではないことを強調する際に、「アプリオリな本質的価値領域」や「絶対的価値領域」という言葉を使用しているからである（VIII, 26）。この絶対的価値領域の概念のもとでシェーラーは、経験的かつ相対的な現実的次元と、アプリオリかつ絶対的な価値の本質的次元の両方を想定している。すなわち、一方で価値そのもののあいだでの優先法則は相対的で動的なものなのであって、絶対的価値領域に決定権はない。しかし他方で、絶対的価値領域のうちにすでに、一定の個別的で代替不可能なものとの関係が含まれているとみなすことで、調和思想が相対主義と同一視されないようにしているのである。

このような絶対的価値領域のもとでは、形成過程においてみられる差異や多様性は、絶対的価値領域の「現在的・相対的な真理」であり、それぞれが世界の何か一つの段階として受け入れられることになる（VI, 21）。したがって、反型や反型に基づく人間形成もまた、絶対的価値領域の一部分を担う価値様態の一つなのであり、様々な価値観や世界観の調和の実現にとって欠かせない要素であるといえるだろう。しかし、このことは言い換えると、調和思想に含まれる差異や対立には、「絶対的価値領域内での」という条件が付け加わらなくてはならないことを意味する。第二節で述べた「私にとっての自体的善」の概念と同様に、調和はまったく無制限の多様性と豊かさを認めるのではない。あくまで、絶対的価値領域に対応した価値の個別的実現という制限のもとで、シェーラーが意味する調和が実現されうるのである。

調和的人間形成

以上のような、絶対的価値領域のもとでの様々な価値観や世界観の肯定という調和思想の基礎は、すでに中期の倫理学においてもみられる。しかし、後期の調和思想において最も異なる点は、諸価値が等価値的かつ動的に捉え直されている点である。最後に、調和思想における典型の意義を検討し、調和的人間形成のあり方について考察していきたい。

中期の倫理学に基づく典型と人間形成の関係では、典型は頂点に位置する人格神へと近づくための実践的手段として意義をもっていた。時の要求という動的要素を含む概念がみられるものの、各人は神によってあらかじめ定められている自らの使命を果たすために、典型を介して個別独自的に形成しなければならないというような、運命論的で固定的なニュアンスが強かったといえる。それに対して後期の調和思想では、神もまた人間とともに学び形成する存在として捉え直されている。したがって、人格神へ近づくための媒介者としての典型の意義は減っているものの、その分、それぞれの個別独自的形成に対する典型の意義は増していると考えられる。というのも、神へ向けた形成という形成観が取りはらわれ、向かうべき形成の方向が不明確になったことで、典型こそが形成の方向を示唆する役割を担っているからである。

また、シェーラーは後期において人間を動的で形成的存在であり、つねに「一つの運動の方向」であり続けると理解しており、けっして一つの範例に結びつけたり、一つの形姿に固定させてはならない点を強調している（IX, 151）。したがって、このような人間理解に基づく動的な調和思想においてこそ、時の要求の意義が十分に発揮されうるといえるのではないだろうか。すなわち、典型や時の要求は、ただ一つだけはなく動的に変化し、繰り返し新たに現れると考えられるのである。そして、それに伴って重視されるのが、典型との関わりにおける各人の自律性だろう。シェーラーは中期においてすでに、「各人は『本物』であらねばならず、そしてまた自分の立場においてあらねばならない。すなわち各人は自分の長所となる個所を見出さねばならない。各人は、その長所である個所にふさわしい典型を探し求めなくてはならない――『探し求めること』がここで可能であるかぎり」と述べており（X, 263）、各人は典型から引きよせられるだけではなく、その典型を自らの典型として自律的に意識することを求めていた。

調和思想では、存在の次元で引きよせる典型を、そのときどきの時の要求に応じた自らの典型として、意識し共同遂行するという各人の自律性が、より重視されていると考えられる。というのも、ここでは「汝があるところのもの」や「自己の規定」は、形成過程においてそのつど自ら見いだすよりほかないからである。そして、このような仕方での個別独自的形成が、歴史の進行のうちで相互に混合しあい、一面性が消えさることによって、シェーラーの意味する全人と調和が達成されるといえるだろう。

ただし、この一面性の排除は、シェーラーが後期においても連帯性を重視していたことから（IX, 162）、ただ自然と実現されるのではなく、社会の成員相互間、さらには歴史的規模での集団相互間の連帯性として、意識的にめざされるべきものだろう。したがって調和的人間形成の過程では、各人や各時代はそれぞれ個別独自的形成を行うことに対して、共同責任を負っているのであり、つねに他者との関係が含まれた形成が求められている。むしろ調和的人間形成では、典型という他者の作用の共同遂行に基づく形成という意味のみならず、反型の概念にみられるような他者に対する対立でさえも、形成の原理として意義をもっている。この意味で「調和の時代」においては、個別独自的形成に対して「他者が力強い援助をすることもありうる」のであり、「ともに生き、ともに行為し、ともに信じ、ともに希望し、ともに形成するという形において存在し、たがいのために存在し、そして価値評価すること」は各人に課せられた課題なのである（X, 352）。

本章では、調和と人間形成をテーマに、シェーラーの思想を再構成してきた。他者とどのように関わり、調和的関係を構築しうるのかということは、人間形成論的にみて重要な問題である。絶対的価値領域のもとでの時の要求に応じた個別独自的形成や、典型および反型による形成という形成観に基づくシェーラーの調和的人間形成論は、このような調和と人間形成の問題に対して、新たな視座を提示しているのではないだろうか。

主要参考文献

シェーラーからの引用は、Max Scheler, *Gesammelte Werke*, Band 1-15, Francke, Bern u. München 1954-1979, Bouvier, Bonn 1987-1997 に依拠する。ローマ数字で巻数を、算用数字で頁数を本文中に示した。なお、引用文の翻訳は飯島宗享、小倉志祥、吉沢伝三郎編『シェーラー著作集（全一五巻）』、白水社（一九七六－八〇年）を参照し、適宜変更を加えている。

阿内正弘『マックス・シェーラーの時代と思想』春秋社、一九九五年
デーケン『人間性の価値を求めて――マックス・シェーラーの倫理思想』（阿内正弘訳）春秋社、一九九五年
フリングス『マックス・シェーラーの倫理思想』（深谷昭三、高見保則訳）以文社、一九八八年
畠中和生『マックス・シェーラーの哲学的人間学――生命と精神の二元論的人間観をめぐって』ナカニシヤ出版、二〇一三年
五十嵐靖彦『愛と知の哲学――マックス・シェーラー研究論集』花伝社、一九九九年
金子晴勇『マックス・シェーラーの人間学』創文社、一九九五年
奥谷浩一『哲学的人間学の系譜――シェーラー、プレスナー、ゲーレンの人間論』梓出版社、二〇〇四年

第一一章　文化における人間形成
―シュプランガーの哲学と教育学―

土橋　寶

いわゆるディルタイ学派の他の学者たちとはやや意趣を異にした、精神科学的教育学の学統の教育学者にシュプランガー（Eduard Spranger, 1882-1963）がいる。その哲学は歴史的生の哲学の影響下にあるが、新カント学派〈西南ドイツ学派〉の価値哲学の思考動機に加え、ドイツ観念論の精神哲学（特にヘーゲル）の思想にやしなわれている。大学人として学問と教育、国民学校論から高等教育、職業教育、教員養成論などの幅広い言論活動の中で、二〇世紀の初めまだ実践部門にすぎなかった教育学を大学で設置される独自の領域と研究方法論を持つ専門科学に自立させる仕事は特に彼の学問のミッションであった。この課題が当初から教育学の哲学的基礎づけを導き、周知のとおり文化教育学（Kulturpädagogik）が創建されるに至った。その教育観は文化哲学の理論に定位する。

第一節　精神科学の構造理論

歴史的生の根本現象

『生の形式』（『生の諸形式、精神科学的心理学と人格性の倫理学』第二版、一九二一年）は、のちに著者自身、英訳版の序言で、ideal basic types の展開であるが、基本概念は「構造」で、「精神哲学、または文化哲学」であると述懐した。先験哲学や精神哲学の諸範疇で意匠を凝らした彼の生の基礎理論を概観しておかねばならない。

精神科学的心理学は自然科学をモデルにし心の現象の因果連関を説明する要素心理学や生理心理学とは異なる。心的・精神的生をその全体と部分からその意味連関で記述分析する方法である。彼の理論は意味と価値の範疇を用い、生を先験的な精神的主観を根拠に基礎づけようとする。精神的生には根本現象がある。それは意味方向、価値方向である。ここに文化生活を成立させる動的な法則性が存在する。「人間本性の永遠のあり方から、それぞれの歴史的文化が単数の表出と非合理な癒合で示す根本諸方向（Grundrichtungen）の獲得」（L.26）が企図される。それは、主観的精神と客観的精神との類比関係に基づき、人間の生を精神の本質的な法則性において了解する「構造論（Strukturlehre）」を展開する。「人間を精神的‐心的生の錯綜自体のうちに位置づけるか、または、古い表現方法を用いれば、主観的精神をその客観的精神への関連において表現する観点」で、精神諸領域をその原理へと還元するかの思考方法であるが、その特徴は構成（Konstruktion）にある。「心の精神的構造は、客観的精神の構造と、その根本諸方向において（合致する）。個人の心の行為と体験がそこのなかに動くところの意味方向は、文化の価値諸領域と、鏡像の関係にあることになる。なるほど根本趨勢に関するものでしかないが、……」（L.23）。客観的精神とは、意味と妥当性において個人的生を超え出る諸価値が歴史的経過で実現されたものであり、客観的とは、個人の自我を離れて存在する超主観性、人々の共同作用、相互作用による集合性、創造的精神の法則性に支えられた規範性の意味も持つ。主観的精神と客観的精神は、「意味方向」により差異化される。この意味方向から全体構造が構築される。個人は、「精神的全体性」と考えられている。生のあらゆる断面には、強度は異なるが、すべての精神諸方向が内包されているのである。

精神的行為と価値方向

人間は文化ないし歴史的所与の「精神生活（Geistesleben）」を営む存在であるが、その生はいかにして自己と世界を形づくるのか。彼は文化の根本現象としての「精神的行為（geistige Akte）」に着眼する。それは、「多様な心的機能から構造的に織りあわされた自我の活動性である。自我はこれにより超個人的意味のある精神的成果（業績）を生み出す」（L.19）類似方向の精神的行為が形づくるのは、特別の行為の部類である。それぞれの行為の部類には、意味が理解される体験の部類が相応する。行為の部類と体験の部類は、意味領域を形成する。意味領域は歴史的に文化領域を成立させる。各文化領域は、一定の意味に仕え、理念的自立性を有する。個人の心的生の全体性は、自我のこの精神行為を根拠とし、価値実現の活動性に集約される。意味は、つねに価値と関係する。精神的行為は、「評価（Wertungen）」を「基礎づける」。たとえば認識行為が必ずしも評価行為ではないとしても、認識の価値は前提されよう。超個人的意味は、およそ超個人的諸価値に関連を有する。各々の精神的行為には、一定の客観的価値から導出された特定の意味付与がある。この価値は基本的な「規範法則」に刻印された客観的な事象の諸領域と関連する。精神諸領域は、実際の行いの対象となる限り、特別な「価値観点」（L.21）に支配される。それは時間的現象形式では目的連関となる。相異なる価値方向は精神領域の分節化の徴しと考えてよい。各精神領域はその固有の構築法則（Aufbaugesetz）を有する。その構造全体は時代を超えている（L.27）。

個性の理想的基本型　―類型論―

人間の生は、「すべての意味方向」を有し、それが層を織りなす。主要な意味領域には、それに属する自我の立場、他方で対象の特徴的な存在形式が布置されてありうる。認識行為、美的行為、経済行為、宗教的行為などの個人的意味付与行為、権力や愛などの社会的意味付与行為は、差異化された意味方向のうちの一つが賽の目のように動的に支配的となる中心的意味方向により、他の意味方向を有意味な構造、了解しうる「型」にまとめあげる。ここに「生のレリーフ」（L.96）つまり生の形式が成立しうる。この生の形式は大きな文化領域と対応し、理論的人間、経済人、美的人間、社会的人間、権力人、宗教人の六つの個性の理想型、および技術、法、教育の文化領域に合致した技術家、法律家、教師の複合類型に類別されうる。（Vgl.L.101-240）こうして個人は文化の全体に順応する。生の諸形式の網状組織とともに、それらに相応する文化哲学があるといえる。この個性の理論は類型論（Typologie）であるが、文化への入門過程での個性的形式の生成の「基本図式ないし標準構造」（L.98）を示すと考えられる。その文化哲学は殊に青年期の生の形式を考察した『青年の心理』の了解心理学に有意味な観点を有する。

倫理学の基礎づけ　―個人倫理と良心理論―

『生の形式』の後半では、人格性の倫理と了解の基本原理が示される。当為の問題への方法的端緒は、まず「倫理の根本現象（das ethische Grundphänomen）」の発見にある。単純な根源動機で組織された精神領域が、精神の根源行為（geistige Urakte）に帰せられるように、若干の倫理の根源行為が認識可能である。倫理現象は精神構造上の多様な価値方向が、物理・心理的な制約に服した人間には同じ比重ですべてを同時に生きられない所に発生する。換言すれば、特別に倫理的な体験の発生地点は、「葛藤（Konflikt）」である。倫理は客観的に妥当な価値の「比較」に根差す。特に倫理的なものが認識されるのは、価値の葛藤でより高く、最高の客観的価値を際立たす規範的性格においてである（L.245）。「倫理的行為は価値葛藤における規範に適った決断に他ならないからである」（L.266）。

倫理も、生の形式と同じく、諸価値の中の一つが「特別に人倫的なもの」として他の諸価値をその最後的価値へと帰せしめるのに功を奏した場合、経済的生の形式＝功利主義の倫理、理論的生の形式＝一般法則性の倫理、美的な型＝内面的形態の倫理、社会的人間型＝援助する愛と誠実の倫理、政治的人間型＝権力への意志、宗教的生の形式＝神的浄福、法悦の倫理、の「一面的体制」が成立する。また客観的な価値の高低に関する適切な価値体験から、一義的で永遠な「価値の位階」が成り立つ。それは、経済的価値を基底とし、最上位に宗教的価値を置き、科学と芸術、政治と社会の価値を対極に配したような価値の標準的秩序である（L.269ff.）。

すべての道徳的価値措定は、自律、つまり個々人の良心（Gewissen）の決断から成立する。「集団道徳（kollektive Moral）」も基本的に個人の自律、個人の良心に由来する。集団の価値判断の原点は個々人の規範意識である。人格性の核心をなすのは、文化諸領域での規範と結びついた価値葛藤における良心である。個人的価値能力と社会倫理の要求との限界で存在すべき最上のものであれ。この命法が人格の理想を表すが、最上のものが何かは、良心とよぶ、自身の胸の内の価値検証の声しか各人に告げはしない（L.306）。

ところで、後期の良心論は、ディルタイが一貫して避けていた形而上化、神秘化の傾向を見せる。

伝統道徳の絶対規範性が喪失し、究極の価値が不確実となり、確かな基準を示しえない相対主義の精神的状況が彼に倫理を省察させることとなった。そこで問われたのは、個人倫理である。倫理の出発点は、倫理的決断の状況にある個人であるが、倫理的行為は超個人的な精神が生きて働く国民道徳等とつねに関わる。倫理は不特定の「ひと（Man）」のかたちで個人に制裁を科す審理主体、この共同生活の価値水準を確保する規範精神に拘束されるかたちで成立する。他方で、意味ある働きをする道徳も、その要求と拘束に対する個人の応答があればこそ育まれる。この応答が、責任を持つという態度である。個人の意識で道徳的諸経験・闘い・決断の中心をなす場所、それが良心とよばれる。

では、真の良心とは何か。①「ひと」の要求への服従、②妥当する道徳への反逆、③平均並みの道徳秩序に個人の良心が義務と感じる価値水準が欠け、個人自身のうちに一層高い価値基準が所有されると信じられること（主観的良心）、の三事例がある。しかし、私の良心に嘘偽りはないといえるか否かの自己吟味の次元がある。真の良心は、この「良心の良心」であり、既存の共同生活の現実に苦悩しつつ、形而上的なものとの接触により、その時代の全精神を担うような本性の道徳創造的人格に認められる「客観的良心」である。その「使命」は、神的なものとの結びつきに信憑性があるからである。（「国民道徳と個人倫理」一九三九年参照）

彼は良心観を深層心理学のエディプスコンプレックスや功利主義の理論に対置する。「ともに知るもの」としての良心の、主観性、具体性、規範性、迅速性、親密性、永遠性などの内面的現象で、永遠で神的なものとの魂の根底での結びつきを説く形而上的傾向がある。（「良心について」一九五九年参照）その一方、良心論は政治、法、国家、経済、学問、教育などの文化問題の脈絡で文化倫理に拡張される。「私的良心」に加え、「文化良心（Kulturgewissen）」が説かれる（GS.V. 413, 428）ところに独自の課題意識をみせる。

第二節　文化教育学の体系構築

教育は文化哲学によって考察される。教育は文化とよぶ壮大な生活連関の一面だからである。シュプランガーの教育に関する考究は、文化の運命をめぐる思索に導かれている。教育学の哲学的基礎づけの発展的経緯をたどり、文化教育学の体系構築を概観する。

教育学の哲学的基礎づけ　―価値哲学への接近―

『生の形式』はシュプランガーに学問的な陶冶理論の諸前提への通路を開くものあった。教育学の哲学的基礎づけにおいて、特に陶冶理想（教育目的論）や教育者の心理（教師論）を扱った部門はそれの直接の応用である。精神構造の理論は、各文化領域の中心価値〈規範〉から分類されうる陶冶理想の構成の図式とされている（GS.II. 82-93）。

彼の教育学の基礎づけは生の現実における教育現象の記述分析から出発する。ただ社会の科学よりは「文化の科学」と理解される彼の精神科学は、価値ある歴史的社会的生活、その本体的な価値領域と結びつき、陶冶理想に普遍妥当性を持たせる点では、新カント派の価値哲学への接近をみせる。

初期のシュプランガーは、人間の目的の学説、倫理学と、この目的に向けて働く方法の心理学、この両補助科学で学問的教育学を築いたヘルバルトの一般教育学に対し、教育を歴史的社会的生活現実としての「国民生活の全体」、この「文化体制」の基底にある「生ける出来事」に認識し、生の連関に根ざす「特別に教育的なるもの」を問う。それは、「価値あるものにすること（Wertvollmachen）」という「教育の根本現象」（GS.II.214）である。これは、他者の生において自ら一定の価値へのリアルな感受性を成立させることである。この価値概念は、精神的事実を表現するのに適い、意志、感情、悟性の事実がかみあう一点をあらわす。人間の精神的本質性は「価値の構成」にある。いかに諸価値が自己に集まり、いかにしてある価値が他の諸価値の上位に位置づけられるか、この生活が人格性をなすとするのである。子どもの「価値生活に影響を与える」ことは「価値付与作用（Wertegeben）」と表せる。（GS.II.216）諸価値は、生成する人自らの自主的な「評価（Werten）」の行為に担われる。評価作用の譲り渡し、つまり子どもの「価値形成」の中枢にいかに迫りうるかの陶冶性の問題、さらに「いかなる価値をあたえるべきか」の陶冶理想や陶冶財の問題が続く教育学的考察の主題である（『哲学的教育学の根本問題』一九〇七年参照）。

教育学独自の学問的課題は生の連関における「固有の教育的な根本事象」、文化生活の中の「何がしか固有のもの」から明らかにしうる。それは形成作用（Bilden）、陶冶性（Bildsamkeit）、陶冶理想（Bildungsideal）である。自己形成の過程は、「主観の、客観的なものへの接近」である。そこで関心事は、いかにして客観的なものは主観的にさせられるか、である。形成作用についてみれば、その本来の出来事は、この「主観化」である。客観的に妥当な諸価値は、生成する人に「移植」されねばならない。諸価値は、「自身の自主的な評価の行為に」担われる。客観的価値はここに主観的な根幹を持つべきである。教育者は、主観の中に客観的なものを形づくろうとし、評価の一定の方向を生みだすよう、心的過程をよび起こす。続いて考察されるのは、主観の中での客観的成果の成立をいかに促進するかの条件設定などの陶冶性の問題である（『教育学の哲学的基礎』一九一〇年参照）。

『哲学的教育学綱要』（一九三三年）では、文化の「生命」条件が省察された。教育は、文化内での間主観的活動による「発達援助（Entwicklungshilfe）」であると考えられている。歴史的文化の存続には、新生世代がつねにスタート地点から始めるゆえに、客観的文化を主観的文化可能性に戻しかえす必然性がある。教育とは、価値に導かれた発達援助を与える意識的な文化活動である。その影響行使は、被教育者の価値態度や志操など精神的生の運動の根まで及ぶ。そこで「教育とは、人間が彼自身に達成可能な文化世界の意味と内実を自らの真正な志操と力でつかみ、評価し、形にするという目標をもって発達援助を行う、意識的な文化活動である」（GS.II.23）。

文化教育学の体系的基礎づけ

シュプランガーの文化教育学の体系的展開が「チュービンゲン講義」（一九四八年）に読み取れる。それによると、文化とは、精神生活の形象である。精神生活には四つの側面がある。①共同精神、②客観化された精神、③規範的精神、④個人的精神である。

人間形成と教育の面からこれらの精神の諸側面の意味を理解すると、共同精神は教育社会に、客観化された精神は陶冶財（教育内容）に、規範的精神は陶冶理想（教育目的・目標）に、個人的精神は教育する陶冶の担い手と享受者・生徒（教育者と被教育者）の、各部門に対応させてよい。

「共同精神」とは、自然的に形づくられた家族、血統、民族などの結合の精神や特定目的に規定された国家、教会、身分、職業などの文化的技巧的結合の精神である。この結合は、相互了解のある生活連関である。各共同精神には前史がある。人間はこの意義世界に生きるものであり、直ちにすべてを理解できない成長途上の個人は、この了解へと教育される。

「客観化された精神」とは、物的に固有の精神、意味や価値の付随した文化財のようなもので、意味が伝承される。この意味や価値は意味了解によって主観的精神に再度とりだされる。

「規範的精神」とは、基準の総体のことで、二つの主要形態がある。利益の下での経済、美の下での芸術、真理の下での科学の「事物規範」、共同生活の規範的秩序としての「結合規範」である。

「個人的精神」とは、精神の内実が意識化される唯一の場であり、個々人の心の体験と意味付与作用である。ここに客観的文化に対する、意識を持つ個人の優位が示される。文化総体は意識ある個人に運命的制約を受ける。つまり「体験する意識」が何もないところでは、精神連関すべてが成り立たない。個人は、精神に対して担い手にして、被支持者の役割を果たす。「文化の運命」は個々人の意味付与行為に制約される。他方「個人の運命」は文化に生きることの制約である。そこで重大なのは教育である。既存の意味の伝承、意味付与行為の目覚めの両面が不可欠である。

さてシュプランガーは、「教育の文化機能」をめぐり、哲学する。その教育の本質的意味の全体性と部分の統一を、「教育の根本現象」の記述分析で理解する。「教育の本質的なるものが凝縮されている核心現象をまず規定する」方法である。「ゲーテ〈は〉根源現象〈について語った〉」(GS.II. 63)。そして、①広義の発達の援助、②価値多き文化財の伝達、③精神的生の覚醒、がその根本機能である。

文化全体における教育の意味ある機能はまず、教育の基盤となる生物学的前提である。人が生存に必要な諸能力は養育、また発達の援助、練習を必要とする。遺伝的体質の形態や器官、本能、衝動のほか、遺伝によらない生活能力は、親世代による「教育本能」の援助のほかない。この広義の生活能力の援助を「発達の援助」と総称している。

続いて、本能を超える人間の「意識の機能」の意味である。人間は知能を有し、環境の自由な改造が可能である。道具、技術、作品などがその発明、成果である。歴史的伝統の関連がここに始まる。人間は思想や作品を後発世代へ言語で伝承する。だが、この業績の伝達は外面的になされる。若い世代は、有意義な用途のため、その意味を理解し、学ぶ必要がある。「教育は、親世代から後進への文化所有物の伝達」である。これは動物的教育本能ではなく、教育の責任による。伝達の意味と価値を知った行為だからである(GS.II. 66)。しかし一切の「伝承」が頼みとするのは、個人の「意味付与行為」の躍動である。ゆえに教育は「意味付与行為の分娩」である。彼はこの出産に、「覚醒(Erweckung)」の語を適用した。「教育の核心は精神的覚醒である」(GS.II. 67)。こうして「この三部分の統一が根源現象の教育である」。この教育は生物的生命、文化、歴史に即応し、すべての教育的なものが放たれる中心点である。しかしシュプランガーは、そのような教育本質観に、道徳教育、すなわち「良心の覚醒」という究極の文化機能を加えている。

教育目的論では陶冶理想の精神史的概観により現代の課題が省察される。諸民族が高い生の形式への飛躍に成功した時代に生じた陶冶理想は、西欧の場合キリスト教と人文主義を共通基盤とし、これに国民的陶冶理想を加えた三者である。キリスト教の陶冶理想は、新教や理性宗教、旧教など幾多の信仰・教義上の相違があるものの、基盤は共通であると仮定しうる。人文主義の陶冶理想は、古代ギリシアの「善美の人」（カロカガトス）とパイデイアに遡り、ローマ時代のフマニタスと関連する。ルネサンスと新人文主義を経て、一九世紀には一般的人間陶冶、人間諸力の調和的全体性、ヒューマニティと理解された。しかしギリシア文化とキリスト教は思想的対立関係にある。国民的陶冶理想は、国民国家の最適事例から宗教的、民族的統一要因を欠く現在、ドイツにはなお課題でしかない。

彼は文化の混迷した充溢に対し、価値のピラミッドを思考実験的に利用し「一面的陶冶理想」を抽象的に構成してもいる（GS.II. 82-89）。経済‐技術的、理論的、美的、社会的、宗教的の各陶冶理想である。一方、社会の各層や集団での差異を社会学的に鑑みると、第一次世界大戦まではたとえば市民階級と労働者の陶冶理想競合の実態が際立つ。しかし一国民に一陶冶理想があるわけではなく、あるのはいつの時代も陶冶理想の戦いだけである。現代の陶冶理想の最前線には、大衆人間をめざす立場と、文化の損害を癒す新たな内容の人間像の探索の立場との精神的闘争がある。この課題は次の陶冶財と陶冶価値の領域に持ち越され、省察される。

教育内容論は、国民学校の陶冶財や実質陶冶価値・形式陶冶価値の考察である。彼が殊に注目する陶冶財は「古典的なもの（Klassisches）」である。彼はこの概念を文学的陶冶財という言語文化中心の見解に止めず、ルネサンスや新人文主義の古典主義文化概念の考察を経て、各国民の民族的に異なる固有の「基準（Massstab）」と解釈する。「古典的とは、時代の変遷を超えて、西欧人の精神生活にふさわしく、各後進世代を習熟や信条に適った対決へと誘うような陶冶財をいう」（GS.II. 102）。

教育方法の主題は、個々の人間の人格陶冶にある。超個人的内実の担い手の人格、良心や倫理的志操が形成される人格中枢にいかに働きかけうるか。この問題が構造心理学の知見により、感情・意識・意志の統一的全体を構造としての個人の、自己活動性、発達段階、人格の層（肉体、魂、精神）に基づき考察される。精神的な人格行為の特性は、それが対象への方向性、意味内実を有すること、規範の管轄下にあること、他者にも意義のある価値内実への方向性にある（GS.II. 118）。意味行為における人間の人格を特徴づけるのは精神である。重要な問題は、形而上的な葛藤経験や当為の体験に及ぶ決断の中枢である精神的自己の陶冶性である。この教育方法の原則は、覚醒、全体性の保持、年齢段階への合致である。まず教育は「制作（Machen）」の手続きではなく、覚醒作用である。この手続きは、子ども自身の自己活動性から出発する。子どもは環境の適した刺激の質によって、決定的な精神的出来事を自発的に産みだす。教育は、そのために基礎的根本形式の精神行為を求める陶冶財を精選する必要がある。道徳教育の分野での覚醒の方法的出発点は、動揺、葛藤、人格の自己自身との軋轢である。愛の基礎に基づき、自明性の解消、内面の葛藤の露呈、人格にとっての葛藤の重要性の提示、葛藤を切り抜けさせ、自己省察と態度決定へと励ますことである。被教育者は、問題の解決を自ら見いだし、より高い自己を自分で出産せねばならない。ここで教育は、その核心で「自己教育」の目覚ましである。教育は良心を作ってやれない。目覚まし、強化し、洗練させるだけである。また思考、感情、意志の総体としての成長者の、全体性保持の方法原則は、全人対全人の教師＝子ども関係とともに、生活圏への近接である。この原則はペスタロッチの「個人的境遇（Individuallage）」の思想から得られた。また発達の視点が教育方法に重要な役割を与える。各発達段階はその固有な世界と陶冶性を有し、各年齢段階は十分生きられねばならない。なお教育には本質的に不首尾もありうる。なぜなら教育は成長者の自己調節に迫ろうとするからである。

教師論では、教育者の理想型の構成、その本質特徴、そのタイプの類別が類型論的に考察される。彼は殊に教育者の責任、責任が要請する良心的であることの意味、つねに良心の吟味の不安に置かれる内面性を洞察する。教育が許されるか否かの難問まで深まる良心の自己吟味には、意味を作ってやれずとも、生徒自身の達成は可能とする。教育者は人間、人格を作ってやれない。ただ要請されることは「真正な諸価値への愛」や「生命への愛」である。なお彼はこうした原則を、当時の青年運動や「教育的関係」（H・ノール）論で検証し、また早くに師ディルタイがその教育学で用いた「教育の天才」の範疇で教育者の根源現象にその普遍的意味を見いだす解釈法を発展させている。

第三節　現代教育への示唆

教育学的思惟の性格

『生の形式』の了解理論には精神の諸現象を構造的に正しく考える、そのため生の連関に合理的な線引きをする意図で、形式という具象的一般概念での構成が際立っている。生の「根源現象（Urphänomen）」に倫理や教育の本質的意味を了解する精神科学的方法の特色は看過しがたいが、生の形式の類型論は、意味の同形性の比較法による一般化指向、直観に体験されるものを図式で定式化し、完成させる指向である。一義的な解答を許さない生の現実の暗闇に己れを見失う恐れを尖鋭な概念的把握で克服する思考がそこに表面化するとすれば、それはある意味で問題を単純化する恐れなしとしない。こうした体系指向は、ディルタイの世界観の三類型論にも見受けられた。だが、類型の定立は暫定的なものにすぎず、さらに深く歴史的に見るための補助手段たるに止まるものであった。

ただシュプランガーには、教育学者の立場があり、歴史的世界の歴史性を掘削しその冷徹な観照に沈潜する、対象に即した思惟を困難にする事情があった。規範のような不変の理想価値を措定すべき陶冶問題を懸案事項とし、現象の限りなき充溢に統括する「形成法則（Bildungsgesetz）」を探索する指向が理論の中核を占めていたことである。歴史的生の了解の、先験哲学の価値理論、精神哲学の範疇による構成や合理化もむしろ歴史主義、相対主義への批判に動機づけられている。しかもその陶冶と教育の理論は、生の哲学や価値理論の影響にも劣らず、フマニテートの理念（Humanitätsidee）のように、古典主義と新人文主義の伝統に刻印されている。人物評伝等の精神史研究も歴史的生とその体験の中枢への還帰よりも、つねに規範的要請と時代を超えた陶冶理念を指し示すのである。

精神科学的教育学の教育史的意義

シュプランガーが、すべての認識は制約を受け歴史の変遷に服すること、自然科学とは異なる認識目的と方法による営為の人間諸科学、その目標は歴史的生の意味了解にあること等のディルタイの重要な遺産を概して受け継いだのは確かである。人間的生の現象を意味関連で了解する方法的扱いは、教育学にも応用されてよく、彼の教育学は精神科学が文化の根本現象に寄与しうることを明らかにした。その教育理論は、文化体制、社会の生活問題に由来する精神科学として、教育実践の諸問題から出発し、実践領野の構造や法則性を分析記述し、教育者の自己省察を明晰にするのである。

この学派の精神科学的教育学は、二〇世紀にドイツの大学における教育学の科学的地位を不動のものとし、実践的処方部門としての教育に、歴史的社会的現実において教育を研究する道を開き、教育学の学問的自立に独自の寄与をなしたといえる。教育とその目標の歴史性、社会機能としての教育、認識方法としての了解〈解釈学〉、実践と科学理論との交互関係、相互作用としての教育の出来事等の見解は、現代教育学にも広く認められてきた。

現代文化への責任　―教育者と良心―

文化教育学の学説では、一般に教育の本質は客観的文化の、主観的精神への領得、つまり先立つ世代からあとに続く世代への理念的文化の伝達、または文化財の伝達である。文化の客観態は、若者の魂にとって本来の精神的滋養にして高く育成する勢力を表す。そのため文化の諸連関の客観的側面に比重が置かれる。文化財は、教育で精査選別され、陶冶過程で陶冶財となる。この理論モデルは文化客観主義とよばれる。シュプランガーも、歴史的生活連関において若き人を文化諸価値に受容しやすくし、精神生活で価値あるものの形成への力を目覚めさせるという課題を共有するが、教育は単純に文化の伝承や保存に限定されない。個々人による文化の生動化、更新であり、人格的価値意識の発展、人格的達成意志の覚醒である。成長する人が客観的精神と取りくみ、それに献身し、自己を精神的存在に成熟させるように、精神的意味付与行為の出産を産婆術的に援助する教育である。

シュプランガーの教育学の特徴は、良心の覚醒、その教育可能性を論じた後期の道徳教育論にある。その教育学の基礎づけに新たな理論展開を促したのは、時代の文化現実への彼の危機意識である。第一次世界大戦後の危機は、西欧の没落であった。シュペングラーの文化生物学の見解、つまり文化は誕生と発展を経て老衰と死滅を迎えるという宿命論は当時思想界に衝撃を与えていた。第二次世界大戦終結以降、彼が直面したのは、全西欧文化の内的崩壊である。それは要約すれば、①社会・政治的体制の東西対立（プロパガンダ、心の抑圧、威嚇によって個々人に体制に束縛された、規格化した人間を望む全体主義国家。他方、個人により大きな自己発展の余地を保証し、判断と決断が可能で責任を自覚した人間を望む自由国家。だが、各人が文化の全体への良心を持つべき、民主主義という国家的意志形成の形式の困難な事態がある。西側の個人の自由のはき違え、全体への義務の欠如、自己中心の外的快適さや私的な利益追求の蔓延と、東側の独裁的な統制の趨勢）、②文化世界における個人と頑強な巨大組織との緊張関係（個人の内面を窒息させる巨大装置、制限なく歯車へ差し向ける体制、自動化の機構）、③因果律思考の凱旋行進と責任思考とのゆがんだ均衡、である。

彼の文化形態学、「文化病理学（Kulturpathologie）」は、生物有機体との類比的見解を参考にし、現代文化の危機を診断し、文化の病気という解釈を下した。彼が問いかけたのは、客観的文化はいかなる意味で病気になるか、文化という超有機体での健康、病気とはいかなる意味か、である。彼は超個人的文化にもある種の目的論的連関があり、方向指示のエンテレヒーないし規範理念が統べるとみなす場合には、病気に比されうる悪しき育成も出現しうると、考える。文化が本来育てあげるべき真正な業績への、規範に反した侵害や危害が生じる。これらは文化の有する「調整器（Regulator）」の機能不全を意味する。この概念は当時の生物学、医学の生命調節構造論の影響による（Vgl.GS.V, 177f.）。問題は文化全体を正しい道へともたらすこの調整器の作動のあり方の確証にある。シュプランガーは、文化の自己調節の三事例を検討する。①自動的な調節過程、②習俗・道徳、法、政治体制など共同生活の規範秩序による病気からの擁護の調節体制、③超越的結びつきによる規範化。その結果、「文化調節システム（Regulierungssystem）」の網状組織の中で、最終の調整器は、神と結ばれた個人の良心しかないこと、良心こそ最後の意味源泉、意味付与者との接触、理想的な文化規範が流れだす場であると判断された（「文化病理学」一九四七年参照）。

伝統道徳のような超個人的規範の秩序が調節力を失った二〇世紀の教育の喫緊の課題は、こうして文化への責任意識と文化良心の覚醒であり、文化に従事する人々が道徳創造の力を高める意味で規範性の源泉、内面の調整器への教育的配慮に責任を果たすことである。その点においてこそ永遠性と結びつく良心の覚醒は教育者の中心課題といえるのである。

なるほど覚醒概念は、宗教のその概念と関連が深いし、戦中期には自己を裁く高い自己の覚醒という道徳的良心の現象に適用されている。この側面で見れば、実存的範疇の性格もある。彼が文化教育学を超えて教育の実存的次元に達したとの解釈も成り立たないわけではない。

しかし文化や価値の信仰を失ったいわば意味の危機の中で陶冶理想の不確実性が増す現代、教育者の教育活動の鍵は、なによりも「精神的人間性を表現した、類型的な構造と高い価値内実、具象的造形的形態により、精神史的生の流れの中での永続的な典型として作用する」（GS.I.75）、「古典的なもの」の意味を理解し、この文化的価値の高い陶冶財を等閑視しない定見にある。

時として文化戦争の危機的様相を帯びる今日の世界だが、こうした教育論は異文化理解や多文化間の交流、他者への寛容や共生の教育に邁進する学校関係者に有意義であろうか。他国民（民族）との交際が加速した現代、「世界良心（Weltgewissen）」に照らし見る限り、各国民の基準となる古典的なものの習熟においてこそ教育は可能でありうると、彼は述べる（「世界交流と精神的文化」一九五六年参照）。文化責任（Kulturverantwortung）によるこの教育の視点は、おそらく昨今の課題とも無縁ではあるまい。

主要参考文献

Eduard Spranger, *Lebensformen*, Siebenstern Taschenbuch Verlag, München und Hamburg, 1950.［引用略号L］

Eduard Spranger, *Gesammelte Schriften*, Tübingen u. Heidelberg, 1969-1980.［引用略号GS］

Albert Reble, *Geschichte der Pädagogik*, Klett-Cotta, Ungekürzte Ausg. d. 12. Auflage, 1975, Frankfurt a. M: Berlin/Wien: Ullstein, 1981.

Walter Eisermann, Hermann J. Meyer, Hermann Röhrs（Hrsg.）, *Massstäbe, Perspektiven des Denkens von Eduard Spranger*, Schwann, Düsseldorf, 1983.

Werner Sacher, *Eduard Spranger 1902-1933. Ein Erziehungsphilosoph zwischen Dilthey und den Neukantianern*, Frankfurt am Main, 1988.

Michael Löffelholz, *Eduard Spranger*. In: Hans Scheuerl（Hrsg.）, *Klassiker der Pädagogik*, Bd. II, C.H. Beck, München, 2. Auflage, 1991. S .258-276.

Joachim S. Hohmann（Hrsg.）, *Beiträge zur Philosophie und Pädagogik Eduard Sprangers*, Berlin, 1996.

Peter Gutjahr-Löser, Dieter Schulz, Heinz-Werner Wollersheim（Hrsg.）, *Theodor Litt- Eduard Spranger, Philosophie und Pädagogik in der geisteswissenschaftlichen Tradition*, Leipziger Universitätsverlag GMBH, 2009.

長井和雄『シュプランガー研究』以文社、一九七八年

村田昇編著『シュプランガーと現代の教育』玉川大学出版部、一九九五年

田代尚弘『シュプランガー教育思想の研究』風間書房、一九九五年

山崎英則『シュプランガー教育学の基礎研究』学術図書出版、一九九七年

第一二章　教育の意味と必要性への問い

―教育人間学の思想―

紺野　祐

第一節　教育人間学の概略

教育学と教育人間学

カントは「教育学講義」の中で、人間という動物と教育という社会的な営みとの関係について次のように語っている。「人間は教育されなければならない唯一の被造物である」(カント、三一五頁)。「人間は、教育によってはじめて人間となることができる」(同、三一八頁)。動物界において人間の存在と教育の営みがなす特有の関係は、近代以降一般的な事実の一つとみなされてきたようである。近代以降に本格的に成立した教育学は、基本的にこの事実を自明の前提として、教育の諸現象と向きあってきたといってよい。(なお本章では、「教育」概念を、他者の人間形成に関わろうとする意図的・合理的・利他的な営みに限定して扱う。ルソーが語っている「自然の教育」「事物の教育」は、現代の学術用語ではそれぞれ「発達」「学習」に置き換えても特に違和感はない。他方、教育に発達や学習の意味を含めて広い意味で使おうとするなら、教育人間学が主張してきた「人間と教育の特有の関係」を語ることができなくなる。また「機能的教育」は、それが前述の要件を満たすかぎり、明らかに教育の一形態である)。

しかしこの事実が、近代における諸学の発展とともに一つの〈不思議〉となったことには必然性を認めてよいだろう。人間以外の動物にあっては、未熟で無力な個体が一人前の大人となっていくプロセスにおいて、他の個体からの教育的な働きかけを受ける必要はない。一方、人間という生物種だけは他者からの教育を受けなくては人間らしい人間になることができないようだ。とすると、一人前の大人に至るまでの人間の形成は、教育という社会的な営みに全面的に依存しているのではないだろうか？　また逆に、教育という営みは人間と人間形成の本質に含まれるものなのではないだろうか？

近代教育学の歴史で、人間と教育の特有の関係という〈不思議〉に正面から取り組もうとした思想的運動が「教育人間学（pädagogische Anthropologie）」であった。教育人間学は、もっぱらドイツ語圏に限定されたものではあったが、一九五〇年代半ばに始まり、一九八〇年前後までに多くの研究成果を生みだした運動であった。以下の各項では、その教育人間学の成立と展開を捉えよう。

教育人間学の成立およびその多様性

教育人間学の基本的な着想は、一九五〇年代半ばにドイツ語圏の教育学界に提出された。ただ、教育人間学という思想的運動の自覚的な成立は、フリットナーの意欲的な編著作に始まるとみられる。教育学の中に当時こうした新たな試みが成立した事情をまとめると、以下のようになる。

一つには、二〇世紀前半のヨーロッパで、学問の傾向として「人間」についての問題意識があらためて高まってきた事情を指摘できる。一九世紀後半から発展した心理学や生物学などの実証的な諸科学は、人間のありよう・生き方に関する個別的な知見を著しく増加させた。また他方で、当時は戦争や労働問題等の現実的な社会問題が世界規模で発生し、自明とされてきた近代の啓蒙主義的な人間理解（代表的には〈ホモ・サピエンス（homo sapiens）〉）が大きく揺るがされてもいた。そうした状況で、「人間とは何か」という問いが哲学の一つの課題となっていった。一九二〇年代後半、実証的な諸科学の成果を自覚的に引き受けながらこの問いに迫ったのがシェーラーらであった。彼らが着手した「哲学的人間学（philosophische Anthropologie）」は、その後二〇世紀後半まで着実に進展していった。教育人間学は、こうした哲学的人間学から問題意識や方法を受け継いで成立したのである。

そして教育人間学の成立に関わるもう一つの事情が、教育心理学や児童心理学、教育社会学等の実証的な教育諸科学の多様な研究成果を背景に、教育哲学（一般教育学）が学問としての自律性や実践上の有効性を確保する必要が生じてきたことである。教育哲学の一部門である教育人間学は、哲学的人間学を倣って、生物学や心理学、医学、社会学等の実証的な諸科学による諸知見を踏まえながら、その上で教育の哲学的な研究を進めることを試みた。こうした研究は、思弁に偏りがちで、当時科学的知見を急速に積みあげてきた実証的な教育諸科学に押されがちであった教育哲学にとっては、たしかに必然性をもっていたといえる。

したがって教育人間学は、その成立事情も関わり、学問的にはそもそも二重の関心をもっていた。そこでロッホは、教育人間学の研究を「教育学的人間学（pädagogische Anthropologie）」と「人間学的教育学（anthropologische Pädagogik）」という二つの分野に大別することを提言した（Loch. 82-85）。ロッホによると、前者の「教育学的人間学」とは、教育の伝統的な諸概念や直接に関連する諸制度・諸機関等の範囲を超えることで、「人間全体の全次元を教育の相のもとに」検討する研究領域と規定された。他方で「人間学的教育学」とは、哲学的人間学の問題意識と方法を教育哲学研究に直接に取り込むことで、教育の諸現象を広く人間の多様な現実に基づいて考察するものと説明された。この大きな二区分は、その後の研究でも大枠で承認されている。

さて、以上のように整理すると、教育人間学の成立を自覚的に促したフリットナー自身の構想は「教育学的人間学」であり、関連する経験諸科学に対して統合的な指向をもつものであった。教育学として関連する経験諸科学に積極的にアプローチしようとするこうした試みの系譜は、そのあと心理学的な発達理論と教育学の結合をめざしたロートの教育人間学研究（Roth）等に受け継がれていった。

しかし教育人間学の中で、そして教育学全体においても大きな流れとなったのは、哲学的人間学的な考察法を方法的原理とする分野のほうであった。この立場の教育人間学が、関連諸科学を統合的に扱う研究領域をも取り込むかたちで成立し、教育人間学の主流を形成したのである。わが国でも著名なボルノーやランゲフェルトによる教育人間学研究は、こちらの群に属するものと認識されてよい。その研究のめざすところは、子ども、気分、祝祭、家屋に住まうこと等、極めてバラエティに富む個別テーマから、教育と人間および人間形成との本質的な関係をより深く考察することであった。

教育人間学の意義と共通テーマ

教育人間学は、一方では、特定の思考様式を備えた教育学として、人間のありようと生き方にとっての教育の意味をより広く深い人間理解から究明しようとした。この試みのねらいは教育実践に直接的に役立つ知見を提供することではなかったが、それでも教育人間学は学校や関連する制度等、実体的な教育がもつ枠組みを取り払うことで、人間の生活と人間形成の全局面をそのまま教育学的に検討しようとした（ヴルフ、一二頁）。こうした視野の広い試みについては、現代の教育学の立場からも積極的な評価を与えることができよう。

ただ教育人間学は同時に、人間形成と根本的に関わっている教育の現実を踏まえながら、哲学的人間学の一領域として人間存在の本質を解明しようともした。教育人間学によれば、人間形成には教育という営みが決定的に重要な役割を果たしている。それゆえこうした教育を学校やその諸制度等から解放して捉え直すことは、そのまま「教育を統合的な、かつ人間の全体理解にとって決定的に重要な省察として把握する」（Bollnow, 4）ことにつながるわけである。教育人間学は、教育という視点の一般的な重要性を指摘することで、人間とは何かを問う哲学的人間学に新たな刺激を与えようとしたと考えられる。

従来一般に教育人間学という名前で総称される領域は、以上のように、大別すれば異なる志向をもつ二つの分野からなり、内実からするとさらに多様な研究成果に彩られていた。とはいえ、多様・多彩な思想で構成されていた教育人間学という思想的運動の全体的な特徴を取り出すならば、次のようにまとめることができる。教育人間学とは、①

教育は人間の生の本質的かつ根源的な現象であるという認識のもとに、②「人間のほうから教育を」、また逆に「教育のほうから人間を」明らかにすることで、③人間の存在と教育の営みがなす特有の関係をより深い次元から理解しようとする思想的運動であった（氏家、一四頁）。そして、こうした教育人間学の諸研究をまとめあげるイコンとなったのが、「教育を受けることのできる（erziehbar）、かつ教育を必要とする（erziehungsbedürftig）存在としての人間」（Flitner, 218）、端的には〈ホモ・エドゥカンドゥス・エト・エドゥカビリス（homo educandus et educabilis）〉という人間理解であった。教育人間学において〈ホモ・エドゥカンドゥス・エト・エドゥカビリス〉は、究明されるべき結論であると同時に、前理解としての根本前提でもあったのである。［なお紙幅の都合上本章で詳述することはできないが、教育人間学のこうした姿勢はそれ自体、基礎学であるはずの哲学的人間学の根本テーゼ「未決の問いとしての人間」に背くものであり、その根本問題の一つとして指摘しなければならない（紺野、二〇一二）。］

第二節　教育人間学の再検討

教育人間学に対する評価

さて、教育人間学への関心は一般に、ドイツにおいては一九七〇年代のはじめから急速に低下していったといわれる。そうした教育人間学の危機の原因を探ってみると、次の四点にまとめられる（König & Ramsenthaler, 288-289）。①分析哲学の立場からの、検証不能で無内容な言語使用に対する批判、②批判理論の立場からの、人間存在の歴史性や文化性、社会性を隠蔽したことに対する批判、③教育人間学として固有の共通領域を対象とせず、その結果多様な問題に個別的に対応せざるをえなかったことへの批判、④基礎的存在論の立場からの、人間存在の形而上学的な教条化に対する批判、がそれである。

以上のような教育人間学をめぐる論難には、その基礎学である哲学的人間学への批判（いわゆる「人間学批判」）とほぼ共通したものも含まれる（①・②・④）。一方、教育人間学を教育学の一領域と見る場合、たしかに③の人間学的な方法論・目的論の不首尾も指摘できる。だが、教育人間学にとって決定的に深刻なのは①の批判である。

ドイツの分析哲学的な教育哲学研究者であるブレツィンカは、教育人間学研究に対して、特に次のように批判する。「〈ホモ・エドゥカンドゥス・エト・エドゥカビリス〉という公式への熱狂は、……以下のような主張に到達した。つまり教育学はいまや、この公式によって〈ついに〉教育学の学問としての自律性を根拠づける〈ひとつの対象と自らの諸概念を整理することができる固有の論理とをもつことになり、かくしてホモ・エドゥカンドゥスの体系となった〉という主張である。この見解が普遍的に達成されることはなかったが、しかし少なくとも教育人間学と呼ばれる……教育学の新しく、疑わしい〈部分学科〉を宣伝することにはなった」（Brezinka, 156-157）。

前節末に触れたが、〈ホモ・エドゥカンドゥス・エト・エドゥカビリス〉という概念は、多様・多彩な教育人間学研究をまとめる、いわばイコンである。しかしブレツィンカは、教育人間学にとって生命線ともいえるこの極めて重要な人間理解にこそ、その最も根本的な問題（あるいは「疑わしさ」）が隠されていることを指摘している。以下ではこの点をより詳しく検討しよう。

〈ホモ・エドゥカンドゥス・エト・エドゥカビリス〉概念の来歴

教育人間学の中心テーマである〈ホモ・エドゥカンドゥス・エト・エドゥカビリス〉概念だが、この概念は実は教育人間学による創作ではない。むしろ、西洋近代の教育学が守ってきた、教育学として正統的な概念だったといえる。

フリットナー以前に、デルボラーフは動物界における人間の特質を「教育に頼らざるをえないこと」（Derbolav, 7）に見てとっていた。またランゲフェルトは同年に、人間を「教育を受けることのできる動物（animal educabile）であるばかりでなく、教育されるべき動物（animal educandum）」（Langeveld 1959, 60-61）であると規定した。だがこの定式については、歴史を遡ることもできる。本章の冒頭に挙げたカントの言葉が、〈ホモ・エドゥカンドゥス〉の概念を表現したものとみなすことは自然であろう。またさらに遡ると、コメニウスはより明確に、「人間は〈教育される動物〉であり、また教育されなくては人間になることはできない」（コメニウス、八一頁）、と述べている。

以上からわかるように、教育人間学は近代教育学における正統的な人間理解を、その人間学的な視座から自らの根本概念にまで自覚的に高めあげただけなのである。

私たちは、「教育し、教育され、教育を必要とする生物であることが、人間像のもっとも基本的な特徴のひとつである」（Langeveld 1951, 147）と記述されるような、そうした教育が実在するという事実、その疑いない経験的な事実から出発して、このことが人間の本質について何を教えるかを読みとることを試みなければならない。（Bollnow, 50）

だが、ブレツィンカが批判するのはまさにこの点である。私たちは、教育人間学によってこのように根本前提として扱われる〈ホモ・エドゥカンドゥス・エト・エドゥカビリス〉という概念が、人間理解として妥当な意味をもつのか否か、つまり「疑いない経験的な事実」であるといえるのか否かを見極めなければならない。そこで以下では、接続語で結ばれた項を〈ホモ・エドゥカンドゥス〉と〈ホモ・エドゥカビリス〉に切り分け、それぞれの意味内容を検討する。

〈ホモ・エドゥカンドゥス・エト・エドゥカビリス〉概念の批判的検討

まずは〈ホモ・エドゥカビリス〉のほうである。レベルは多様であるが、人間は一般的には、その複雑で豊かな心の能力に基づいて、他者からの教育的な働きかけを受け入れるだけの学習能力も備えているといえる。人間が他者からの教育的な働きかけを受けて何らかの学習をし、何らかの人間形成に結びつけることが一般に可能であることは、経験的に十分に有意味である。もちろん〈ホモ・エドゥカビリス〉概念の有意味さは、教育したのに思うように人間形成してくれない、という事態に直面しても揺るがない。なぜならこの概念は、教育を受けて学習し人間形成する可能性についてしか語っていないからである。他方、〈ホモ・エドゥカンドゥス〉概念については事情が異なる。

「……人間的特徴は自然的な成長のなかでストレートに発現するのではありません。放っておいても、おのずから人間らしさが現れるということにはならず、人間性の形成には社会的・文化的条件が深く絡んでいます。だから、人間が人間的な発達を遂げ、人間性を身につけるためには、やはり他の人間の援助や指導が、つまりは広く『教育』と呼ばれるものがどうしても必要になってくるのです」（宮野他、二六頁）。この引用の結論部分が教育人間学の一般的な主張であり、これはそのまま〈ホモ・エドゥカンドゥス〉概念を支持するものである。それでは、この結論を導く、接続語「だから」の前の二文はどうだろうか。これらの前提は、まだ論争の続く箇所を含んではいるものの、全体としては諸学問の成果を多面的に反映した有意味な命題といえる。にもかかわらず、これらの前提から最後の結論が直接に導き出されることはない。ここに、論理の飛躍があることを認めざるをえない。

たとえば今日の教育学は、近代における「子どもの誕生」（アリエス）という発見を一つの事実として承認しているはずである。であれば教育人間学もまた、ヨーロッパ中世には教育らしい教育は存在せず、「小さい大人」たちが世間の荒波にもまれながら一人前の大人にまで人間形成していたという事実を受け入れざるをえない。古代ギリシアのパイデイアを完全に忘れ去ったヨーロッパ中世の人間形成が、基本的に教育以外の「社会的・文化的条件」だけに基づいて遂げられていたことを認めざるをえないのである。とすると、人間はその形成において他者からの教育を必要とする〈ホモ・エドゥカンドゥス〉である、そしてそれは「疑いない経験的な事実」であるとする教育人間学の主張には、何らかの隠れた（かつ誤った）前提が据えられていることを疑わなければならない。

上述のとおり、〈ホモ・エドゥカンドゥス〉は近代教育学における歴史的な概念であり、さしあたりコメニウスにまで遡ることができる。そして当のコメニウスが「教育されなくては人間は人間になることはできない」ことを主張する際の根拠としたのが、いわゆる「野生児（feral child）」の記録であった。これは、他者からの教育を受ける環境になかった野生児が、人間らしい形成を遂げることができなかったとされる各種の報告である。しかしながら、「オオカミ少女」に代表される野生児の記録のいかがわしさについては、多方面からすでに十分に検討が済んでいるといってよい（オグバーンとボース／鈴木）。野生児の記録は実際には、そのほぼすべてが実証的な検証に耐えることができない逸話にすぎない。それゆえ今日にあって、野生児の記録を不問の前提的な事実として〈ホモ・エドゥカンドゥス〉の概念を「疑いない経験的な事実」とみなす主張が誤謬を犯していることは明白である。

以上から、人間形成にとって他者からの教育が必要であることを「疑いない経験的な事実」とみなす〈ホモ・エドゥカンドゥス〉の人間理解は、「現代のひとつの神話である」（Brezinka, 215）、と断言されてよさそうである。〈ホモ・エドゥカビリス〉概念はさておき、錯誤と誤謬に基づく〈ホモ・エドゥカンドゥス〉概念を議論の出発点に据えることは、教育人間学にはもはや許されるものではない。

にもかかわらず、二一世紀にあって教育人間学を自覚的に継承するツィルファスには、あいかわらず〈ホモ・エドゥカンドゥス・エト・エドゥカビリス〉概念の重要性を支持する記述が見受けられる（Zirfas, 9）。教育学に対してはすでに、「自説に都合のよい、それも古くさい理論を選びだし、それをもとに教育する重要性を説」く〈ご都合主義〉（河田、一七三頁）が指摘されている。当然のことではあるが、教育人間学にもまた、教育学の一部門としてそのロジカルな課題探求の歴史を踏まえる姿勢はもちろん、人間学の一領域として「人間とは何か」を幅広く真摯に検討する態度もあわせて求められている。

第三節　新たな教育人間学の試み

人間と教育に関するもう一つの視点　―新たな教育人間学のねらい―

今や、子どもの人間形成にとって他者からの教育を必要不可欠の条件とみなし、その前提から出発しようとする教育人間学の研究が成立不可能であることは明らかとなった。しかし私たちは、この事実から性急に、教育という営みが人間のありよう・生き方にとって無意味であると断じる必要もない。むしろ教育の営みが、多様な人間社会において〈標準装備《デフォルト》〉であるかのように機能していること、またそのよりよいあり方が期待とともに模索されつづけていることもまた、一つの経験的な事実だからである。これらの事実をふまえるならば、教育人間学は根本的に方向転換をする必要がある。

> わが子を善くしようと思わない親はいない。若者たちが善く育つことを願わないおとなはいない。獣を追い、山野に自生する天然の食用植物を採集して生きてきた自然民の時代から、現代にいたるまで、人間は、親としても社会人としても、一貫してこの同じ意欲を持ちつづけてきた。この意欲に支えられたもろもろの活動を、私たちは「教育」と呼んでいるのであるが、その意味で教育は、もともと若者の善さを願う人間とともにあったし、今後もまた、そうした人間とともにあるのだ、ということができる。（村井、一七）

この言葉は、現在から四〇年ほども前になるが、教育と人間との原初的な関わりを大人の側から規定したものである。教育に関心のある者もそうでない者も、教育の質に対する問いを別とすれば、この言葉を基本的に支持しているように映る。

教育の営みが教育する大人と教育を受ける子どもとで構成される社会的なものであるかぎり、人間と教育との結びつきを捉える視点は二つある。とはいえ、従来の教育人間学のように、教育の必要性を子どもの人間形成の側から明らかにすることには無理がある。であれば新たな教育人間学には、そもそも教育という営みが実在すること、そしてこのようであることの理由を、社会を担う大人の側から意味づけるという研究方向が見えてくる。「わが子」や「若者たち」を「善くしよう」とする大人の働きかけは、人間という生物種だけにみられる現象なのだろうか。もし事実がそうであれば、狩猟採集生活を送ってきた事情は他の動物と共通なのに、なぜ人間だけに教育の営みが観察されるのか。そして、わが子のみならず他の若者をも「善く」しようとする「意欲」が、人間の心になぜ・どのようにして定着したのだろうか。新たな教育人間学は、以上のように問うこともできる。

教育と人間、とりわけ子どもを教育しようとする大人によって構築されるその特有の関係は、私たちの社会にあってはたしかに一つの事実でありつづけてきたといってよい。だが、人間と教育をめぐる諸事実がなぜ実在し、なぜそのようであるかという問いに対して、私たちは納得できる答えをまだ得ていない。であれば、人間と教育の特有の関係を研究の主題としてきた教育人間学こそが、以上のような〈不思議〉に答えるべきである（なお、先に見たヨーロッパ中世という〈教育不要〉の時代がなぜそのようでありえたかについては、以上に確認した事実を前提とした上で、別の条件から説明されることが期待される）。

人間の科学と哲学　―新たな教育人間学の方法論―

新たな教育人間学には、前述の問いに対する新たな答え方（方法論）もまた要求されるであろう。なぜなら、従来の教育人間学が基礎学とみなす哲学的人間学の時代からすると、人間をめぐる諸科学はこれまで急速に発展してきているからである。

人間が動物の一種であることは疑うことのできない事実である。そして、動物一般のありよう・生き方について実証的に研究を深めている学問分野が生物学系の諸科学であるが、そうした諸科学は現在、その基本原理を原則的にダーウィンによる「進化理論（evolutionary theory）」およびその補完版に求めている。現代の進化生物学系の諸科学は、あらゆる生物種が三九億年前の原始生命体に共通の起源をもち、そこからそれぞれの個体群の生息環境に応じて変化を積み重ね種として分岐してきた事実を、多様な手法から理論立て、部分的ながら実証もしている。その基本的なロジックからすると、ある動物種に特有の行動もまた、それぞれの進化のプロセスで発生し定着したものであると考えざるをえない。人間についての理解も、こうして他の動物の理解を含めた一元的な理論と方法から進められている最中である。

　以上のような視点をもつ進化生物学系の諸科学は、特に二〇世紀半ば以降に新たな、そして決定的な知見を次々と生みだしてきた。さらに一九七〇年代に創始された「生物学の哲学（philosophy of biology）」は、一方では進化理論の諸概念や理論を分析哲学的に検討しながら、他方で進化理論に基づいた人間理解の深化を試みている。特に後者の研究においては、哲学と進化生物学に心理学や経済学、人類学等の社会科学も加わり、議論を複雑に重ねているところである（一例としてGintis, Bowles et al.: Sober & Wilson）。

　まさしく、これら人間理解を深める領域においてこそ、哲学と進化生物学系の諸科学との協働に意義が認められる。この事情を、ある生物学の哲学者は次のようにまとめている。「……哲学が生物学にとって重要なのは、我々の関心を引く生物学的結論が、事実のみからは導かれないからである。そして裏を返して、生物学が哲学にとって重要なのは、こうした結論が実際に生物学的な事実に基づいているためである」（ステレルニーとグリフィス、五頁）。ここで「我々の関心」が向かう先とは、とりもなおさず私たち人間の本性《ネイチャー》やそれに含まれる個別の行動特性である。それらについて進化生物学およびそれに基づく諸科学が導き出した新たな知見を、さしあたり人間に関する事実と認めてよいだろう。だがその場合、実証的に求められた知見が、人間のどのようなありよう・生き方から事実として説明されうるのか、その意味づけが必要となる。諸科学はこうして、事実を事実として成り立たせる理論の構築を哲学との協働に求めずにはいられない。ただ、哲学はこの場合も〈第一哲学〉として振る舞うわけではない。哲学もあくまで、諸科学の知見を（さしあたり）事実として受け入れながら、事実と論理に基づいて自らの人間理解を深めたいのである。

以上に概観した人間をめぐる哲学や諸科学の試みは、その内実からすると、シェーラーらによって着手された哲学的人間学の実質的な継承者であるとさえいえよう。そうであれば、新たな教育人間学もまた、現代の進化理論に基づく哲学や諸科学による人間理解と直接に、真摯に取り組むことが求められるのである。

〈ホモ・エドゥカンス（homo educans）〉としての人間　―新たな教育人間学の一課題―

「教育こそが人間を他の動物から分け隔てる特質である」とは、つねづね示唆されてきたところである。にもかかわらず、教えるヒトとしての人間（man as a teacher）に関する議論は驚くほど不足しているし、また人間以外の動物種がその子どもたちに教えているのかどうかを問う研究も寡聞にして知らない。（Barnett, 747）

イギリスの動物学者バーネットは、ドイツ語圏で教育人間学の研究がさかんであった一九六〇年代、教育に関する当時の研究状況について以上のように記している。六〇年代に至るまで、教育が人間に限定された営みであるかどうか、教育人間学を含む教育学での議論は煮詰められてこなかったし、また生物学としても明確な回答を得ていなかった。そこでバーネットは、自ら「教え行為（teaching）」を解明するための操作的な定義を立て、諸動物における教え行為研究の可能性を提言したのである。

この問題提起は、その後およそ四半世紀を隔てて脚光を浴びることとなった。そして特に一九九〇年代の後半以降、動物行動学や生物生態学、あるいは認知科学や発達心理学といった諸科学において、様々な動物の教え行為の発見や人間の教え行為の特有さに関する多くの議論を生んだ。つまり、現代の諸科学における教え行為研究はこの二〇年あまり、バーネットが五〇年近くも前に提起した問題意識に基づいて、教育の中心的な作用として機能する教え行為が人間の世界に実在すること、およびその人間に固有なメカニズムの〈不思議〉について実証的・理論的な、その意味では歴史的に構成されたとはいえない回答を模索してきたのである（レビューとして、紺野、二〇〇九）。しかも注目したいのは、これらの研究のアプローチが、教育を受けるべきとされる子どもの側からのものではなく、（生物の一種として）教えずにはいられない大人の側からのものであった点である。

　他方、現在までの教育人間学はどうであったか。その概略は前節に見たとおりである。もし新たな教育人間学が以上のような不首尾を是正しようとするならば、教育と教え行為の実在およびそのありようについての、大人の側からの基礎理論を確立することが求められる。そして新たな教育人間学においては、その際に、現代の人間をめぐる哲学や諸科学による諸知見を精査し、受け入れるべきところは受け入れることも必要になろう。新たな教育人間学は以上のアプローチから、哲学的人間学的な教育学の一部門として、個別・特殊に傾きがちな実証科学的研究と比してより普遍的な立場にたち、人間の世界に教育と教え行為が実在すること、そしてこのようであることの〈不思議〉に迫ることができるはずである。

主要参考文献

P. Ariès,（1960）『〈子供〉の誕生』（杉山光信、杉山恵美子訳）みすず書房、一九八〇年
S. A. Barnett, The "Instinct to Teach" *Nature*, 220, 1968, 747-749.
O. F. Bollnow, *Pädagogik in Anthropologischer Sicht*. Tokyo, Tamagawa University, 1971.
W. Brezinka, *Grundbegriffe der Erziehungswissenschaft: Analyse, Kritik, Vorschläge*. 4. verb. Aufl. München u. Basel, E. Reinhardt, 1990（1974）.
J. A. Comenius,（1657）『大教授学　第一巻』（鈴木秀雄訳）明治図書出版、一九六八年
C. Darwin,（1859）『種の起原（改訂版）』（八杉龍一訳）岩波書店、一九九〇年

J. Derbolav, Problem und Aufgabe einer Pädagogischen Anthropologie im Rahmen der Erziehungswissenschaft. J. Derbolav, M. J. Langeveld, H. Roth u. a. (Hrsg.) *Psychologie und Pädagogik: Neue Forschungen und Ergebnisse.* Heidelberg, Quelle & Meyer, 1959.

A. Flitner（Hrsg.）, *Wege zur Pädagogischen Anthropologie.* Heidelberg, Quelle & Meyer, 1963.

H. Gintis, S. Bowles, R. Boyd and E. Fehr, Explaining Altruistic Behavior in Humans. *Evolution and Human Behavior.* 24, 2003, 153-172.

I. Kant,（1803）『教育学』（三井善止訳）、『人間学・教育学』玉川大学出版部、一九九七年

河田雅圭「心理学・教育学の生物学的基盤は大丈夫か？：社会生物学からの問題提起」『現代思想』一九九二年五月号

E. König und H. Ramsenthaler, Was kann die Pädagogische Anthropologie Leisten? König u. Ramsenthaler（Hrsg.）, *Diskussion Pädagogische Anthropologie.* Müinchen, Wilhelm Fink, 1980, 288-298.

紺野祐「人間の『教え』行為に関する基礎的分析：『志向性』概念を手がかりに」『教育思想』三六号、東北教育哲学教育史学会、二〇〇九年

紺野祐「あらたな教育人間学の構築の試み：『教えと学びの人間学』序説」『プロテウス：自然と形成』一四号、仙台ゲーテ自然学研究会、二〇一二年

M. J. Langeveld. *Einführung in die Theoretische Pädagogik.* Stuttgart, Klett-Cotta, 1978（1951）.

M. J. Langeveld. *Kind und Jugendlicher in Anthropologischer Sicht.* Heidelberg, Quelle & Meyer, 1959.

W. Loch, *Die Anthropologische Dimension der Pädagogik.* Essen, Neue Deutsche Schule, 1963.

宮野安治・山崎洋子・菱刈晃夫『講義 教育原論：人間・歴史・道徳』成文堂、二〇一一年

村井実『教育学入門』（上）講談社、一九七六年

W. F. Ogburn and N. K. Bose,（1959）「『カマラとアマラの話』の真実性：現地調査報告」『野生児と自閉症児：狼っ子たちを追って』（中野善達編訳）福村出版、一九七八年

H. Roth, *Pädagogische Anthropologie.* Hannover, Hermann Schroedel, Bd.1:1966, Bd.2:1971.

E. Sober and D. S. Wilson, *Unto Others: The Evolution and Psychology of Unselfish Behavior.* Cambridge（MA）& London, Harvard University, 1998.

K. Sterelny and P. E. Griffiths.（1999）『セックス・アンド・デス：生物学の哲学への招待』（太田紘史他訳）春秋社、二〇〇九年
鈴木光太郎『オオカミ少女はいなかった：心理学の神話をめぐる冒険』新曜社、二〇〇八年
氏家重信『教育学的人間学の諸相』風間書房、一九九九年
C. Wulf（1994）『教育人間学入門』（高橋勝監訳）玉川大学出版部、二〇〇一年
J. Zirfas, *Pädagogik und Anthropologie: Eine Einführung*. Stuttgart, Kohlhammer, 2004.

第一三章　近代教育思想の成立と宗教の世俗化

――宗教と教育学――

小池 孝範

現在の教育観においては、宗教の影響はほとんどないか、あったとしてもごく限定されたものと考えることが多いだろう。しかし、現在の教育思想の起源や形成過程をたどると、宗教がその成立に重要な役割を果たしていたことがみえてくる。本章では、現在の教育観の底流をなしている教育に関する思想が、いかにして成立してきたのかを歴史的にたどることを通して、宗教との関係を確認してみたい。

第一節では、人間と宗教との関わりを確認した上で、宗教、その中でも現在の教育思想の源泉であるキリスト教との関係について、学校の成立を軸として検討する。第二節では、宗教と教育学の関係について、近代教育思想の成立と教育の「世俗化」という視点から検討する。第三節では、「世俗化」の様相を、近世・近代の思想の底流をなしている「自然」の観点から整理した上で、宗教と教育学の関係の今後について展望していく。

第一節　宗教と人間／宗教と教育

宗教と人間

人間と宗教との関係は古い。宗教学者のエリアーデ（一九〇七－一九八六）は、「作る人間《ホモ・ファーベル》は同時に遊ぶ人間《ホモ・ルーデンス》、賢い人間《ホモ・サピエンス》、宗教的人間《ホモ・レリギオースス》でもあった」とし、人間が古くから宗教的であった確実な例として、旧石器時代後期には「土葬の慣行が一般化」していたことを挙げている（Eliade, 8ff.）。ただし、何をもって「宗教」とするのかという点に関しては、定義する人の拠って立つところ、また、宗教のいかなる部分について定義するのかによっても異なるため、ここでは、「宗教」という言葉の意味のみを確認しておきたい。

熟語としての「宗教」の語は、もともと漢訳仏典にみられる語で、「宗」＝根本となる「教」え、すなわち、仏教の教えを意味していた。宗教一般として用いられる現代的意味は、明治期に入って、欧語 religion の翻訳語として用いられてからである。この religion は、ラテン語 religio に由来するが、その語源として、relegere（re は「再び」、legere は「拾う、読む」の意）が名詞化した「厳粛に執行される勤行や儀式」を起源とするとする説と、religare（re は「再び」、ligare は「結ぶ、縛る」）、すなわち、「神と人とを再びつけること」を意味したとされる説の二つが挙げられている。語源に関するこの二つの説の妥当性については疑義も呈されているが、原初的には、何か人知を超えた不思議なことがらに対する畏怖の感情であり、その後、こうした感情をひきおこす対象や、そうしたことがらに対する対処行動としての儀礼を意味するようになり、それらの儀礼が組織的集団的になり、教義や儀礼が体系化されることによって、現在私たちが「宗教」という言葉から思い浮かべる内容を表すようになった。

さて、ヨーロッパ社会において宗教が現代的な意味での「宗教」として認識されるにあたっては、近代における「宗教」状況の量と質とに関わる変容があった。中世ヨーロッパにおいては、宗教とはキリスト教に他ならなかったが、一五世紀に始まる大航海時代以降に世界の諸地域の種々の文化、世界に、さらに、そこに存在する種々の宗教にふれる中で、唯一の宗教として捉えられていたキリスト教が相対化され、キリスト教以外のあり方も「宗教」として捉える視点がもたらされた。

これと並行して、キリスト教の脱自明化――通常「世俗化」とよばれるプロセス――が、質的変容としておこった。カッシーラー（一八七四‐一九四五）はこうした変容について、『啓蒙主義の哲学』の中で次のように述べている。一八世紀に至って「個々の認識領域が、次第に従来までの形而上学や神学の支配ないし保護から離脱」し始め、「以前は他を根拠づけていたものが今や根拠づけられるものの位置へ、これまで主に他を正当化してきたものが今や正当づけられるものの位置へと追いやられた」。「そしてこの思想の動きはついに十八世紀の神学をも捕らえるに至り」、その絶対的優位を放棄し、これまでとは逆に、「他の学問領域から得られた根本的な基準」である「理性」が指し示す規範に「自ら服するように」なった（Cassirer, 258f.）。その結果として、信仰実践の多様性の認識とキリスト教の脱自明化がもたらされ、ヨーロッパにおいて宗教概念の形成が促されることとなった。

こうして宗教が「宗教」として認識されることによって、また、一四世紀から一六世紀にわたる、いわゆるルネサンス期における「人間復興という人間自身の新たな再生」、「人間における主体性の自覚」とあいまって、「人間」にとっての「宗教」が相対化されて、「人間」と「宗教」として認識されるようになったといえよう。

同時に、近代教育学の成立もキリスト教の「脱自明化」、「世俗化」と深く関連している。その詳細については第二節以降で検討するが、その前に、近代教育学成立前史とよぶべき、キリスト教と教育の関係について検討してみたい。

キリスト教と教育　―「学校」の起源―

「学校」の原初形態は、古代ギリシアに見いだすことができ、「学校」を表す欧語――school（英）、Schule（独）、école（仏）等――は、ギリシア語のscholē（暇、閑暇）に由来し、労働から解放された暇を利用した学びや討論の場所であったとされる。具体的には、イソクラテスの修辞学校、プラトンのアカデメイアなどが挙げられるが、そこでは自由な時間（余暇）を使って政治的市民になるべく、自発的に、個人のニーズに基づいて学ぶ場という性格をもち、現在の教育の場としての「学校」とは異なった意味をもっていた。

西洋の教育史を語る上で、こうしたギリシアの教育も重要な意味をもち、また、大きな影響も与えてきたが、直接的により大きな影響をもっていたのが、キリスト教の思想、学校である。特に、現代へとつながる原初的な学校の形態は、古代ローマ時代末期のキリスト教教会の内部における「本山学校（cathedral school：司教座聖堂学校）」に見いだすことができる。この「本山学校」は、おもに聖職者養成機関として成立し、のちに創設された修道院学校とともに、西欧世界の重要な教育機関となっていった。

中世においては、ラテン語中等学校がヨーロッパ各地に創設され、本山学校その他、大規模な教会学校が多数設置されていた。これらの学校では、当時の教養階級の言葉であり、ヨーロッパの共通語であったラテン語で、また、教会によって維持・監督されていた教区学校、唱歌学校、慈善学校等の多くの「初等学校」でも、「ラテン語」を中心とした教育が行われていた。

その後、一五世紀に至って、新しい自国語学校が要請されるようになった。具体的には、宗教改革の指導者たちが、一人ひとりの人間が自己の救済の手段として、自分で聖書を読む能力をもち、そして聖書を学ぶべきであると主張し、識字能力（literacy）を身につけるための自国語を学ぶ学校を要求したこと、さらに、『新約聖書』のルターによる独訳（一五二二年）、ティンダルによる英訳（一五二六年）等によってテキストが整備され、自国語の規範が確立されたこと、グーテンベルク（一三九八頃－一四六八）による活版印刷の発明などにより、書物が安価で大量に作ることが可能となったこともまた、自国語学校の要請を後押しすることになった。

その中でも教育思想という点では、宗教改革者ルター（一四八三－一五四六）が最も具体的、進歩的である。ルターは、すべての教育の根底にキリスト教的教育を据え、キリスト教的、ならびに世俗的教育の責任を子どもの両親が負っていること、また、教育を受ける権利は、一人ひとりの子どもの生まれながらの権利であることを主張するとともに、国家による就学の義務化を提唱している。

四世紀にキリスト教がローマ世界に広く受容されるとともに、国家的教育観は西欧から姿を消し、教会が国家となった。その後の、いわゆる千年以上にわたる中世において教育は、聖職者養成を中心とした、教会の事業を遂行するごく少数者のためのものとなっていた。それに対し、プロテスタント革命によって、「万人のための」教育が求められることによって、一六世紀、一七世紀に至って再び「国家的教育観」が復活したといえよう。かつ、教育の方法も

「教会を媒介者とすることから直接に個人の知識と信仰の努力による方法」へと大きく転換することとなったが、キリスト教との密接な関係は続いていた。

こうしたプロテスタント革命によって「皆就学」の理念が醸成され、教育方法の転換が図られることになったが、その思想的背景には、一四世紀に北部イタリアの自由都市で新興の市民階級から始まったルネサンス（Renaissance）の運動がある。この運動は、中世のキリスト教的世界観に束縛された人間性の解放を図り、現世否定的な宗教的教養にかわり、人間性を肯定する新しい世俗的教養を求め、古代の文化を再生しようとするヒューマニズム（Humanism：人文主義）として開花していった。ヒューマニズムは、旧来の教会のあり方に対する批判精神としてのみならず、教会の権威に反抗し、封建制度を打破する社会の変革を求める精神となり、宗教改革として具体化していった。

宗教改革を促すこととなったヒューマニズムは、同時に新たな人間観、宗教観を生みだし、近代教育思想の母胎となった。そこで第二節では、近代教育思想を生みだした人間観、宗教観、そして人間形成観を、「形成」の思想に定位して確認していきたい。

第二節　宗教と教育学　―近代教育思想の成立と教育の「世俗化」―

「形成」思想の成立と「世俗化」

近代の教育思想の成立には「（人間）形成（Bildung）」の概念が大きな役割を果たしている。アリエス（一九一四－一九八一）は、人文主義の革命によって、神学生の学寮であったコレージュは「特定の職業への準備ではなく、すべての人間の形成に必要な教養を与える場」となり、この「形成（formation）」への配慮が、初めは中等教育の、一九世紀末になると初等教育の大切な要素とみなされるようになっていったとする（Ariès, 154ff.）。

この「形成」の語を近世の教育思想家として最初に自覚的に用いた人物として、コメニウス（一五九二－一六七〇）

が挙げられる。コメニウスは、『大教授学』第六章を「人間は、人間になるべきであるとすれば、人間として形成され（formari）なければならぬこと」と題し、「知識と徳行と神に帰依する心との、それぞれの種子は、……自然が与えて」いるが、「知識そのもの、徳性そのもの、神に帰依する心そのものまでを自然が与えている」わけではなく、「祈り」、「学習」、「行ないによって、獲得されるもの」であるとしている。その上で、人間を「教育される動物」、「教育されなくては、人間は人間になることができない」と規定している（Comenius, 81f. 引用にあたり一部改変）。

形成可能な存在、すなわち、可塑的な存在としての人間理解は、「ビルドゥング（Bildung）」の思想にその淵源をもつ。ガダマー（一九〇〇－二〇〇二）は『真理と方法』において、「ビルドゥング」（邦訳では「教養」）という語について、「この語の源泉は中世の神秘主義にさかのぼり、……ヘルダーによって〈人間性への形成 Emporbildung〉という基本的な規定がなされた」とする。ガダマーによれば、ヘルダー（一七四四－一八〇三）による新たな概念規定によって、「身体的外観」や「自然の作り出した形態のすべて」を意味していたビルドゥングが「育成（Kultur）という概念と緊密なつながりをもつもの」となり、「自然によって与えられた自己の素質や能力を伸ばし、作り上げていく（ausbilden）人間独自のさま」を意味するようになった（Gadamer, 12f.）。

ビルドゥング概念は、「神の似姿（Bild des Gottes）」としての人間観を前提とする中世の神秘主義を始点とし、神の被造物としての人間は、この「神の似姿」としての完全性にまで形成することがビルドゥングであるとしている。その後、「ビルドゥング」は、「神の似姿」に向けて、他者に働きかけて、その人を形成するという用法と、自ら「神の似姿」に向けて、自らを形成していくという二つの用法で普及していった。神秘主義におけるビルドゥングは他者に働きかける意味で、信仰の主観性を強調する「敬虔主義」では、自らが自らを形成していくという意味で用いられることが多い。

コメニウスは、『大教授学』において、「卓越した被造者」は、「すべての被造物に卓越した目的を追求するように定められて」おり、また、「いやしくも人間に生まれた者は誰でも、人間になる、つまり、理性をそなえた被造者となり他の被造物の支配者となり自らの創造主のあざやかな似姿になる、という同一の主目的をもって生まれた」としており（Comenius, 51, 98. 引用にあたり一部改変）、ビルドゥングを自らが自らを形成していくという意味で用いているといえるだろう。

人間は形成可能な存在であるとする「形成」思想は、フランスにおいていち早く「世俗化」され、教育制度として構想されることとなる。一七八九年のフランス革命によって、世俗的な君主制と身分制と、国家宗教としてのキリスト教が分かちがたく結びついていた「旧制度（Ancien Régime）」が滅び、国家と宗教の分離が図られることとなった。この革命のあとにコンドルセ（一七四三‐一七九四）は、『革命議会における教育計画』において、貧富の差にかかわらず教育が授けられるよう「無料」で実施されなければならないとすると同時に、「真理の教授」を教育の第一条件に位置づけた。そのため「政治的権威からできるだけ独立」し、かつ、「公教育に何ら宗教的信仰に関する教授をも許さぬ」べきであるとし、教育から宗教を排除することを明示した（Condorcet, 13, 47, 60）。ただし、コンドルセの思想は宗教からまったく無関係に展開されているわけではない。コンドルセの教育思想は彼の進歩史観を前提としているが、進歩史観は、キリスト教の「目的論的歴史観」の「世俗化」として展開されているからである。

こうして「世俗化」されてきた教育思想が、「学問」としての教育学として体系化され、独立するには、もう百年ほど待たねばならなかった。

子ども観の転換　―「原罪説」から「可塑性」に富んだ存在へ―

アリエスは、『〈子供〉の誕生』の中で、「中世の社会では、子供期という観念」、「子供に固有な性格、本質的に子供を大人ばかりか少年からも区別」する意識が存在していなかったとし、「子供期」や「子供」という概念が、近代の産物であることを指摘している（Ariès, 122）。

では、中世において「子ども」はいかなる存在として位置づけられていたのであろうか。中世の代表的なキリスト教の思想家であるアウグスティヌス（三五四‐四三〇）は『告白』において、「何人も、あなたのみ前で、罪なく清らかであるものは」なく、「幼年時代も罪をまぬがれない」とする原罪説をとっている（Augustinus, 18）。この原罪説の立場において「子ども」は、「粗野で、社会性を欠いた存在」とされ、不完全な状態を脱し、早く「大人」になることが要請されている。

中世の代表的な人間観、子ども観である原罪説にかわり、子どもを「可塑性」をもった存在として捉える思想の嚆矢を、ロック（一六三二‐一七〇四）に見いだすことができよう。ロックは『人間知性論』において、「心は、言ってみれば文字をまったく欠いた白紙（white paper）で、観念は少しもないと想定しよう。どのようにして心は観念を備えるようになるか。……これに対して、私は一語で経験からと答える。この経験に私たちのいっさいの知識は根底をもち、この経験からいっさいの知識は究極的に由来する」としている（Locke, 81）。ロックは、身分制秩序に代わる市民社会の教育を構想し、キリスト教の原罪説的な子ども観を意識的に批判し、また、当時支配的であった「小さな大人」としての前成説的な発達論・子ども観にも対立する、子どもは「無限に教育可能である」という見方を提示している。

こうしたロックの思想は、一八世紀のフランスに広く受け入れられ、たとえば、エルヴェシウス（一七一五‐一七七一）は、「教育はすべてを行なう」とする素朴な教育万能論を示している。また、原罪説を正面から否定したヴォルテール（一六九四‐一七七八）は、「原罪」の思想を「神への侮辱」であると厳しく批判し、知恵、真理を重視する哲学の立場の重要性を提示している（Voltaire, 318f.）。

子ども期の観念の変容を促した背景については、一八世紀における子ども期と子どもに対する心的態度の長期にわたる「世俗化」があるとされている。カニンガム（一九四九‐）は、ロックの著作が端緒を開き、ルソー（一七一二‐一七七八）やロマン派の詩人たちの作品が登場する一八世紀に、「それ以前の数世紀にはなかった、子ども期と子どもに対する感覚《センシビリティ》」が高まり、子どもを「大人になる、あるいは天国に行く準備期と見るのではなく、子ども期それ自体が価値をもつ人生段階」とみなし始めるようになったとしている。ただし、この「世俗化」は、キリスト教の信仰を全面的に捨てたのではなく、その影響範囲が狭まったものであるとされる（Cunningham, 83）。

可塑性に富んだ存在としての「子ども観」は、ルソー（一七一二－一七七八）において、時代的精神をふまえつつ、より具体化されることとなる。ルソーは、『エミール』において、「万物をつくる者の手をはなれるときすべてはよいものであるが、人間の手にうつるとすべてが悪くなる」とした上で、「植物は栽培によってつくられ、人間は教育によってつくられる」とし、子どもに内在する力である「自然」を「育てる」教育観を提示している（Rousseau, 23f.）。

ここまで、近代教育思想の底流をなす可塑性に富んだ存在、教育可能な存在としての「子ども観」と、そうした変化の可能性、教育可能性を担保する「形成観」の二つの成立過程について、キリスト教思想の「世俗化」の視点を中心に確認してきた。このうち、前者－教育可能な存在としての「子ども観」は「自然」観と、後者－教育可能性を担保する「形成観」は「歴史」観と関連が深い。この「自然－歴史」関係は、近代における展開の中で、さらに人間観の「非宗教化」、「世俗化」を促していく。そこで、次節では、近代における「自然－歴史」関係と世俗化のありさまを確認した上で、今後の教育学と宗教の関係のゆくえについて検討したい。

第三節　教育学と宗教のゆくえ

近代の人間観の基底としての「自然―歴史」関係と世俗化

近世という時代の特質として、自然という世界観から歴史という世界観への移り行きがあるとされている。この世界観の転換の背景にも、キリスト教思想の世俗化が働いている。中世においては、あらゆるものは神によって完成された形で作り出されたものであり、それゆえ不変であるとするキリスト教の基本的な立場に依拠した前成説が支配的であった。しかし、ここまで確認してきたように、ルネサンスをへて、様々なものの変化可能性が支持されるようになるにつれて、人間の精神についても、初めから完成された自然的理性が存在しているとする考えから、発展成長していく歴史的理性へと見方が転換されていった。

ガダマーは、ビルドゥング概念の場合、ビルドゥングの成果は、「形成およびビルドゥングという内面的過程のうちから生い育つのであり、それゆえ、絶えず作り続けられていくはずのもの」であるからこそ、特にはっきりと見てとれるとする。こうした意味での「ビルドゥングという語が、ギリシア語の physis（自然）」と同様、「自己以外の目標」を知らず、「この点でビルドゥングの概念は、そのもともとの意味であったところの、与えられた素質の単なる育成」というだけの概念を乗り越えている。「素質の育成とは、なんらかの与えられたものを発展させることであり、そうした素質の訓練や錬磨は、目的のための単なる手段にすぎない」。しかし、教養においては「受容される素材はすべて、姿を変えて、教養の中へと同化」されており、その点で素材はけっして手段ではなく、獲得された教養のうちではなにものも消え去ってはおらず、すべてが「保持」されている。この「保持」という歴史的性格のゆえに「教養とは純粋に歴史にかかわる概念ともいえる」としている（Gadamer, 14f.）。

第二節で確認したように、近代の教育思想の前提にある「教育可能性」の概念は、「自然」として与えられている「素質」をもった存在としての「子ども」観と、「歴史」との類比からの「成長」概念にしたがって発展させることができるとする「形成」思想を背景とした変化の可能性を前提としている点において、「自然の歴史化」に依拠しているといえる。

しかし、中世から近世・近代への移り行きの背後においては、「歴史」のみならず「自然」もまた重視されている。中世において自然は、教会が封印を施して閉じ込めた「書物」として、神学の立場から消極的、目的論的に眺められる対象にすぎなかった。しかし、ルネサンスをへて近世・近代へと移り行く中で、自然は、神によって創造された自然から、自らのうちに根拠をもつ自然という見方、すなわち、本来の、古代ギリシアのピュシスとしての自然観への回帰という仕方で本来の自然観へと解放された。

それゆえ、ヴォルテールは、「宗教や道徳は天性の力を束縛することはできるが、破壊すること」はできず、「われわれは自然がわれわれにあたえてくれたものを改め、和らげ、隠せるが、それになにものも加えることはない」とし、「天性の力」、「自然」を重視している（Voltaire, 273）。また、ルソーは、「自然の教育」、「人間の教育」、「事物の教育」の三つの教育があるとした上で、「完全な教育にはこの三つの教育の一致が必要である」とする。ただし、三つの教育の中で「自然の教育はわたしたちの力ではどうすることもできない」ので、「自然の教育」にほかの二つの教育を一致させなければならないとし、「自然」を重視している（Rousseau, 23f.）。ルソーを通して具体化された一八世紀啓蒙思想の「自然」は、その後、実証科学の展開とともに近代教育学の「教育」概念を形成していった。ルソーのこの「自然」理解の背景には、当時のヨーロッパ社会では先進的であった「フランス」の社会を厳しく批判し、「社会の秩序」へと同化することではなく、「自然の秩序」にしたがうことに教育の意義を見いだしていることが挙げられる。

こうした意味からいえば、近世以降の「自然-歴史」関係は、「自然の歴史化」という大きな流れの中で、一方では、「自然」重視の傾向を前提としているともいえる。それゆえ、近代の「自然の歴史化」は、実はその背後に働く「歴史の自然化」に基づいて歴史的に生じているともいわれる。柏原啓一の所論にしたがえば、「近代のヒューマニズムを支えている人間観は、結局のところ自然本性（natura）として実体化された理性に拠り所を求めている」のであり、そこでは、「歴史は理性という自然が営む限りでの自然的世界でしかないことになる」からである。こうした立場は「内在主義的自然主義」といえようが、この立場では、「deus ex machina（機械仕掛けの神）を作業仮説とする蒙は啓かれ、それにともなって、総じて超越者が不用」とされる。「『歴史の自然化』とは、元来、世界の合理化（rationalization）の謂い」であり、「合理化という人間の絶対化」、「超越的絶対性にかえて、人間の内なるものを絶対視すること」、すなわち、「非宗教化」である（柏原、三二一-三二三頁）。

こうした「歴史の自然化」の動向に対しては、キルケゴール（一八一三-一八五五）やニーチェ（一八四四-一九〇〇）などによって批判もなされたが、教育学についていえば、一九世紀後半以降における社会諸科学の「実証主義化」の動向を受けて「自然化」が推し進められ、その帰結として「非宗教化」が徹底されていくこととなった。

教育学と宗教のゆくえ

「教育可能性」を前提とする近代の教育思想は、キリスト教思想の世俗化によって成立した二つの見方を根拠にもっていた。すなわち、原罪説から解放された可塑性に富んだ存在としての「子ども」観と、中世の神秘主義に淵源をもち、その世俗化としての「形成」思想を背景とした変化の可能性である。

学問としての教育学もまた、近代の学としての性格をもち、その前史としてコメニウス、ロック、ルソーなどが挙げられるが、初めて系統化し、学問としての体系を準備したのは、「実践哲学（倫理学）」と「心理学」に教育学の基礎づけを求めたヘルバルト（一七七六－一八四一）である。ヘルバルトによって体系化された教育学は、一九世紀後半以降、学問として確立していく。しかし、ヘルバルトの場合でも、教育学は「哲学の応用部門」を占めるにすぎず、一九世紀から二〇世紀への転換期にいたり、社会諸科学の「実証主義化」とあいまって、ようやく教育学が独立した学問として認められるようになっていった。

二〇世紀における自然科学および科学技術の進展は、教育の主たる対象である「子ども」に、乳幼児死亡率の激減といった目に見える形での大きな変化をもたらすとともに、子どもの心理の理解、本能の理解なども促進し、二〇世紀中頃までは、ヨーロッパ社会において理想とされた子ども期が実現されつつあった。しかし、二〇世紀後半以降、近代とよばれる時代が一つの転換点を迎えつつあるといわれ、教育学においても、近代教育の行き詰まりが問題として広く認識され、近代教育学の再検討がなされてきている。

可塑性に富んだ存在としての「子ども観」は、教育可能性の思想とあいまって、教育による身分、階層の移動を可能にしてきたし、教育の必要性の根拠ともされてきた。さらに、「生まれ」によってではなく、教育によって多様な可能性につながるとする立場は、広く社会に受容、承認され、学校教育の充実、発展、ひいては教育の機会の拡大、教育の必要性に対する認識の高まりに大きく寄与してきた。しかし、一方で、こうした教育へのまなざしが教育の可能性（成功）のみならず、教育の失敗にも向けられるようになり、その結果、子どもの問題行動や問題状況をもすべて教育に帰す、いわば「教育万能主義」とでもよぶべき状況が惹起された。この教育万能主義は、子どもの可塑性を最大限に捉えた、「子どもは無限の可能性をもっている」とする「子ども観」を前提としている。

また、教育万能主義の立場において、子ども（たち）は、教育を受けることによってその可能性を伸ばすことへと駆りたてられる。そのため、一定の教育を受けている子どもは、その可能性を伸ばすために努力をすることを求められ、教育の成果に差が生じた場合には、子どもの努力が足りないとされる。ここでは結局、教育の成否が子ども個々人の努力にゆだねられる状況、いわば、「努力万能論」へと陥ることになる。しかし、社会資本の多寡という隠れた要素によって成績が左右される状況の中では、努力万能論の背後で、子どもたちには「生まれもった素質によって人生は決まる」という感覚が広まり、いわば「新しい宿命主義」とでもよぶべき事態が、「理不尽な身分制度」から、一見「合理的」な「生まれもった素質」へと宿命の根拠を代えて進行しているといえよう。

「生まれ」によらずだれにも教育において成功できるチャンスが与えられている、という理念が教育、特に学校教育の必要性を後押ししてきたが、二〇世紀後半以降、その根拠に様々な批判や、歪みが指摘されるようになってきた。たとえば、苅谷剛彦は、親の社会階層と成績、より具体的には社会資本と成績に相関関係があることを示しているが、このことは、近代以前の「身分」が社会資本の多寡に変わったにすぎないことを示しているといえよう。

こうした事態は、キリスト教思想の世俗化を基盤として展開されてきた近代教育思想が、二つの意味で再び「聖化」しつつあるとみることもできよう。一つには、人間形成を援助する一手段にすぎない教育を絶対化することによる教育の「聖化」、もう一つは、個人の「生まれもった素質」を所与のものとみなすことによる個人の「聖化」である。

現代における「再聖化」については、宗教の領域においても進行しているといわれている。島薗進は、近代における「個人化」の進展の中で、「宗教」においても「個人化が進み、また集団統合の機能をもつ宗教の力が後退していく」ことが予想されていた。しかし、現在では、「再聖化」や新たな宗教共同体の形成としての「公共宗教の興隆」が進行しているとする。そのプロセスについて、「社会の個人化は宗教の個人化」をもたらしたが、「その社会の個人化が個人の宗教化をもたらし、その結果、社会の再聖化や公共宗教の復興」をもたらしているとする（島薗、三〇一－三〇五頁）。こうした教育における「再聖化」、宗教における「再聖化」の背後には、近代を特徴づけてきた「合理化」、「個人化」によって価値が多様化し、その結果、価値が不確実化したことが挙げられるだろう。

ブレツィンカ（一九二八－）は、現代を「合理主義」、「個人主義」、「快楽主義」によって特徴づけられる「価値不確実の時代」と位置づけ、価値の方向づけの危機が教育の危機を惹起し、教育に確信のもてない社会になってきているとしている（Brezinka, 11ff.）。その背景として、啓蒙主義の時代以降の「神なき人間中心主義」が、結局、個人も社会も病ませてしまう「ニヒリズム」に陥りつつあることを指摘する。

ブレツィンカは、こうした「教育の危機」から脱出するためには、「人間と人間の教育についての真に現実的な像」についての理解、「われわれ自身とわれわれの若い世代にも適用されるべき共通の明確な理想」と「その理想を実現するうえで必要欠くべからざる手段を、敢えて用いる勇気」をもつことが必要であるとする。その中で、価値の方向づけには「宗教や神話や世界観」といった「信条の体系が、現代社会においても依然として不可欠であること」を示している（Brezinka, 29ff.）。

むろん、価値が多様化し、また、多様な宗教が「宗教」として認識されている現代において、世俗化されたキリスト教の思想を背景にもつ近代教育思想を、再びキリスト教思想によって「聖化」することも、単一の価値に根ざした「宗教的価値」を探り、そこから教育思想を演繹的に構築していくことも現実的ではないだろう。

近代教育思想の成立という「過去」に依拠しながら「現在」の現実を直視し、この二つの緊張関係の中から「未来」世代への働きかけである教育を（再）構築していくこと、このことは、宗教との関わりにおいてのみならず、教育学全体の課題であるといえよう。その際、現代的な意味での「宗教」が、多様な宗教にふれる中で相対化されることによって成立してきたこと、また、近代教育思想成立の基盤となったキリスト教的人間観、歴史観の世俗化が、社会の変化、要請によって促されてきたことをふまえるならば、現在の宗教的状況や社会状況をふまえつつ、宗教と教育、宗教と社会、教育と社会それぞれの関係を相対化する視点をもって今後の教育と宗教のあり方を検討していくことが必要であろう。

主要参考文献

P. Ariès,（1960）『〈子供〉の誕生』（杉山光信、杉山恵美子訳）みすず書房、一九八〇年

A. Augustinus,（1397-400頃）『告白（上）』（服部栄次郎訳）岩波文庫、一九七六年

W. Brezinka,（1986）『価値多様化時代の教育』（岡田渥美、山﨑高哉監訳）玉川大学出版部、一九九二年

E. Cassirer,（1932）『啓蒙主義の哲学（上）』（中野好之訳）ちくま学芸文庫、二〇〇三年

J. A. Comenius,（1657）『大教授学1』（鈴木秀勇訳）明治図書、一九六二年

M.-J.-A. N. de C. Condorcet,（1792）『革命議会における教育計画』（渡辺誠訳）岩波文庫、一九四九年

E-P. Cubberley,（1920）『カバリー教育史』（川崎源訳）大和書房、一九八五年

H. Cunningham,（1995）『概説 子ども観の社会史』（北本正章訳）新曜社、二〇一三年

M. Eliade,（1976）『世界宗教史Ⅰ』（荒木美智雄、中村恭子、松村一男訳）筑摩書房、一九九一年

H-G. Gadamer,（1975）『真理と方法Ⅰ』（轡田収、麻生建、三島憲一他訳）法政大学出版局、一九八六年

J. Locke,（1690）『人間知性論』（大槻春彦訳）、『ロック・ヒューム（世界の名著　三二）』中央公論新社、一九九九年

J-J. Rousseau,（1762）『エミール（上）』（今野一雄訳）岩波文庫、一九六二年

F-M. A. Voltaire,（1764）『哲学辞典』（高橋安光訳）、『ヴォルテール　ディドロ　ダランベール（世界の名著　三五）』（串田孫一編）中央公論社、一九八〇年

柏原啓一『ホモ・クワエレンス　論集1』以文社、一九七七年

苅谷剛彦『大衆教育社会のゆくえ』中公新書、一九九五年

島薗進『スピリチュアリティの興隆』岩波書店、二〇〇七年

第一四章　人間形成における園芸教育の実践

——近代園芸学と教育学——

金浜　耕基

第一節　クラインガルテンとキンダーガルテン

クラインガルテンとキンダーガルテンの関連

今日の園芸学においては、園芸作物の生産に関わる技術的課題だけでなく、市民農園や園芸療法などを通した人間形成に関わる教育学的な課題も取り扱われている。園芸生産の技術的課題に関する歴史や総説については、園芸学の学術団体である園芸学会が編集した『園芸学全編』（一九七三年）と『新園芸学全編』（一九九八年）などで解説されているが、園芸の人間形成に関わる教育学的な課題について紹介されることはあまりない。そこで、時代を少し遡りながら、園芸と教育学が人間形成の役割の中でどのような関わりをもっていたのか考えてみたい。

市民農園は家庭菜園ともよばれ、英語ではsmall gardenやallotment gardenという言葉に相当し、ドイツ語ではクラインガルテン（Kleingarten）という言葉に相当する。クラインガルテンの歴史や設立理念にはいくつかあって、その一つに子どもたちの情操教育があり、キンダーガルテン（Kindergarten）すなわち幼稚園の設立理念をルーツとしていた。それらの中で、広場において子どもたちに花壇《ガーデニング》園芸を行わせるという教育手法は、キンダーガルテンの創始者でドイツの教育学者フレーベル（Friedrich Fröbel, 1782-1852）によって提唱されていた。Kindergartenとは、子どもたち（Kinder）の庭（Garten）という意味であるが、しだいに教育機関の名称（幼稚園）を表すようになり、キンダーガルテンによる幼児の教育方法が世界中に広まるにつれて、英語でもkindergarten、日本語ではその訳語である幼稚園という言葉が、就学前の幼児の教育機関として定着した。

フレーベルの幼児教育においては、恩物とよばれる積み木などの教育遊具、童謡、遊戯とともに、花壇園芸も人間形成を図る上で重要な教育手法であることはわが国にも明治維新直後に伝えられていたが、幼稚園での幼児教育が実践され普及していく過程で、花壇園芸教育の取り組みがしだいに薄れていったように思われる。その結果として今日では、フレーベルがキンダーガルテン（子どもたちの庭）という言葉に込めた意味はほとんど意識されなくなったのではないか。ましてや、わが国のほとんどの幼稚園において、フレーベルの花壇園芸教育がクラインガルテンあるいは市民農園と関連があることについて意識されることはなくなったのであろう。

わが国における幼稚園教育の始まり

わが国において、就学前の幼児に対する教育制度の創設は、明治五（一八七二）年八月に制定された学制に始まる。当時の事情について、柴崎正行の論文（一九九八年）を手がかりに、考察したい。

明治四年七月から明治六年四月まで初代文部卿に就任した大木喬任《たかとう》（一八三二－一八九九。佐賀藩士の長男）の時代に制定された学制では、「幼稚小学は男女の子弟六歳迄のもの小学に入る前の端緒を教うるなり」と定められたが、幼稚小学は実際には設立されなかった。明治六年に、明治六大教育家の一人といわれ、攻玉塾を開いた近藤真琴（一八三一－一八八六。鳥羽藩士の二男で、幕府軍艦操練所に出仕した人。維新後に海軍中将）がウイーン万国博覧会に参加し、特別パビリオンにてドイツやオーストリアのキンダーガルテンを見聞して、フレーベルの幼稚園が労働に従事する父母の子育てを助けるだけでなく、花壇園芸を通した幼児教育が就学後の学業の向上にも成果をあげていることを知った。帰国後、このことを童子園《どうじえん》という語を用いて『博覧会見聞録別記　子育之巻』（一八八六年）にまとめ、幼稚園設置の必要性を説いている。明治六大教育家とは、この近藤真琴、大木喬任のほか、東京女子師範学校の二代目摂理（校長）となった中村正直（一八三二－一八九一。江戸幕府同心の子）、慶應義塾大学を創設した福澤諭吉（一八三五－一九〇一。中津藩士の二男）、同志社大学を創設した新島襄（一八四三－一八九〇。上州安中藩士の子。幕府軍艦操練所出身）、初代文部大臣となった森有礼（一八四七－一八八九。薩摩藩士の五男。森有礼の後妻・寛子は岩倉具視の娘で、久留米藩第一五代当主の有馬頼寧《よりやす》の母であった人。有馬頼寧の父・有馬頼万と離縁後、森有礼の後妻となった）である。

明治八（一八七五）年には、京都上京第三〇区第二七番小学校（柳池小学校）に幼穉遊嬉場が開設されてフレーベル流の幼稚園を模範とした教育が行われたようであるが、まもなく廃止された。その後、明治八年に設立された東京女子師範学校の二代目摂理となった中村正直が附属幼稚園の開設を企画し、文部卿不在時に職務を代行していた文部大輔（次官）の田中不二麿（一八四五－一九〇九）が、幼稚園開設の伺いを太政大臣・三條實美《さねとみ》（一八三七－一八九一）にあげた。その結果、明治九年一一月に東京女子師範学校附属幼穉園が開園し、関信三（一八四三－一八八〇）が初代監事（園長）となった。関は、明治五年から二年ほどイギリスに留学して、帰国後に東京女子師範学校の英語教師を勤めていた人である。彼は、ドイツ系アメリカ人でフレーベルの幼稚園をアメリカに伝えたA・ドウアイ（Adolph Douai, 1819-1888）が著したフレーベル流の幼児教育の書 *The Kindergarten* (New York, 1871）を翻訳した。それが明治九年七月に出版された『幼稚園記』（巻之一－巻之三）と明治一〇年一二月の『幼稚園記附録』である。「巻之一」と「巻之二」と「附録」は文字だけで書かれた本で、「巻之三」には線画や花などが図示されている。その他、明治一一年一二月には『幼稚園創立法』、明治一二年三月には『幼稚園法二十遊嬉全』（東京書肆、青山堂発兌）も関が出版した。

「幼稚園」という文字の読み方について『幼稚園記』と『幼稚園創立法』ではフリガナが付いていないので分からないが、『幼稚園法二十遊嬉全』で恩物の扱い方を図示した「図解」では「ようちゑん」というフリガナが付いているので、『幼稚園記』などでも関は「ようちえん」と読んでいたものと推察される。『幼稚園創立法』では、幼稚園が「稚児を保育するの楽園」であることや、幼稚園の設備として、遊戯室と恩物を用いた「開誘室」（教室）と「縦覧室」（展示室、図書室）に加えて、「草木等の如き天造の物体を目撃し且つ之に親接せしむる」園庭が必要であると述べられている。しかし、フレーベルの庭の図などが付いていないので、花壇園芸教育を行う庭という意味が伝えられたかどうか不明である。『幼稚園法二十遊嬉全』では、第一恩物から第二〇恩物までが図入りで紹介されている。

第二節　幼稚園教育の二つの導入経路

東京女子師範学校附属幼稚園における教育実践例

東京女子師範学校附属幼稚園では、開園時にドイツ人のクララ・チーテルマン（Clara Zittelmann、結婚後、松野クララ、一八五三－一九三一）を首席保姆とし、その他二名の保姆や数名の助手や職員を採用し、フレーベルの幼稚園を模範とした幼児保育を開始した。東京女子師範学校の幼稚園規則によると、保育科目として、物品科、美麗科、知識科の三科目が設けられ、物品科では「日用の器物即ち椅子机或いは禽獣花果等につき其の性質或いは形状等を示す」ことを教育目標に定めて、二五細目の教育手法が採用されている。このほかに、保育時間表も示されているが、花壇園芸教育の時間帯は見られない。

またその当時、大阪府から氏原鋹《うじはらちょう》と木村末の小学校教師が附属幼稚園に派遣され、明治一二年に開園する大阪府立模範幼稚園の開設者となった。氏原の日記には、この幼稚園の花壇に幼児一人ずつ三尺四方の菜園があって花壇園芸教育が行われていたことが記録されているが、花壇園芸は教科としてはなかった可能性がある。その原因、理由について不明であるが、当時のいくつかの資料を照らしあわせると、そのヒントが少し見えてくる。それは、東京女子師範学校附属幼稚園には、イギリスとアメリカで行われていたフレーベル流の幼児教育法が導入されていたことである。

たとえば、大戸美也子の「手引書『幼稚園《をさなごのその》』の原書とその入手経路について」（二〇〇六年）を参考に当時の事情を説明すると、明治九（一八七六）年一一月東京女子師範学校附属幼稚園の開園に先だって、同年一月に文部省から『幼稚園』（巻之上に相当）が発行され、本文中では幼稚園という漢字に「をさなごのその」というフリガナが付けられている。すなわち、この時代には未だ「ようちえん」というよび名が定着していなかったことが分かる。その後、明治一〇年七月に『幼稚園』（巻之中）が発行され、さらに明治一一年六月に『幼稚園』（巻之下）が発行されたが、このときのよび名が「ようちえん」であったかどうかは確認できない。これらの資料は、フレーベルの恩物（積み木）や童謡や遊戯を図入りで紹介した英語の図書からの翻訳で、クラインガルテンにおける幼児教育の重要性を提唱したドイツの医師シュレーバー（Daniel Gottlieb Moritz Schreber, 1808-1861）の考案したシュレーバー式体操に類似した図も掲載されている。原著者は、ドイツのハンブルグ出身で、一八五〇年にイギリスに移民したロンゲ夫妻（Yohannes Ronge, 1813-1875 & Bertha Ronge, 1818-1868）である。ハンブルグでフレーベルの教えを受けたロンゲ夫妻は、イギリスに渡ってイギリス最初の幼稚園を開設し、ロンゲ夫人が行った講演をもとにして作成した本が、ドイツ生まれのアメリカ人シュタイガーの経営する出版社を通じて発行された。その本が、一八七三（明治六）年のウイーン万国博覧会に出展されて世界に広まることになった。それが、わが国へのフレーベルの幼児教育法の一つの導入経路である。

近藤真琴が伝えたオーストリア経由の幼稚園

さてウイーン万国博覧会には、博覧会副総裁で、明治二〇年に日本赤十字社の初代社長に就任する佐野常民（一八二二－一九〇二）が参加しており、彼に随行していたのが第一節で紹介した近藤真琴である。前述の『博覧会見聞録別記』は、津田仙（一八三七－一九〇八。津田塾大学の創始者・津田梅子の父で、幕末に、津田真道、西周、福沢諭吉らとともに、幕府の外国方通弁（通訳）に任命されていた人）が提案して発行することになったウイーン万国博覧会報告書で、上・中・下篇に分かれている。中篇は、明治八（一八七五）年にすでに発行された正規の報告書『澳国博覧会報告書』の総論のようなもので、副総裁・佐野常民の意見書が掲載されている。『博覧会見聞録別記』は博覧会会場において見聞した最も有益の事項を詳述したものであるが、印刷されたのは『子育之巻』だけといわれている。『子育之巻』では、フレーベルの幼稚園（童子園）について、次のように紹介されている。「フレーベル氏の童子園の法は広く世に広まり、その法に従うて児どもを教育する設け多くいできて、その流の出展も夥しくあり。故に、先に童子園のありさまを略説せんとす。これによりて、博覧会事務官・和田収蔵、ドイツに遊歴し、この童子園を一見したる記をここに抄録して、読むものをしてその大略を知らしむ」。続けて、和田収蔵（一八五二－一九〇一）のフレーベルの幼稚園に関する報告内容が長く引用されるが、その教育方法を抜粋すると以下のようになる。「この学校は掃除よく行き届き、甚だ清潔なり。傍らに花園ありて草木を植えおり、稽古の時の席順は年に従うとて、一方は男子をつらね、一方は女子をつらぬ。教師は、ことさら物柔らかに気長にして親切なる婦人なり。大抵一人に児ども十数人を教う。そのものらも、幼きものには四方六面の四角に切りたる木あまたをもて遊ばしむ。そのおもてには「いろは」を書きたるものにして、これにて家のかたち、門のかたち、など組み立てさせ、自然に文字を覚えさするようにせり。やや長ずれば、物の長短大小等より、幾何のはじめを学ばせ、算術の初学、建築の法に及ぶ（本巻に記す所の男女の児どもを工業にみちびくもて遊びとは、大ていフレーベル氏の童子園よりはじまるよし）。さて、その稽古する間も甚だ幼き児どもの事なれば、退屈せぬようにとて、話をするも許してあれども、席上の静かなるは意外なり。年の長ずるものは遙かにむずかしき稽古もせり。種々彩色のある絵と縦横に筋を引きたる紙とにて、方円の外、種々の形を作り、五星の形も作る。その順序正しくして手本によく似たり。あるいは石筆にて幾何の手引きの稽古をなし、その上等なるものは手本を離れて自らの図を製す。その巧みなる事、実に驚くべし。女子は針にて家の形、草木鳥獣等を紙に突きてあらわすを見けり。これ本巻女子の工業のところにいう刺繍のことなるべし。さて、一時間ごとにこれを講じて、あるいは唄をうたわせ、あるいは運動をなさしめ、飽きず怠らず体も丈夫になるように仕掛けたり」。

続けて、博覧会における幼稚園の展示の様子が近藤真琴によって紹介されている。

「博覧会童子館の出展にはフレーベル氏の童子園にならひたるものあまたあり。ボヘミヤの人リュドルフ・エム・

セルベルといえるは、童子園の学校の雛形（模型展示）とその庭の雛形とを出し、ベルリンの人ヒューゴ・ブレッチスは、その諸物を出す。……童子園の学校の雛形は幾部屋にも仕切りたるものにて、建築のもて遊びにて、家又は家財などを作らしむる部屋あり。粘土にて皿鉢茶碗等の形を作らしむる部屋あり。算術を教え文字を教うる部屋あり。縫いもの、あみもの、折りもの等を教うる部屋あり。いずれも壁には心得になるべき画をかけつりぬ。かたわらに、花園あり、菜園ありて、めずらしき草木に一々札をつけて、その名をしるしたるありさまにて作りて出せり。

セルベルという人はまた、民一般の小学校のひな形を出せり。これは学問する部屋一箇所、遊ぶ部屋一箇所、運動をする部屋一箇所、庭数箇所なり。学問する部屋は、さらなり。遊ぶ部屋にも、博識にするための画あまた掛けならべ、遊ぶ部屋の机にはフレーベル氏の発起したる、もて遊び類を備えたり。運動をする部屋は、冬分又は雨天の日などのために設けたるものの由。庭にも遊び場、運動をする仕掛等あり。草木を植えたる園は本草の初学のためにも、又、草木を植え水の灌ぎかた等のわざにも習わすためという。

フレーベルの童子園に習える幼少の児の学校は、今は処々みられある由なり」。

このように、ドイツのキンダーガルテンがウイーン万国博覧会をきっかけに明治の早い時期に近藤真琴らによって紹介され、そこでの花壇園芸教育の重要性についても、積み木や遊戯と同様に重要な教育手法であるとして紹介されていることが分かる。

『米欧回覧実記』で紹介されたイギリスの幼稚園

フレーベルの幼児教育法のもう一つの導入経路はイギリスを通じてである。イギリスの小学校と幼稚園における幼児教育の様子は、明治四（一八七一）年から明治六（一八七三）年まで行われた岩倉具視使節団の記録『特命全権大使　米欧回覧実記』において紹介されている。その様子を以下に引用する。

「明治五（一八七二）年八月一五日午後、アレキサンドル氏の案内にて、倫敦《ロンドン》府中の小学校を一覧す。これは旅館の近傍なる区中に取建たる、童男童女を教育する小学校にて、総生徒百五十余人あり。大抵、七－八歳より一三－一四歳までをいれて、言語、文、筆、教法、画図、国史、地理、唱歌などを教ゆ。窮理の道具を見ざれども、これも必ず教ゆなるべし。女子には紡織針黹《しんち》（縫い物）の業を教ゆ。数術に因って法を生じ、光学に因りて糸の配列を生ず。これを織りこれを組むについて、縮張の理を知らせ、あるいは織機に綜《あや》を通り、文字、画紋《がもん》を織出す法等、みな数理光学に関係す。西洋にて人に技芸を授くる毎に、かくのごとく精密の理より、簡楚《かんそ》の教を孕《はら》む。これその愈《いよいよ》学んで愈深き所なり。

この小学校に又、五－六歳の幼穉《ようち》を教える一寮あり。女教師一人、補助二人を付す。幼児三十余人あり。教える所は、指揮を聞きて手を拍つ。唱歌の始めなり。黒板に画《かく》を引き、斜線などを書して、石版の面にこれを模せしむるは、文筆の始めなり。かかる事どもにて、一般の規則の如く、勤休をなして遊戯にかえるのみ。これ、その習い自然と学芸の稽古に、脳漿《のうしょう》を注がしむるの基となるなり。およそ男女一たび胎を出て、耳目に感を生ずれば、学知の心は自然に涌心《ようしん》す。一生、脳神の成形は、この時より始まる。父母たるもの、この時を失して、教育に注意を漫《そぞ》ろにするは、霊美の子を廃して、梼漢《きょうかん》に陥るるなり。西洋にて近代幼穉の学教に注意し、努めて人子をして、その天良《てんりょう》を全くせしむ。人の父母たるもの、深くこの主意を知らざるべからず」。

この記述から、漢字での表し方がやや異なるものの、明治五年の時点で、幼穉《ようち》という文字とよび名を使っていたことが分かる。幼穉という文字が使われたのは、東京女子師範学校附属幼稚園の開設伺いを明治八から九年頃に太政大臣にあげた文部大輔・田中不二麿であるといわれることもあるが（柴崎）、久米邦武編の『米欧回覧実記』（明治一一年刊行）ですでに使われていたものの、印刷されて公表された年号を照らしあわせると、いずれが早かったのか断定することは難しい。

このように、学校制度として東京女子師範学校附属幼稚園が開園に至るまで、わが国に幼児教育が導入される過程には大きく二つの経路があった。ただそれはまだ始まりにすぎず、その教育内容や方法についてはその後、多くの教育が試されている。第三節では、園芸に焦点をしぼってその取り組みを考察してみたい。

第三節　教育機関における園芸教育

市民農園の教育理念　―『日本園芸雑誌』における三木泰治と有馬頼寧の論文―

わが国の園芸学において、今日でも市民農園の歴史や意義について解説されることは少ないし、解説される場合であっても、大人の余暇活動として取り組まれる実践例が紹介されるにすぎないことが多い。しかしながら、明治・大正時代まで遡って調べてみると、ときどき話題になっていたことが分かる。その一つには森鷗外の『独逸日記』と『衛生新篇』があるし、その他にも、明治二二（一八八九）年から昭和二〇（一九四五）年まで続いた、近代園芸の教育普及団体であった「日本園芸会」という組織の機関誌『日本園芸会雑誌』（一八八九－一九〇五年）と『日本園芸雑誌』（一九〇五－一九四五年）などの記事がある。

その『日本園芸雑誌』で大正一五（一九二六）年に発表された三木泰治の「家庭園芸の現在および将来について」と題する論文において、イギリスの市民農園運動の様子が次のように紹介されている。「戦前、自国において消費する四三パーセントの食糧しか生産しえなかった英国は、国を挙げて食糧の生産に努力し、特に都市付近においてこの問題の解決に資せんがためにアロットメントガーデンの都市自治体によって建設せらるるもの著しく多きを加えたのであった」。さらに、「英国のオックスフォード、ケンブリッジ等の如く、市民は三戸に一戸の割合をもって郊外に家庭園を有し、木曜日の午後と日曜日とには家族相携えて半里ないし一里の郊外に出かけ、自然の清福をほしいままにするとともに、物質的に栄養に富む果実、蔬菜を収穫し、嬉々として家路に急ぐ如き状態を本邦において実現することができるとせば、日本における家庭園芸はまさに黄金時代に入ったものとなるであろう」。

三木泰治とは、その後も英国などの市民農園について研究を重ね、『家庭園芸』（養賢堂、一九二六年）を著して市民農園の普及に精力的に取り組んだ人物である。この本の中には、「作業小屋を具えた子どものための小家庭園の景」という写真と、「宿根性の草本花卉を主とし、これに蔬菜、果実などを適当に配置して、日当たりのよい庭内の一部に、低い垣根などを取り囲らして構設する子どものための小家庭園こそは、自然を愛し、その中に無条件で遊戯する子ども達に対し最もよい贈り物となるであろう」という解説が付けられている。そして「今や都市といわず、農村といわず、家庭園芸の大波は勢いよく沸き起こり、世界人類の生活を席巻しつつある。土地を持たない労働者が自然の胸にすがって貧しい家庭的食糧を生産すべき唯一の手段として建設した英国のアロットメントガーデンは、欧州大戦以来その数において既に百数十万を突破し、緊張した精神の苦闘と乱舞に疲れ果てた肉体を清澄空気の中に投げ込んで一週間の苦労を洗い流すためのラウベンコロニーはドイツ、オーストリアの都市郊外に争って建設されつつある」と紹介している。また、「簡単で清純なコロニーハウス、一晩泊まりの田園生活、濁り多い都会から簡易と清純とに象徴された田舎への転換は、現代生活者に健康と慰安との最大級をもたらす。家庭園は子ども達を中心として大人にも老人にも惜し気なく土地の福音を伝え、その健康を保障してくれる救世主である」と続けている。

さらに日本園芸会の第四代会長（一九四一 - 一九四五）となる久留米藩第一五代当主・有馬頼寧《よりやす》が、農科大学（現在の東京大学農学部）を卒業した直後の明治四三年七月から明治四四年九月まで（一九一〇 - 一九一一）、農科大学園芸学講座の教授となる原熙《ひろし》と一緒にアメリカとヨーロッパ諸国を外遊したとき見聞したドイツのクラインガルテンについて、次のように紹介している。「フランクフルトの周囲は市の所有地だそうですが、その郊外にたくさんの小農園が設置されています。小農園といいますのは、一区画がおよそ三〇坪くらいで、針金を渡した杭で囲まれた菜園ですが、それを市から極めて低廉な地代で個人が借りているのです。借地人は自らそこを耕し、家族総出で野菜を作って自家用に供しています。借地人はどういう種類の人と制限されてはいませんが、その多くは工場労働者です。欧州では、夏は日没が遅くて八時頃迄は外で働けますし、工場の退出時間が三時か四時だとしますと、結構三、四時間の時があるのです。工場から帰った労働者は家族とともにこの農園に来て、一坪ほどの小屋の中から農具を引き出して仕事に従います」（『七十年の回想』）。そして、「ある日曜日に見に行きましたら、その小農園組合のお祭りのようなものがありまして、どの農園も紙の万国旗が張り廻らされ、一坪くらいの小屋では各家族が卓子を囲んでビールを飲み菓子を食べて一日を楽しく送っているところでした」と紹介している。

有馬頼寧とは、東京帝国大学農科大学で学んだ農政経済学の専門家として農商務省（当時）に勤務し、そのあとに国会議員となって農林大臣（一九三四－一九三六）を勤めた人である。「有馬記念」というよび名のルーツと説明した方が、競馬関係者でなくても理解しやすい。このように、三木泰治と有馬頼寧の資料からだけでも、市民農園や花壇園芸が幼児教育のみならず家庭や社会生活においていかに重要であるかを指摘していたことが分かる。

幼稚園と小学校における園芸教育の必要性

フレーベルの園芸教育を学校に導入することの意義については、明治四二年の村上辰午郎の論文（『日本園芸雑誌』、一九〇九年）において記されている。村上辰午郎とは、横井時敬《ときよし》（一八六〇－一九二七、帝国大学農科大学教授、東京農業大学学長など歴任）、井上哲次郎（一八五六－一九四四、帝国大学で日本人として初めての哲学教授）、棚橋絢《あや》子《こ》（一八三九－一九三九、東京高等女学校、現在の東京女子学園初代校長など歴任）などが執筆して、大正二（一九一三）年頃に発行された『大正婦女社会』という雑誌の主監を行った人である。その村上は次のように著している。「園芸趣味の必要なるは、ただに大人にのみならず幼者にもこの趣味を与うること大切なり。欧米諸国人の家庭には特に子女の花卉栽培のために花園を設けおる人あり。子供は花を見て喜び実を視て楽しみ、あるいは植物の生長に疑問を持つに至っては、遂に自ら進んで之を知らんと勉むれば自然勤勉の精神養生し、また推理力を増進せしむるものである。而して一家の父母も子女と共に花卉培養に妙味を感ずるに至る」。そして、「彼の幼稚園の如きも、幼稚学校または幼稚舎といわずして園という字を附したるは何か依るところなかるべからず。学校においては学校園の設置を見るに至れり。そもそも学校園の必要は、学校としては校舎運動場等の必要なるが如く、近来は学校園を最も必要とするに至れり。最初学校園の必要を主張せられたるは、オーストリアの教育者にして遊戯および手工の発達と共にこの必要を認むるに至れり。即ち遊戯にてなし得る秩序正しき運動の奨励と、手工にてなし得る知徳の養成とを併合し、同時に行うことを得る方法を考え出したるものは即ち学校園なり」と、フレーベルの園芸教育に由来していることを紹介している。さらに、学校園は男子の学校よりも女子の学校に必要であると述べている。

また、小学校での園芸教育の必要性については、昭和八年の富澤功の論文（『日本園芸雑誌』、一九三三年）において次のように述べられている。「都市の児童教育上、学校園の必要なことは、今更ここに述べ立つるまでもなく、世間の、殊に都市小学校教育当事者間の一大懸案である。右東京府立女子師範学校（現在の東京学芸大学）附属小学校においては、先に東京文理科大学高等師範学校（現在の筑波大学）附属小学校が板橋区中村町に設置した校外学校園にヒントを得、今年（昭和八年）春に至って、土地の下検分から新設費概算に進み、過日ついに総予算額五八五〇円を以て全会一致可決せらるるに至ったのである。その後、工事も着々と進み、一〇月中旬を以て開園の運びになったということは誠に同校児童諸子にとって無上の幸福といわねばなるまい」。そして、「この学校園は、共同農園と個人農園と教材農園とで構成されている一〇アール余の農園と、三アール余の花園のほかに、一般教材の果樹・樹木園五アール余など、合計四〇アール余の施設である。ここで、園児四〇名、児童一学年八〇名で六年生までと、高等科四〇名を加えた約五五〇名で、四〇人ずつ学校園での体験学習を行わせるように設計されている」と紹介されている。この教育手法も、フレーベルの園芸教育と同じであることが分かる。

ヨーロッパの女子園芸学校と日本の女子大学校における園芸教育

有馬頼寧はヨーロッパで見聞した女子園芸学校についても、次のように紹介している。「ここでついでに女子園芸学校のことを述べておきたいと思います。これはフランス、ベルギーで見ましたが、その他の欧州諸国にもあり、多くは都市の附近にあるので、農家の師弟のための農学校ではなくて、都会の若い女子のためのものです。ですから果樹・野菜の栽培、それから養蜂とか養鶏とか養兎とか、大きくて豚までです。したがって重い労働はなく、男の農夫が一人くらいいて、あとは女の手でやれる仕事に限られています」（『七十年の回想』）。

また、日本女子大学校における園芸教育の様子が、設立者・成瀬仁蔵《じんぞう》（一八五八－一九一九）によって次のように解説されている（『日本園芸雑誌』、一九〇五年）。「女子大学において園芸科を設けましたのは昨年（明治三七年）の四月であります。菜園は校舎の隣地で、二千坪のもの一箇所、二千四百坪のが一箇所、これを各寮舎に区画致して、必要なる野菜類を作っております。その栽培は主として寄宿寮に居る大学部の生徒の課業としておきまして、男子の手を借りるのはわずかに園丁が一人あるだけです」。そして、「（創立委員長・大隈重信から寄贈された）花園は学校の敷地内に設けてあります。これには四季の花を植え付けてありますが、別に鉢ものを仕立てまして、それを毎朝校舎内に陳列致して教室を飾り、夕方になりますと再びそれを花園に出すようにしております。これは、寄宿寮に居る高等女学校の生徒と通学生の課業と定めてあるのです」。さらに、授業に関しては、「植物に関する学理は、（新宿御苑から）福羽氏が来られまして、一週に三時間ずつ講義をして下さる訳になっております。おかげで、生徒は益々よく園芸の趣味多き事を知得するようになりました。したがって、新設以来、日は尚浅う御座いますが、その成績は誠によろしいように見受けられますから、層一層これを拡張致すつもりであります」と結んでいる。

日本女子大学校の創立委員長は大隈重信で、創立委員には、岩崎弥之助、近衛篤麿、西園寺公望、渋沢栄一、土方久元ら、当時の政財界の有名人が多数名を連ねていたことが資料に示されている。園芸学の担当教員が福羽逸人で、科外講師には、前出の井上哲次郎（筑前藩）のほかに、中浜東一郎（医学博士、土佐藩）、青山胤通《たねみち》（医学博士、岐阜の苗木藩）ら、森鷗外と同じ時代にドイツに留学して交流の深かった哲学者、医学者が加わっていた。

福羽逸人の園芸教育

日本女子大学校で園芸学の授業を担当した福羽《ふくば》逸人《はやと》（一八五六－一九二一）は、わが国の近代園芸の祖としても高い功績を残した人物であり、彼の『回顧録』では次のように述べられている。「明治三七から三八年頃に至り園芸改良もしくはその進展に関し、一般に世人の注意を喚起するに至り、女子教育上にもまた、この趣味を鼓吹するの有要なるを認むるの機運となり、当時西園寺侯爵より日本女子大学校に園芸学講義をなすべき勧誘を受けたり。然れども、予は本務ありて寸閑を有せざるの理由にてこれを謝絶したれども、西園寺侯は強要して止まず。如之《しかのみならず》、侯直接に（新宿御苑管理の担当大臣である）田中宮内大臣にその希望を申し込み、大臣をして予に命令的この任にあたるべきをいわしめたり。ここにおいてやむを得ず、（明治三六から四〇年度の）三、四年の間、一週に一回三時間、日本女子大学校に至り園芸講義をなしたり」。このような記録を読むと、福羽逸人は女子の園芸教育に熱意がなかったようにも思われるかもしれないが、けっしてそうではないことが続きの文章で分かる。「女子教育に園芸上の智識を必要とするは勿論なるを以て、庭園築造術の大意、果樹、蔬菜、花卉栽培法、食卓上装花法等より一般園芸品の鑑別法を講演し、多少女子教育上に園芸思想の普及を図りたる事あり」と述べている。

福羽は農科大学（現在の東京大学農学部）において、園芸学の講義を非常勤で担当していたが、それ以外にも彼の園芸教育に関する考えの一端が、大膳寮という天皇の供御・饗宴などをつかさどった旧宮内省の一部局での講演（大正五年一二月）からうかがえる。「すべて大膳寮の業務に従事する者は、農業、水産、園芸もしくは衛生学などの科学を基礎とし以て技術を研究するに非らざれば、方今学術進歩の世運と併行する能わず。例えば米麦もしくは獣肉の品質その栽培および畜産法は之を農学上にもとめ、魚類の鑑定は之を水産学上に、果実、蔬菜、花卉の品質鑑定は之を園芸学上に求めざれば、その知識を得る能わざるが如し」（『回顧録』）。

まとめ

このように、わが国には明治・大正時代にフレーベルの園芸教育が導入され、各教育機関において試行錯誤実施されたにもかかわらず、深く定着することがないまま現在に至っている。そして今日、わが国においては農業生産額が急激に減少し、農村では米生産に利用されない水田面積が増え、さらに農業生産者の高齢化と後継者難に伴う耕作放棄地も出現しているという深刻な事態を迎えている。そして都市に人口が集中し、人々は狭隘な住宅に住んでいる。農村と都市におけるこのような問題を打開する一つの方法としてヨーロッパ型の市民農園団地の整備があると考えられる。その場合、市民農園団地においては、大人の余暇活動というよりも、子どもたちの情操教育が重視され、その方法論としてシュレーバーのクラインガルテン運動の理念や、フレーベルの園芸教育の理念を理解して進めることが大切である。

このような時代背景にある今日において、たとえば学校教育でも花壇園芸を積極的に取り入れてみるべきではないだろうか。児童や生徒や学生たちにも栽培実習や園芸を体験させてみるのである。このときの指導方針として最も重要視している点は、その時間に限った「束縛からの解放」である。この点をスタートとして指導することによって、児童や生徒や学生たちはおのずから自然との対話が始まり、心のゆとりが生まれて自分との対話が始まり、将来の確かな目的や目標を設定するようになるだろう。それと同時に、隣人との対話が始まって、協調性が涵養されて共同体意識が高まり、競争力が強化される。その結果として、自己実現へと向かうことが筆者のこれまでの大学生を対象とした実践でも実証されている。本章はそうした園芸教育の過去を振り返りながら、将来の可能性を指摘した上でまとめとしたい。

主要参考文献

有馬頼寧『七十年の回想』創元社、一九五三年
園芸学会編『園芸学全編』養賢堂、一九七三年
園芸学会編『新園芸学全編』養賢堂、一九九八年

大戸美也子「手引書『幼稚園（をさなごのその）』の原書とその入手経路について」『幼児の教育』一〇五巻一一号、日本幼稚園協会、二〇〇六年
金浜耕基『プロテウス』第九－一二、一四号、仙台ゲーテ自然学研究会、二〇〇七－二〇一〇、二〇一二年
久米邦武編『米欧回覧実記（二）』岩波書店、二〇〇七年
近藤真琴『博覧会見聞録別記　子育之巻』有隣堂、一八八六年
柴崎正行「明治時代において保育施設の概念はどのように形成されていったか」『東京家政大学研究紀要』三八（一）、一九九八年
富澤　功「校外学校園の一例」『日本園芸雑誌』四五（一〇）、一九三三年
成瀬仁蔵「女子大学における園芸科」『日本園芸雑誌』一七（八）、一九〇五年
福羽逸人『回顧録』（財）国民公園協会新宿御苑、二〇〇六年
三木泰治『家庭園芸』養賢堂、一九二六年
三木泰治「家庭園芸の現在および将来について」『日本園芸雑誌』三八（一）、一九二六年
村上辰午郎「園芸と学校園」『日本園芸雑誌』二一（四）、一九〇九年
文部省編『幼稚園（巻之上・中・下）』東京、一八七六－一八七八年

第一五章　教育的思考の現在
――現代存在論と新たな教育学――

笹田　博通

これまで、ルソー、カント、ヘルダー、ゲーテ、シラー、フィヒテ、ニーチェ、ディルタイ、フッサール、シェーラー、シュプランガーらの思想をてがかりとして、教育哲学、教育的思考の源流へのダイナミックな探究が行われてきた。本章では、（一）ハイデガー（Martin Heidegger, 1889-1976）とロムバッハ（Heinrich Rombach, 1923-2004）の存在論、（二）そこから構想された「新たな教育学（die neue Pädagogik）」、さらには、（三）この教育学と人間形成論との接点について考察することを通して、教育的思考の現在が内包しているアポリアの一つを検討してみよう。

第一節　ハイデガーとロムバッハ

存在の思考

前世紀の「新たな教育学」を存在論的に基礎づけた二人の哲学者（ハイデガー、ロムバッハ）のうち、ハイデガーは、形而上学の根本問題としての「存在（Sein）」を生涯にわたって問いつづけている。彼は『「ヒューマニズム」書簡』（一九四六年）で自らの哲学的立場を表明しているが、それによると（vgl. WM311ff.）、哲学＝思考は、何らかの結果を引き起こす人間的行為から規定されるものではなく、むしろ、人間を含むすべての存在者を存在者たらしめる存在の一様式であり、さらには、そうした存在がそこで自らを顕す「真理（Wahrheit）」への人間の関わりである。哲学とは存在に従属しつつそれへと傾聴する「存在の思考（das Denken des Seins）」なのである。存在は、しかし、「自らを与えると同時に拒む」（WM332）性格において思考のもとに到来する。存在は、「隠れなさ（Unverborgenheit）」／「隠れ（Verborgenheit）」とよばれる二重の真理を備えた働きにほかならない（vgl. NI2,353）。こうした動向を伴う存在をそれ自身の「隠れなさ」において見守りつつ、存在と人間との関係を「言葉（Sprache）」――「存在の家（das Haus des Seins）」ともいわれる（vgl. WM311,357f.）――へもたらすことが、「存在の思考」を標榜する哲学にとっての際立った課題となるのである。

一方、こうした課題は形而上学＝「ニヒリズム」の問題とも深く関わっている。ハイデガーが一連のニーチェ講義（一九三六－四六年）において指摘するところによると（vgl. HW193ff., NI2,335ff.）、ニーチェは超感性的・形而上学的世界の崩壊、従来の最高の諸価値の無価値化を明らかにし、そこにニヒリズムの本質を見てとった上で、従来のあらゆる価値の転換に基づく形而上学の超克をめざしていた。この形而上学超克の原理となりえたのが「力への意志（der Wille zur Macht）」にほかならない（第七章参照）。ニーチェはしかし形而上学を近代的に完成させていることになろう。デカルト以来の近代形而上学は「確実性（Gewißheit）」という真理を措定することで、すべての存在者を対象化しようとしてきたが、その動向を根底から支配していたのは主体の無制約的意志であった（vgl. HW220ff.）。ニーチェはこのような意志を「力への意志」として顕現させたのである。さらにいえば、価値定立の原理でもある「力への意志」は存在を価値として定立するが、この定立は、存在を存在たらしめないかぎりにおいてニヒリズムそのものである（vgl. HW238f.）。ニヒリズムは「超感性的世界の崩壊」「最高の諸価値の無価値化」ではない。それはむしろ、「存在離脱（Seinsverlassenheit）」（NI2, 355）を自らの本質とする形而上学（「存在自身に関しては何もない歴史」［NI2,338］）にほかならないのであり、したがって、ニーチェは、形而上学とニヒリズムを同時に完成させていることになるのである。

形而上学の存在離脱はしかし存在自身にも起因しているといえよう。存在は自己を顕すだけではなく自己を隠そうとしてきたからである。形而上学自身には覆われている形而上学のこのような来歴へと遡行し、これによって存在をそれ自身の「隠れなさ」において洞察していくこと、その営みこそ「存在の思考」という立場でのハイデガーの哲学であった。形而上学を「存在の真理」へとよび戻すべく思索は転換を迫られている。

構造存在論

この「存在の思考」はロムバッハによって批判的に受け継がれていった。ロムバッハは『構造存在論』（一九七一年）で彼自身の哲学的抱負をこう表明している。「タオが中国文化の根本語、ロゴスがギリシアおよび西洋の文化の根本語であったのと同様に、構造（Struktur）はわれわれの時代の根本語である。……『世界』が今日いかなる事態を意味するかということは、……構造の存在論からはじめて規定されるのである」（SO14f.）と。ロムバッハは「構造」という言葉を現代に固有の根本語とみなすことで、「世界」の問題をも視野に入れた新たな存在論の開発を試みるのである。こうした試みはもともとハイデガーの「存在の思考」に負うものであり、彼自身、「存在論的意識を高めたのはとりわけハイデガーであり、したがって構造存在論（Strukturontologie）は、ハイデガーの仕事を別の地盤の上で継続するものともみなされうる」（SO18）という。

ロムバッハはしかし『哲学の現在』（一九六二年）ではハイデガーをこう批判している。『存在と時間』（一九二七年）の時期のハイデガーは、近代哲学における「根拠づけ（Begründung）」の動向を存在論的に尖鋭化させることで、「無底性（Abgründigkeit）」、つまりは哲学の「終末」を明らかにしたが（vgl. GP72ff.）、「哲学することの終末を人間の力の及ぶかぎりで確証し、さらなる将来の開始については『存在』自身に委ねること、それがいまや唯一の可能性であろうか。……このことは、まさに哲学という名のもとに人間の自己自身から行う努力が理解されるかぎり、もちろん『哲学』の放棄を意味している」（GP80）と。ロムバッハが批判しているのはハイデガーにおける哲学の自己放棄、ひいては「存在の思考」における存在中心的態度というものなのである。

こうした批判に立つ「構造存在論」とはしかしいかなる思索であろうか。ロムバッハはまず「タオ（道）」と「ロゴス」との関係についてこう言明している。「ロゴスは存在へと向かって行き、タオは無（Nichts）へと向かって行く。ロゴスは知へと向かって行き、タオは無知へと向かって行く。ロゴスは意志へと向かって行き、タオは無為へと向かって行く」（SO9）と。ロムバッハはタオ・ロゴスの二つの言葉を原理的に比較することで、彼の構造的思考が伝統的（＝西洋的）思考と異なっている点を示唆するのである。タオとは感覚作用や知覚作用を超えた無名無形の働きのことであり（老子『道徳経』）、西洋的思考の原理を成すロゴスないし存在とは反対の事象であって、そこでは、存在ではなくて「無」こそが思考の際立った原理として提示されている。伝統的思考との構造的思考の異質性がここから立証されるのである。ロムバッハはタオと構造との接点についてこう主張することになる。「構造は道の途上、或るものから他のものへの移行（Übergang）においてのみ経験されうる。……道‐経験は構造において歩みを共にする。道‐経験は全体を『全体』として有するのではなく、『個別』として有するのでもない。むしろ、個別的なものの交替（Wechsel）においてのみ有するのである」（SO12）と。

ロムバッハにとってタオは一つのモデルにすぎないものではあった。だが、道（無）において経験される構造のダイナミズム――「移行」ないし「交替」の運動――は、構造的思考に備わる動態的性格を原理的に指示している働きであり、さらには、構造存在論に固有の立場がそこからすでにうかがい知られる働きである。

自由の問題

さて、ハイデガーとロムバッハの存在論を教育学（人間形成論）的に位置づけていく場合、特に重要なのは「超越（Transzendenz）」ないし「自由（Freiheit）」に関する二人の哲学者の理解である。ハイデガーが『存在と時間』等の著作において言明するところによると、超越（自由）とは「世界内存在（In-der-Welt-sein）」としての人間存在の運動、受動性を基調とする「自己存在（Selbstsein）」の生成を指示する概念にほかならない。存在者全体の地平を成す「世界」へと向かってその存在者全体を超出し、この超出において自他の存在者と関わること、そうした運動の全体が人間存在にとっての超越を意味するのである（vgl. WM135ff.）。一方、人間はさしあたり日常的世界のうちにあってそこへと転落している（vgl. SZ126ff.）。いわば誰ともつかぬ「ひと（das Man）」‐自己として人間は存在しているわけだが、こうしたあり方は「不安（Angst）」という気分によってそのつど脅かされており、そこから人間は本来的自己への自由に自ら目覚めるようになる（vgl. SZ184ff.）。ただし、そうした自由は「無」の「根源的開放性（die ursprüngliche Offenbarkeit）」なしにはけっして実現されえない（vgl. WM114）。不安という気分によってその動機を与えられる本来的自己への自由、自己生成は、無（根源的世界）のうちへと投げられた「被投性（Geworfenheit）」＝「有限性（Endlichkeit）」をふまえた自由なのである。こうした自由（超越）は究極的には存在の世界へ向けての「脱‐存（Ek-sistenz）」とよばれる（vgl. WM346）。人間はその「被投的本質」から「存在の明るみ（Lichtung）」のうちへ立ち出るのである。

この自由‐理解はロムバッハによって構造論的に受け継がれていく。ロムバッハは『構造存在論』で自由と構造との関係をこう規定している。「『自由』は一つの構造カテゴリーである。自由は構造生起の力動性においてのみ、また……生成（Genese）においてのみ存在するのであり、自由のために何が為されようとも、また何が自由とみなされようとも、それ以外の形では自由は存在しないのである」（SO252）と。ロムバッハは自由の概念を一種の「構造カテゴリー」とみなした上で、構造のダイナミズムに基づく自由の生動的性格を顕彰するのである。

自由を実現するこの「構造生成」（自己生成）はしかしいかなる運動なのであろうか。構造生成の「展開生起」としては「脱自（Ekstase）」・「仕事（Arbeit）」・「自由」等が挙げられている。この運動自体は「突破（Durchbruch）」および「創造（Schöpfung）」によって条件づけられたものであり、これらのうち突破に関してはその構造的意味がこう言明されている。「突破は、さらに延長していく発展線の最初の点ではなく、自己自身のうちで、また自己自身へと遡行しつつある展開の開始」であって、しかも、突破における「不可能性から可能性への転換は、……この不可能性がそれ自体において、またそれ自体として可能性になるという形で生ずる」(SO224f) と。「不可能性」を「可能性」に転換する突破は自己を自己－自身へと連れ戻す。突破は、しかし、不可能性をも包摂することで自己の根源的変革を成就するのであり、そこでは、可能性そのものが一種の「改造された不可能性」(SO228) となっているのである。構造生成とよばれる自己生成がここから本格的に始まることになる。

第二節　新たな教育学とその展開

存在教育学

それでは、ハイデガーとロムバッハは教育学にいかなる示唆を与えているのか。超越ないし自由に関する彼らの理解をふまえながら考察してみよう。たとえば、教育学者のバラウフ (Theodor Ballauff, 1911-1995) は『教育学の哲学的基礎づけ』(一九六六年) でこう主張している。「思想過程 (Gedankengang)」としての教育学が「ハイデガーの哲学において経験する内的『転回 (Kehre)』は……近代教育学における一つの新たな端緒を提示している」(BP206) が、そうした「転換は、人間性 (Menschlichkeit) をもはや人間に奉仕せしめることなく、人間を遥か人間性へと向けて導く、という事態のうちに潜んでいる」(PB225) と。「存在の思考」を立場とするハイデガーの哲学は、世界内存在（超越＝自由）としての人間存在の運動に定位し、そこから存在と人間との関係を究明していた (第一節参照)。バラウフはこの世界内存在のうちに人間の人間性を見てとることで、存在教育学とでもいうべき「新たな教育学」の理論を提唱していくのである。

「ハイデガーによって到達された人間性の熟慮は、伝統的な観念や定義からは明白に際立っている。ここで語られているのが人間ではなく人間性であること、すなわち、存在者の側からでなく存在の側から思考されていること、このことは、［教育学の問題設定における］決定的な転換を意味している」(PB230 ［　］内は筆者による補足、以下同様）、とバラウフはいう。そうした転換を基調に構想された教育学が『新たな教育学』（存在教育学）なのである。

「新たな教育学」の根本的抱負はバラウフによってこう表明されている。「このような［新たな］教育学は、……自己自身のみを志向する社会の只中で、処分不可能性と確保不可能性を、また計画不可能性を指示せざるをえない。これらの不可能性は、事物や人間に対する不可能性であるというよりはむしろ、それらの存在と思考に対する不可能性である。……［新たな］教育学は、伝統的陶冶（Bildung）理論と……人間の自己権力化（Selbstermächtigung）志向へのそれの歴史的基礎づけを解体すべきなのである」（BP233f.）と。「新たな教育学」は予測不可能な存在の側から教育的事象を照らし出し、これによって伝統的（＝近代的）陶冶理念にみる自己中心的性格を解体していく。この解体はしかし人間の主観的反省において遂行されるのではなく、思想過程を成す教育学の来歴への遡行において成就されるのである。「われわれは教育学において……何らかの思想過程のうちへ入り込まねばならないが、われわれはその思想過程を持ち出すべきではなく、また任意に変化させることもできない」（BP11）からである。「新たな教育学」は近代的陶冶理念をいわば存在論的に転換させていく。そこから、「没我性（Selbstlosigkeit）」（vgl. BP234）を原理とする人間形成の新たな捉え方が可能となるのである。バラウフ著『体系教育学』（一九六二年）ではこの没我性についてこう記述されている。「人間は『自己』を一つの存在者として探求してはならない。人間が『人間自身』であるのは、人間が自らを『思考』と『真理［存在］』に帰属させる場合のみである。……この帰属性は人間を没我性のうちへと高め、人間を、事象・生物・同胞の存在の証人たらしめる。人間はこの存在を――自己『形成』の『素材』として――我物化してはならない。むしろ、事物・生物・同胞に所属させねばならないのである」（SP13）と。没我性の概念こそ「新たな教育学」に固有の指標を成すものなのであり、人間性（超越＝自由）への教育がそこから原理的に探究されることになるのである。

構造教育学

バラウフの「新たな教育学」（存在教育学）は「存在の思考」（ハイデガー）を規範とするものであったが、ロムバッハもまた「構造教育学（Strukturpädagogik）」という一種の「新たな教育学」を構想した。「構造教育学へのてがかりを与えようとした」（SO259 Anm.）とロムバッハのいう論文、すなわち「教育生起への哲学的端緒」（『人間への問い』一九六六年、所収）の内容をここで取り上げてみよう。

副題が「再構成の哲学（Rekonstitutionsphilosophie）と構造教育学」であることからもうかがわれるように、この論文は教育という現象を人間存在の「構成」の視点において理解し、構造教育学とよばれる教育の新たな思考を展開していくものである。「教育生起（Erziehungsgeschehen）が人間存在全体を自らのうちに孕んでいる」（FM261）ということ、さらには、「教育という現象が人間の現存在（Dasein）にとって構成的である」（FM262）ということが、この論文を通して探究・確証される事柄にほかならないのである。ロムバッハの構造教育学は教育の新たな「次元（Dimension）」をも開拓しようとする。ロムバッハによれば、教育とはそもそも「自己形成（Selbstgestaltung）」＝「自己刻印（Selbstausprägung）」を基調に生起するものであり、そこでは、「自己性（Selbstheit）」と「他者性（Fremdheit）」との区別を包摂した人間（自己）存在の「深み（Tiefe）」が問題となろう（vgl. FM261f.）。教育的思考はしたがって教育（形成）作用の深層へ遡行しなければならない。こうした課題を自覚的に遂行していく思索が構造教育学なのであり、この教育学こそが、自己性、ひいては自由を成就する教育の本質にも接近しうるのである。

構造教育学の担うべき課題についてロムバッハはこう敷衍している。「人間のふるまいが、教育学的要素を有することではじめて特殊な人間的所作となる」のも、「人間存在がそれの根拠、それの全体において……『教育』である」ことに由来するのであり、したがって、「教育現象と人間存在がそこで同一のものへ結び付けられ、すべての教育学的事象が……そこから理解されねばならないかの「深」層」が、極めて重要なテーマとなるのである、と（Vgl. FM262f.）。ここから、構造教育学の垂直志向的立場というものを聴き取ることができよう。

自由と教育

それでは、「新たな教育学」は自由への教育の関わりをいかに理論化しているのか。自由‐教育関係をめぐるバラウフ（存在教育学）の所説の検討は割愛することとし、以下、構造教育学の文脈に定位しつつこの際立った問題を考察してみよう。ロムバッハはまず自由‐教育理解の視点についてこう主張している。人間ないし「現存在」はさしあたり自己自身から逃避しているがゆえに、自由への教育の関わりを存在論的に解明するには「還帰（Rückkehr）」という現象へ、さらに、そうした還帰を実現しうる「突破」という現象へ目を向けねばならない（vgl. FM274f.）。不可能性を可能性に転換する突破が自己還帰（自由）を動機づけるのであり、しかも、突破は、「たんなる可能性（das bloß Mögliche）」を突破しつつ不可能性そのものを包摂するのである（vgl. FM275　第一節参照）。また、突破に基づく自己還帰は「固有なもの（das Eigene）」や「素朴なもの（das Schlichte）」への転入であるが、「素朴さ」とは所与の制限をも「内面的解放」として受容する働きであって、そこから、「受肉（Inkarnation）」の出来事が自己還帰において際立った役割を果たすことになる（vgl. FM275f.）。これを介して人間（自己）存在が具体性および場所性を獲得するからである。受肉の働きにおいて「実存（Existenz）」は、何ら余すところなくそれの現存在という狭い境域のうちに、すなわちそれの肉体のうちに入り込んでいる」わけであるが、「受肉とは疎外（Verfremdung）の状態から立ち戻ることであり、また存在の場所（Wesensort）のうちに現れ出ることである」がゆえに、「これによって人間の実存は、根源的に空間的な意味で〈そこに‐あること（Da-sein）〉となる」のである（FM276）。

ロムバッハは還帰・突破・受肉の構造カテゴリーを提示した上で、人間存在（実存）を全体的に構成する自由の本質をこう規定することになる。「本来的意味での自由とは、人間の実存の形式ではなくそれの内容である。自由とはどこまでも実質的なものである。それは自己自身と同時に、その内部では（この実存にとっての）自由のみが可能である所作の全体を包含する。自由は……存在せざるをえないものについて語り、いかなる活動の余地も残さない。自由とは、固有なものをそれの全き規定性において構成し尽くすことだからである」（FM277）と。

それでは、ロムバッハはこの自由への教育の関わりをいかに理解しているのか。この点を解明するには彼の「受肉の教育学」に着目しなければならない。「創造的教育［受肉への教育］は、それが一切の操作から遠ざかっているように、『目標』カテゴリーにとっては到達不可能である。こうした教育は……端的に与えられたものをそれの所与の単純さにおいて示すのである。……にもかかわらず、こうした教育は、その途上で他者が自らの名前［存在］を固有のものとするかの至高の道を随行することで、他者に『付き添う』。こうした教育は、他者の自由がそれとしてのみ存在する始源性（Originalität）へと他者を突き入れる。ここでは、しかし、始源性とはけっして特異な事態を意味するものではなく、固有な自己の厳密さを、すなわち直に与えられたものの定立（Setzung）を意味するものである」（FM281f.）、とロムバッハはいう。彼は受肉へ向けての教育を自己生成（形成）の深層（「始源性」）への喚起とみなすことで、自由をもたらす教育のあり方を構造論的に基礎づけようとしている。「生きられた自由たる始源性がそれの責務を召命（Vokation）のうちに有する」以上、「人間はその召命に従って自らの存在の統一態へと入り込む」のであり、さらに、「その完成態を自らのうちに有する一つの世界を創造する」のである（FM282）。

始源性に通ずる「この道は一つの生を産出（auszeugen）する働きであり、至高の要求を備えた無制約的なものを証言（zeugen）する働きである。人間的結合の全体は始源性の生長へ織り込まれるのであり、その結果、純粋な形態を備えた自己高昇（Selbststeigerung）［自己生成］の軌道において、創造的教育が回復されることになるのである。……たしかに、受肉の教育学は狭小な空間と僅かな端緒しか備えていない。そのうちには、しかし、すべての人々の現存在と至高の人間的可能性の『次元』とが現前するのである」（FM282f.）、とロムバッハはいう。自己生成における始源性は自‐他関係をも包摂した次元なのである。「受肉の教育学」（構造教育学）はこのような次元を構造論的に開示・確証することで、自由への教育の関わりをその根源性ないし深層性において解明する。

第三節　人間形成のトポロジーへ

これまで、現代存在論（ハイデガー、ロムバッハ）とそこから成立した「新たな教育学」の特質を概観してきた。本節では、この教育学と人間形成論との接点について考察することを通して、教育的思考の現在が内包しているアポリアの一つへと迫っていくが、はじめに、ここでいう人間形成論がいかなる学問であるかを確認しておきたい。

人間形成論

教育的現象の多様化とこれに伴う教育諸科学の専門化が進む中で、今日の教育哲学は、教育とよばれてきた事象を広く「人間形成」として捉え直す傾向にある。たとえば、細谷恒夫（一九〇四－一九七〇）はその著『教育の哲学』（一九六二年）において従来の教育哲学に共通の動向、すなわち「教育目的論」または「教育理念論」への自己限定を省みた上で、「人間形成の基礎理論」（人間形成論）という教育哲学の新たなあり方を提唱している（三－一七頁参照）。教育的事象はそれ自体の人間形成的意味によって教育的なのであり、したがってそれは、教育目的や教育理念に対する意識に制約されえないものなのである。「教育哲学の最も基本的な態度は、生活現実の人間形成的意味の自覚ということができる。……生活現実を教育的現実としてとらえるためには、私たちが日常生活において動かされている様々な関心とは別に、教育学的視点から、もっと適切な言い方をすれば人間形成という角度から、現実をとらえ直さなければならない」（二〇頁）、と細谷は主張する。この試みは①「教育的存在論」・②「教育的世界観論」・③「教育的行為論」から成る。

（Ⅰ）教育的存在論とは教育的現実の「事実」面へ向けての「反省」的研究である。つまり、生活「現実は私たちに与えられたそのまゝの姿で、私たちを形成する力をもっている、私たちが生活しているという事実そのものが他を形成し、また自分を形成しつゝある、ということへの反省」（二〇頁）である。この研究においては人間形成のいわば事実性が探究されるのである。（Ⅱ）教育的世界観論とは教育的現実の「課題」面に関する「自覚」的研究である。つまり、生活「現実は与えられた事実であると同時に……課題としての意味をも」ち、したがって生活「現実において、私たちは欲すると否とに拘らず、形成されているのが事実であるにしても、どのように形成し形成されるかは、私たちにとって課題であることをやめない」（二〇－二一頁）、ということの自覚である。この研究においては人間形成のいわば課題性が探究されるのである。（Ⅲ）さらには、「現実の事実的なあり方と課題的なあり方という、形式的には矛盾したものを、互いに他を予想し相補い合う契機にするのは、私たちが現実のうちに生きるということ、……現実のうちで行為するということによって」（二四頁）である。ここから、「行為」としての教育的現実を探究する教育的行為論が要請されてくる。

それでは、「人間形成の基礎理論」は先の「新たな教育学」といかに関わっているのか。この点を解明するには超越＝自由の問題を想起しなければならない。バラウフやロムバッハの「新たな教育学」の理論で特に重視されたのは、（ニュアンスの差はあれ）自己生成を内実とする人間存在の自由である。教育哲学ないし人間形成論の立場から見ると、自己生成としての自由に含まれている意義は、その自由こそが人間形成ないし自他形成における前提をなしている、ということである。人間が生活現実のうちで自・他の形成を遂行することができるのも、その自・他がもともと自己自身に成りつつあるからにほかならない。

場所的思考

「新たな教育学」はまた自己生成に固有の場所性を強調することにより、人間形成のトポロジー（場所論）とでもいうべき思索を開発しうると思われる。ハイデガーの「世界内存在」（超越＝自由）における「世界」の契機（第一節参照）、ロムバッハの構造教育学における「受肉」の思想（第二節参照）、これらは自己生成の場所性を示唆していよう。細谷の構想にはこの場所性を主題化した研究領域は見当たらないが、行為としての教育の構造を説明した『教育の哲学』「第三篇」（「教育的行為論」）のある箇所で、教育者と被教育者との同時的「超越」の運動に関わる場所が論及される。自己生成の場所性を行為論的に解明する視点が提示されるのである。「教育的行為は、教育者にとっては二重の意味での超越なのである。第一に教育者は、自分をぬけ出て教え子の側に立たなければならないという意味で、第二には自分にとっても与えられていない所に教え子を導こうとしているという点で超越なのである。……私は教育的行為の上のような構造をその超越論的構造と呼ぶことにしよう。すなわち教え教えられるということは、教育者も教え子もともに超越の場に立つということなのである」（二三二－二三三頁）、と細谷は言明する。場所への超越（自己生成）の関わりを究明しうるトポロジー、場所的思考の確立が、今日の教育哲学にとって重要な課題の一つとなるのではあるまいか。

場所的思考とは近代的思考の二分法（主／客、自／他、心／身等）をいわば包越しうる思索であり、その包越性（場所性）は場所自体の多元的・重層的性格に由来するものである。こうした思考の論理を「場所的論理」として説いたのが西田幾多郎（一八七〇－一九四五）だが、西田によると、場所的論理とは「東洋文化」の深層に脈動する思考様式のことであって、具体的には、「絶対無」／「直観」という原－関係に定位して構想されているものである。『働くものから見るものへ』（一九二七年）ではその趣旨についてこう表明されている。「幾千年来我らの祖先を孚《はぐく》み来《きた》った東洋文化の根柢には、形なきもの［絶対無］の形を見［＝直観］、声なきものの声を聞くといったようなものが潜んでいるのではなかろうか。我々の心は此《かく》の如きものを求めてやまない、私はかかる要求に哲学的根拠を与えて見たいと思うのである」（論集Ⅰ　三六八頁）と。

西田の説く場所とは究極的には「意識」の無底たる「絶対無の場所」である。つまり、「真の意識の立場は最後の無の立場でなければならぬ。意識の底には、これを繋《つな》ぐ他の物があってはならぬ、かかるものがあらば意識ではない」のであり、したがって「意識の根柢には唯、永遠の無あるのみである」ということになるのである（論集Ⅰ　九八頁）。この「絶対無の場所」は意識、すなわち「相対的無」（「対立的無」）の場所をも包越している。それは「いわゆる意識の場所よりも一層深く広い意識の場所［直観の場所］」（論集Ⅰ　一四九頁）であるが、一方、『一般者の自覚的体系』（一九三〇年）等々では繰り返し「自覚」について論究されている。この自覚と場所との関係は西田によってこう規定されることになる。「自覚といふことは自己が自己に於て自己を見るといふことである。見るものなくして見るといふことは『自己が』が『自己に於て』となることである、即ち場所其者となることである」（全集Ⅴ　四二七頁）と。自覚は、自己が自己－存在の場所と一つに（＝「自己に於て」）その自己を見るということである。ただし、「自己に於て」はけっして自己閉鎖的なあり方を意味するものではなく、むしろ、自己閉鎖性を突破しうる場所（絶対無の場所）への一種の自己開放性にほかならない。そうした自覚こそが自己生成の場所性をいわば覚証しうるのである。

教育的関係

こうした視点からあらためて問われるべきは、自己生成ないし自由への教育がいかに実現されうるかについてだが、すでに見られたように、そうした教育は教育者と被教育者との同時的超越を基調としている。被教育者が教育者の働きで自己生成の場所へ超え出て行くとともに、これを通して教育者自身も自己生成の場所に超え出て行くことが、自由への教育の関わりを場所的に覚証していくことになるのである。自己生成の場所はしかし教育者自身にも「与えられていない所」である。その予測不可能性はまた自由への教育における挫折可能性であろう。「誰も固有なものを教えることはできないし、それどころかこれを示すことさえもできない。……『教師』のようなものはここでは考えられえない。自由の働きは自由それ自体によってのみ遂行されうる。教育はここに挫折（Scheitern）という判決を下されているのである」（FMI279）とロムバッハも述べている。

それでは、自由への教育に伴うこのアポリアはいかに理解・解決されうるのか。教育者／被教育者という教育的関係をふまえながら検討してみよう。こうした関係はまず何らかの自－他関係に定位しうると思われるが、たとえば、『無の自覚的限定』（一九三二年）所収の論文「私と汝」において西田はこう主張している。「自己が自己を知るということは自己において絶対の他を認めることである……。しかしかかる関係は直にこれを逆に見ることができる。自己が自己の中に絶対の他を認めることによって無媒介的に他に移り行くと考える代りに、かかる過程は絶対の他の中に私を見、他が他自身を限定することが私が私自身を限定することであると考えることができる。私が内的に他に移り行くということは逆に他が内的に私に入って来るという意味を有《も》っていなければならない」（論集Ⅰ　三一七－三一八頁）と。この自－他関係（「私と汝」）は「絶対の他」（絶対無）に基づく自・他の同時的自己限（否）定であり、さらには、自己と他者とのいわば「逆対応」的＝場所的関係を指示するものである。こうした関係こそが教育者／被教育者という関係の原型なのであり、それは「於てあるもの」（「個物」）の関係として、自己生成の場所、つまりは「絶対無の場所」と一つに生起しうるのである。

こうした場所への導きはしかし教育者を通して成就されうるのか。西田の高弟たる木村素衞（一八九五－一九四六）は『国家に於ける文化と教育』（一九四六年）でこう言明する。「未熟的存在をそれのエロス的次元に於ける向上性の助成から寸時も見離さないのみならず、而も同時にそれを超えてパイース［子ども］をその全存在性に於て絶対的に肯定し摂取する愛［アガペ］に徹するところに、一切の教育活動の根本があるのでなければならない」（一九六頁）と。教育＝人間形成は基本的には被教育者の向上的運動（「エロス」）に定位している。向上的運動はしかし教育者からの向下的作用（「アガペ」）によって包摂されうる。「教育愛」とよばれる事象の本質を成すのはこの向下的作用なのである。それは「絶対無（の場所）」からのいわば場所的愛の働きをも意味している。教育者が被教育者とのあいだでこのような働きを自覚的に遂行するとき、自己生成ないし自由への教育の実現可能性が覚証されうるのである。人間形成のトポロジーはこの仮説の根拠を究明しなければならない。

主要参考文献

Martin Heidegger, *Sein und Zeit*, Tübingen, 1927, 12. Aufl., 1972.〔引用略号SZ〕

Martin Heidegger, *Holzwege*, Frankfurt am Main, 1950.〔引用略号HW〕

Martin Heidegger, *Nietzsche*, Bd. 2, Pfullingen, 1961.〔引用略号NI2〕

Martin Heidegger, *Wegmarken*, Frankfurt am Main, 1967, 2.Aufl., 1978.〔引用略号WM〕

Heinrich Rombach, *Die Gegenwart der Philosophie—Eine geschichtsphilosophische und philosophie-geschichtliche Studie über den Stand des philosophischen Fragens*, Freiburg/München, 1962.〔引用略号GP〕

Heinrich Rombach (Hrsg.), *Die Frage nach dem Menschen—Aufriß einer Philosophischen Anthropologie*, Freiburg/München, 1966.〔引用略号FM〕

Heinrich Rombach, *Strukturontologie—Eine Phänomenologie der Freiheit*, Freiburg/München, 1971.〔引用略号SO〕

Theodor Ballauff, *Systematische Pädagogik*, Heidelberg, 1962.〔引用略号SP〕

Theodor Ballauff, *Philosophische Begründungen der Pädagogik—Die Frage nach Ursprung und Maß der Bildung*, Berlin, 1966.〔引用略号BP〕

上田閑照編『場所・私と汝――西田幾多郎哲学論集Ｉ』岩波文庫、一九八七年〔引用略号　論集Ｉ〕

西田幾多郎『一般者の自覚的体系（西田幾多郎全集　第五巻）』岩波書店、一九四七年〔引用略号　全集Ｖ〕

木村素衞『国家に於ける文化と教育』岩波書店、一九四六年

細谷恒夫『教育の哲学――人間形成の基礎理論』創文社、一九六二年

おわりに　本書の刊行に至るまで

本書『教育的思考の歩み』は、思想家あるいはテーマに基づく章構成により、近代教育哲学の源流を描き出すとともに、その諸相について多角的で重層的な探究を行うことを目的として企画されました。それは、教育学という思考様式がまだ確定されていない状況から、しだいに学としての形を整えていく歩みを明らかにすることでした。

悩んだのは、その歩みをどこから始めるか。つまり本書の出発点です。

人々は概念というものが発見されるずっと以前から、その概念に関連することを考えて生きてきたはずなので、研究者としては、概念史的で問題史的なその次元をさらに掘り下げて、意識を伴った概念的明晰さや概念的固定化にも先行するような諸経過をすすんで把握すべきである、とガダマーは述べています。これを実現するため、もちろん様々な意見があるとは思いますが、本書では、まだ教育学という原理が固定化されていない教育的思考の第一歩について、ルソーから始めることにしました。一七四九年一〇月、ディジョン・アカデミーが出した懸賞論文のテーマを、当時まだ無名のルソーが知り、木の下で一五分間の天啓を受けたその時点です。

その後、ある意味ルソーのよき理解者だったカントは、大学の講義において熱心にルソーを薦めました。その講義を学生として聴講していたのがヘルダーです。フィヒテもカントに会いに行っています。ヘルダーは一七七〇年のシュトラスブルクで若きゲーテと出会い、そのゲーテはシラーと原現象について語りあいます。直接的交流であれ、書物を通した間接的で精神的な交流であれ、そこには反発や抵抗もあったでしょう。こうして歩みはやがて轍になり、現在の教育学へとつながっています。本書はそうした軌跡を、思想家やテーマに即して描いてみました。

執筆を担当したのは、一九八八年に発足した仙台ゲーテ自然学研究会の会員と、編者である笹田博通先生の薫陶を受けた、あるいは受けている者たちです。笹田先生が還暦を迎えられたことを機に本書の企画が持ち上がり、各思想家の研究者たちが、厳しい紙幅の制限の中で一年半以上の時間をかけて論文を執筆し、本書の完成に至りました。昨今の教育哲学研究では、それの対象となる思想の有用性や現代的意義が求められがちですが、そうした問題意識を持ちながらも、われわれはできるだけ教育思想の本質に正面から対峙しようとする思いを共有しています。

なお、本書はＪＳＰＳ科研費（基盤Ｃ：課題番号二三五三一〇〇七、二四五三〇九六九、二五三八一〇〇二、二五三八一〇二〇、二六三八一〇九〇）の助成を受けた研究の諸成果も含んでいます。末筆になりましたがここに謝意を表します。

二〇一五年九月二四日　執筆者を代表して　相澤 伸幸

事項索引

シラー（Schiller, Johann Christoph Friedrich von, 1759-1805） *ii, 66, 69-84, 231, 247*
シュライアーマッハー（Schleiermacher, Friedrich Daniel Ernst, 1768-1834） *126, 127*
ショーペンハウアー（Schopenhauer, Arthur, 1788-1860） *105, 109*
シュレーバー（Schreber, Daniel Gottlieb Moritz, 1808-1861） *219, 229*
シュヴァーブ（Schwab, Johann Christoph, 1743-1821） *70*
渋沢栄一（1840-1931） *227*
ソクラテス（Sōkratēs, B.C.470/469-399） *114, 149*
シュペングラー（Spengler, Oswald, 1880-1936） *180*
スピノザ（Spinoza, Baruch de, 1632-1677） *48, 56*
シュプランガー（Spranger, Eduard, 1882-1963） *5, 92, 167, 172, 174, 175, 178-180, 231*

T

津田真道（1829-1903） *219*
津田梅子（1864-1929） *219*
ティンダル（Tyndale, William, 1494 頃-1536） *202*

VWY

ヴォルテール（Voltaire, François-Marie Arouet, 1694-1778） *206, 209*
ヴァーグナー（Wagner, Wilhelm Richard, 1813-1883） *109*
矢島羊吉（1907-1986） *111*

ライプニッツ（Leipniz, Gottfried Wilhelm, 1646-1716）　*71, 147*
リット（Litt, Theodor, 1880-1962）　*5*
ロッホ（Loch, Werner, 1928-2010）　*185*
ロック（Locke, John, 1632-1704）　*3, 206, 210*
レーヴィット（Löwith, Karl, 1897-1973）　*50*
ルター（Luther, Martin, 1483-1546）　*44, 103, 202*

M
マルゼルブ（Malesherbes, Chrétien（Guillaume de Lamoignon）de, 1721-1794）　*4*
マルクス（Marx, Karl Heinrich, 1818-1883）　*15*
メルロ＝ポンティ（Merleau-Ponty, Maurice, 1908-1961）　*14, 15, 141, 146*
ミリティツ（Miltitz , der Gutsherrn Freiherr Haubold von, 1739-1774）　*87*
森鷗外（1862-1922）　*223, 227*

N
中浜東一郎（1857-1937）　*227*
ナポレオン（Napoléon Bonaparte, 1769-1821）　*88, 90*
ニュートン（Newton, Isaac, 1642-1727）　*44, 57, 59, 62, 67*
ニートハンマー（Niethammer, Friedrich Immanuel, 1766-1848）　*88*
ニーチェ（Nietzsche, Friedrich Wilhelm, 1844-1900）　*ii, 15, 103-116, 209, 231, 232*
西周（1829-1897）　*219*
西田幾多郎（1870-1945）　*ii, 243-245*
ノール（Nohl, Herman, 1879-1960）　*177*

O P
大隈重信（1838-1922）　*227*
パネンベルク（Pannenberg, Wolfhart, 1928-2014）　*50*
聖パウロ（Paulos, 10?-65/7）　*2, 4*
ペスタロッチ（Pestalozzi, Johann Heinrich, 1746-1827）　*ii, 91, 115, 177*
プラトン（Platōn, 428/427-348/347B.C.）　*62, 201*
プレスナー（Plessner, Helmut, 1892-1985）　*131*
プルタルコス（Plūtarchos ho Kairōneus, c.46-c.120）　*7, 8*
ピュタゴラス（Pȳthagorās, B. C. 600 頃）　*61, 62*

R
リンク（Rink, Friedrich Theodor, 1770-1811）　*24*
リッチュル（Ritschl, Friedrich, 1806-1876）　*163*
ロムバッハ（Rombach, Heinrich, 1923-2004）　*ii, 231, 233-236, 238-242, 244*
ロート（Roth, Heinrich, 1906-1983）　*185*
ルソー（Rousseau, Jean-Jacques, 1712-1778）　*1-9, 12-16, 37, 115, 117, 143, 183, 206, 207, 209, 210, 231, 247*

S
西園寺公望（1849-1940）　*227, 228*
佐野常民（1822-1902）　*219*
サルトル（Sartre, Jean-Paul Charles Aymard, 1905-1980）　*141*
シェーラー（Scheler, Max, 1874-1928）　*ii, 130, 141, 151-166, 184, 195, 231*
シェリング（Schelling, Friedrich Wilhelm Joseph, 1775-1854）　*105, 117*

115, 215-221, 225, 226, 229

G
ガダマー（Gadamer, Hans-Georg, 1900-2002） *204, 208, 247*
ガリレイ（Galilei, Galileo, 1564-1642） *62*
ガルヴェ（Garve, Christian, 1742-1798） *70*
ゲーテ（Goethe, Johann Wolfgang von, 1749-1832） *i, ii, 37, 53-67, 69, 70, 73, 74, 80, 87, 110, 116, 132, 133, 175, 231, 247*
グーテンベルク（Gutenberg, Johannes, 1398 頃 -1468） *202*

H
ハーバーマス（Habermas, Jürgen, 1929-） *141*
ホール（Hall, Granville Stanley, 1844-1924） *115*
ハーマン（Hamann, Johann Georg, 1730-1788） *37*
原熙（1868-1934） *224*
林竹二（1906-1985） *149*
ヘーゲル（Hegel, Georg Wilhelm Friedrich, 1770-1831） *15, 22, 113, 125, 167*
ハイデガー（Heidegger, Martin, 1889-1976） *ii, 105, 116, 131, 141, 231-234, 236, 238, 241, 242*
ハインロート（Heinroth, Johann Christian August, 1773 - 1843） *62*
ハイゼンベルク（Heisenberg, Werner, 1901-1976） *59, 61, 62, 67*
エルヴェシウス（Helvétius, Claude Adrien, 1715-1771） *206*
ヘルバルト（Herbart, Johann Friedrich, 1776-1841） *ii, 24, 172, 210*
ヘルダー（Herder, Johann Gottfried von, 1744-1803） *ii, 37-51, 110, 117, 204, 231, 247*
土方久元（1833-1918） *227*
ヒトラー（Hitler, Adolf, 1889-1945） *109*
ホメロス（Homēros, B. C. 900 頃） *73*
細谷貞雄（1920-1995） *113*
細谷恒夫（1904-1970） *i, 145, 241-243*
フッサール（Husserl, Edmund Gustav Albrecht, 1859-1938） *ii, 135-148, 231*

I
イソクラテス（Isocrates, B.C.436 – B.C.338） *201*
岩倉具視（1825-1883） *217, 221*
岩崎弥之助（1834-1885） *227*

J K
ヤンケ（Janke, Wolfgang, 1928-） *93, 94*
カント（Kant, Immanuel, 1724-1804） *19-35, 37, 57, 60, 70, 72, 73, 76, 82, 87, 88, 90, 93, 117, 183, 188, 231, 247*
ケプラー（Kepler, Johannes, 1571-1630） *62, 64, 67*
ケイ（Key, Ellen, 1849-1926） *115*
キルケゴール（Kierkegaard, Søren Aabye, 1813-1855） *15, 209*
木村素衞（1895-1946） *245*
近衛篤麿（1891-1945） *227*
ケルナー（Körner, Christian Gottfried, 1756-1831） *70-72*

L
ランゲフェルト（Langeveld, Martinus Jan, 1905-1989） *142, 143, 186, 188*
ラサーン（Lassahn, Rudolf, 1928-） *92*

人名索引

本文に記されている人物のうち，代表的な人物を下記に表示する。

A

アーベル（Abel, Jacob Friedrich, 1751-1829）　*70*

アドルノ（Adorno, Theodor Ludwig Wiesengrund, 1903-1969）　*141*

青山胤通（1859-1917）　*227*

アリエス（Ariès, Philippe, 1914-1984）　*190, 203, 205*

有馬頼万（1864-1927）　*217*

有馬頼寧（1884-1957）　*217, 223-226*

アウグスティヌス（Augustinus, Aurelius, 354-430）　*206*

B

ベーコン（Bacon, Francis, 1561-1626）　*56*

バラウフ（Ballauff, Theodor, 1911-1995）　*236-239, 242*

ボルノー（Bollnow, Otto Friedrich, 1903-1991）　*186*

ブレンターノ（Brentano, Franz Clemens Honoratus Hermann, 1838-1917）　*136*

ブレツィンカ（Brezinka, Wolfgang, 1928-）　*188, 189, 212*

C

カッシーラー（Cassirer, Ernst, 1874-1945）　*54-58, 63, 92, 93, 200*

コメニウス（Comenius, Johann Amos, 1592-1670）　*5, 189, 190, 203, 204, 210*

コンドルセ（Condorcet, Marie Jean Antoine Nicolas de Caritat, 1743-1794）　*205*

D

ダーウィン（Darwin, Charles Robert, 1809-1882）　*194*

デルボラーフ（Derbolav, Joseph, 1912-1987）　*188*

デリダ（Derrida, Jacques, 1930-2004）　*141*

デカルト（Descartes, René, 1596-1650）　*3, 75, 121, 140, 146, 147, 232*

ディルタイ（Dilthey, Wilhelm, 1833-1911）　*119-133, 167, 171, 177-179, 231*

E

エッカーマン（Eckerman, Johann Peter, 1792-1854）　*69, 70*

エリアーデ（Eliade, Mircea, 1907-1986）　*199*

F

ファーガスン（Ferguson, Adam, 1723-1816）　*70, 74, 75*

フィヒテ（Fichte, Johann Gottlieb, 1762-1814）　*ii, 73, 76, 77, 87-100, 231, 247*

フリットナー（Flitner, Wilhelm, 1889-1990）　*184, 185, 188*

フロイト（Freud, Sigmund, 1856-1939）　*15*

フレーベル（Fröbel, Friedrich, 1782-1852）

執筆者一覧（執筆順，*は編者）

1 章　佐藤安功（仙台高等専門学校・教授）
2 章　山口　匡（愛知教育大学・教授）
3 章　寺川直樹（東北大学大学院博士後期課程）
4 章　森　淑仁（東北大学・名誉教授）
5 章　松山雄三（東北薬科大学・特任教授）
6 章　清多英羽（青森中央短期大学・准教授）
7 章　相澤伸幸（京都教育大学・准教授）
8 章　走井洋一（東京家政大学・教授）
9 章　齋藤雅俊（東北女子大学・准教授）
10 章　盛下真優子（東北大学大学院博士後期課程）
11 章　土橋　寶（広島大学・名誉教授）
12 章　紺野　祐（東北学院大学・教授）
13 章　小池孝範（秋田大学・准教授）
14 章　金浜耕基（東北大学・名誉教授）
15 章　笹田博通*（東北大学・教授）

【編著者紹介】

笹田博通（ささだ　ひろみち）
東北大学大学院教育学研究科　教授
東北教育哲学教育史学会会長
博士（教育学）
主著に『教育の本質と目的』（共著，福村出版，1991 年）
『多元的文化の論理』（共編著，東北大学出版会，2005 年）
『道徳教育 21 の問い』（共著，福村出版，2009 年）

教育的思考の歩み

2015 年 11 月 30 日　初版第 1 刷発行　（定価はカヴァーに表示してあります）

編著者　笹田博通
発行者　中西健夫
発行所　株式会社ナカニシヤ出版
〒 606-8161　京都市左京区一乗寺木ノ本町 15 番地
Telephone　075-723-0111
Facsimile　075-723-0095
Website　http://www.nakanishiya.co.jp/
E-mail　iihon-ippai@nakanishiya.co.jp
郵便振替　01030-0-13128

装幀＝白沢　正／印刷＝ファインワークス／製本＝兼文堂

ISBN978-4-7795-1003-8